U0600571

国际能源市场与交易机制

马晓青　　孔庆宝◎著

上海财经大学出版社

图书在版编目(CIP)数据

国际能源市场与交易机制/马晓青,孔庆宝著. —上海:上海财经大
学出版社,2022.11
ISBN 978-7-5642-4072-1/F・4072

Ⅰ.①国… Ⅱ.①马…②孔… Ⅲ.①能源-国际市场-市场交易-研
究 Ⅳ.①F746.61

中国版本图书馆 CIP 数据核字(2022)第 181969 号

□ 责任编辑 杨 闯
□ 封面设计 张克瑶

国际能源市场与交易机制

马晓青 孔庆宝 著

上海财经大学出版社出版发行
(上海市中山北一路 369 号 邮编 200083)
网 址:http://www.sufep.com
电子邮箱:webmaster@sufep.com
全国新华书店经销
江苏凤凰数码印务有限公司印刷装订
2022 年 11 月第 1 版 2022 年 11 月第 1 次印刷

710mm×1000mm 1/16 19 印张(插页:2) 272 千字
定价:88.00 元

目　录

第一章　能源与能源市场概述/001

一、能源的定义/001

二、能源的分类/001

三、能源消费预测/003

四、能源市场与贸易/004

五、能源行业 2040 年可能意味着什么？/006

第二章　国际原油市场与定价机制/008

一、世界石油工业发展的几个重要阶段/008

二、原油的上下游产业链/014

三、原油的供需与贸易情况/024

四、国际原油市场与定价机制/033

第三章　国际原油价格影响因素的实证研究/042

一、国际原油价格变动相关研究综述/042

二、原油价格影响因素的实证分析/048

第四章　原油价格跨市场实证检验分析/074

一、原油现货价格的跨市场检验：布伦特、迪拜、大庆/074

二、上海原油期货价格与国际原油价格相关性检验/081

第五章　国际煤炭贸易与定价机制/095

一、国际煤炭资源与消费/095

二、国际煤炭贸易格局及变化趋势/097

三、我国煤炭的定价机制/103

四、我国煤炭价格种类及比较/111

五、我国煤炭行业的消费结构/123

第六章　煤电冲突背景下的动力煤价格与发电企业利润影响因素实
　　　　证分析/126

一、研究背景与研究意义/126

二、国内外研究动态/129

三、动力煤价格波动与发电企业利润影响因素/133

四、市场化机制下动力煤价格影响因素实证分析/136

第七章　国际天然气市场及价格影响因素/151

一、天然气供需情况/151

二、天然气市场与价格/154

三、美国天然气价格影响因素的实证分析/159

四、天然气价格多变量影响因素实证检验/171

五、英国天然气价格与电力价格联动性分析/174

第八章　电力市场结构与定价机制/180

一、电力市场的构成与特点/180

二、电力市场业务结构模式设计/182

三、电力市场定价模式/191

四、中国电力行业发展概况/195

五、中国电力体制改革进程及成果/198

第九章　碳排放与碳交易市场/208

　　一、能源转型与"双碳"目标/208

　　二、中国"双碳 30·60"目标/213

　　三、中国碳交易市场发展演变过程/220

第十章　中国区域发电量与碳排放相关性的实证研究/229

　　一、研究背景与意义/229

　　二、国内外研究现状/231

　　三、我国电源结构以及发电量的区域分析/236

　　四、碳排放的测算以及区域分析/243

　　五、发电量与碳排放的实证检验/266

　　六、区域发电量、经济增长对碳排放的影响/281

　　七、我国电力行业减排潜力与政策建议/289

　　八、研究结论/295

第一章　能源与能源市场概述

一、能源的定义

能源(energy source)亦称能量资源或能源资源,是可产生各种能量(如热量、电能、光能和机械能等)或可做功的物质的统称,包括煤炭、原油、天然气、煤层气、水能、核能、风能、太阳能、地热能、生物质能等一次能源,电力、热力、成品油等二次能源,以及其他新能源和可再生能源。

能源是国民经济的重要物质基础,未来国家命运取决于能源的掌控。能源的开发和有效利用程度以及人均消费量是生产技术和生活水平的重要标志。在《中华人民共和国能源促进法》中所称能源,是指煤炭、石油、天然气、生物质能和电力、热力以及其他直接或者通过加工、转换而取得有用能的各种资源。

二、能源的分类

能源种类繁多,而且经过人类不断地开发与研究,更多新型能源已经开始满足人类需求。根据不同的划分方式,能源也可分为不同的类型。

(一)按来源分类

其一,来自地球外部天体的能源(主要是太阳能)。除直接辐射外,太阳能还为风能、水能、生物质能和矿物能源等的产生提供基础。

其二,地球本身蕴藏的能量。通常指与地球内部的热能有关的能源和与原子核反应有关的能源,如原子核能、地热能等。

其三,地球和其他天体相互作用而产生的能量,如潮汐能。

(二)按产生分类:一次能源和二次能源

一次能源(天然能源)是指在自然界现成存在的能源,如煤炭、石油、天然气、水能等。一次能源又分为可再生能源(水能、风能及生物质能)和非再生能源(煤炭、石油、天然气等),其中煤炭、石油和天然气三种能源是一次能源的核心,它们成为全球能源的基础;除此以外,太阳能、风能、地热能、海洋能、生物质能等可再生能源也被含括在一次能源的范围内。

二次能源是指由一次能源直接或间接转换成其他种类和形式的能量资源,如电力、煤气、汽油、柴油、焦炭、洁净煤、激光和沼气等能源都属于二次能源。

(三)按使用类型分类:常规能源和新型能源

利用技术上成熟,使用比较普遍的能源叫作常规能源。包括一次能源中的可再生的水力资源和不可再生的煤炭、石油、天然气等资源。

新近利用或正在着手开发的能源叫作新型能源。新型能源是相对于常规能源而言的,包括太阳能、风能、地热能、海洋能、生物质能、氢能以及用于核能发电的核燃料等能源。由于新能源的能量密度较小,或品位较低,或有间歇性,按已有的技术条件转换利用的经济性尚差,还处于研究、发展阶段,只能因地制宜地开发和利用;但新能源大多数是再生能源,资源丰富、分布广阔,是未来的主要能源之一。

(四)再生和非再生

人们对一次能源又进一步加以分类。凡是可以不断得到补充或能在较短周期内再产生的能源称为再生能源;反之,则称为非再生能源。风能、水能、海洋能、潮汐能、太阳能和生物质能等是可再生能源;煤、石油和天然气等是非再生能源。

地热能基本上是非再生能源,但从地球内部巨大的蕴藏量来看,又具有再生的性质。核能的新发展将使核燃料循环而具有增殖的性质。核聚变的能比核裂变的能可高出 5～10 倍,核聚变最合适的燃料重氢(氘)又大量地存在于海水中,可谓"取之不尽,用之不竭"。核能是未来能源系统的支柱之一。

部分可再生能源利用技术已经取得了长足的发展,并在世界各地形成了一定的规模。生物质能、太阳能、风能以及水力发电、地热能等的利用技术已经得到了应用。国际能源署(IEA)对 2000—2030 年国际电力的需求进行了研究,研究表明,来自可再生能源的发电总量年平均增长速度将最快。IEA 的研究认为,在未来 30 年内,非水利的可再生能源发电将比其他任何燃料的发电都要增长得快,年增长速度近 6%,在 2000—2030 年间其总发电量将增加 5 倍,到 2030 年,它将提供世界总电力的 4.4%,其中生物质能将占其中的 80%。

三、能源消费预测

据 IEA 发布的《世界能源展望》预测,2006—2030 年世界一次能源需求将从 117.3 亿吨油当量增长到 170.1 亿吨油当量,增长 45%,平均每年增长 1.6%。到 2030 年化石燃料占世界一次能源构成的 80%。虽然从绝对值上来看,煤炭需求的增长超过任何其他燃料,但石油仍是最主要的燃料。

由于中国和印度的经济持续强劲增长,2006—2030 年间,其一次能源需求的增长将占世界一次能源总需求增长量的一半以上。中东国家占全球增长量的 11%,增强了其作为一个重要的能源需求中心的地位。总的来说,非经合组织国家将占总增长量的 87%。因此,它们占世界一次能源需求比例从 51% 上升至 62%,它们的能源消费量超过经合组织成员国 2005 年的消费量。

全球石油需求(生物燃料除外)平均每年上升 1%,从 2007 年的 8 500 万桶/日增加到 2030 年的 1.06 亿桶/日。然而,其占世界能源消费的份额则从 34％下降到 30％。所有预测中世界石油需求的增长都主要源于非经合组织国家（4/5 以上的增长量来自中国、印度和中东地区），经合组织成员国石油需求略有下降，主要是因为非运输行业石油需求的减少。全球天然气需求的增长更加迅速，以 1.8％的速度递增，在能源需求总额中所占比例微略上升至 22％。天然气消费量的增长大部分来自发电行业。世界煤炭需求量平均每年增长 2％，其在全球能源需求量中的份额将从 2006 年的 26％攀升至 2030 年的 29％。其中，全球煤炭消费增加的 85％，主要来自中国和印度的电力行业。

在《展望》预测期内，核电在一次能源需求中所占比例略有下降，从 6％下降到 2030 年的 5％（其发电量比例从 15％下降到 10％），这与我们不期待在此情景中政府改变其政策的惯例是一致的，虽然最近对核电的兴趣有了复苏的迹象。尽管如此，除经合组织欧洲区外，世界主要地区的核发电量将在绝对值上有所增长。

现代可再生能源技术发展极为迅速，已于 2010 年后不久超过天然气，成为仅次于煤炭的第二大电力燃料。可再生能源的成本随着技术的成熟应用而降低，化石燃料的价格上涨以及有力的政策支持为可再生能源行业提供了一个机会，使其摆脱依赖于补贴的局面，并推动新兴技术进入主流。在本期预测中，风能、太阳能、地热能、潮汐和海浪能等非水电可再生能源（生物质能除外）的增长速度为 7.2％，超过任何其他能源的全球年均增长速度。电力行业对可再生能源的利用占大部分增长。非水电可再生能源在总发电量所占比例从 2006 年的 1％增长到 2030 年的 4％。尽管水电产量增加，但其电力的份额将下降两个百分点（至 14％）。经合组织成员国可再生能源发电的增长量超过化石燃料和核发电量增长的总和。

四、能源市场与贸易

能源贸易是指发生在国际范围内的不同国家的当事人之间就能源的开发、利用和保护等问题而进行的交易。能源贸易是能源交换和流通的总和。能源的国内流通与一般商品流通一样,受到经济规律的调节(这里所谓的能源贸易特指能源的国际贸易)。然而,人们对于能源国际贸易的理解是不同的。

一般来说,能源国际贸易是能源生产和流通的重要组成部分,是一个国家能源市场在国际范围内的延展,它既反映一个国家能源贸易的国际环境,也体现该国与国际能源市场的关联程度。也就是说,能源国际贸易是能源在国际之间的流动。然而,有研究者认为,在国际能源贸易中,主要有两大类型的贸易:一是能源商品贸易,它包括石油、石油制品、天然气和煤炭等;二是能源技术贸易,包括人才、专有技术和机器设备。在这里,研究者把能源贸易不断向外延伸甚至延伸到与能源无关的因素,显然是没有道理的。因为人才在国际之间的流动、技术贸易以及资本设备在国际间的贸易,显然有不同的流动方式和计量标准,把它们计入能源贸易,就会混淆能源贸易的真实内容,不能把握能源贸易的规律性。同时,国际上在能源贸易计量时都仅仅包括能源商品贸易,如果把能源贸易泛化,就会失去国际间的可比性。

能源贸易与其他普通商品贸易的区别在于:

第一,能源贸易不只是纯粹的贸易,往往还是国家战略的组成部分。作为"现代经济血液"的能源,其关系国家的经济命脉与民生大计,并与国家安全紧密联系,因此政府通常采取各种规制手段对能源贸易予以更多的干预,以实现其巩固国家主权与安全、保障社会福利、促进环境保护等方面的目标。

第二,能源资源分布不均,69%的已知石油储备掌握在 OPEC 国家手中,40%的天然气储量集中在独联体国家,而能源需求则遍布全球。如此不平衡的贸易基础,决定了能源出口贸易壁垒较进口贸易限制更为突出,如出口关税、出口边境调节税等,这与其他商品贸易的情形大不相同。

第三,能源商品的物理特性限制了其运输方式,使得能源贸易严重依赖传输网络,而这类传输网络又往往被大型能源公司所垄断,因此仅仅消除商品准入障碍不足以解决能源贸易自由化的问题。

　　第四,能源与环境联系紧密,能源利用与气候变化以及环境恶化有着直接的因果关系,能源贸易也不可避免地受到国际国内气候与环境政策的影响。如《京都议定书》中规定了各国碳减排的目标,此类国际环境义务成为国家出台能源贸易政策的重要因素。

　　第五,能源货物贸易与能源服务贸易之间有时界限模糊,比如电力的生产与供应,石油与天然气的开采。由于历史上能源产业长期呈现纵向一体化的特点,能源产品与服务并无严格区分。除了对于能源传输与分销属于服务部门意见较统一之外,能源开采、生产、制造、萃取、精炼等活动到底归属服务还是货物部门,各国看法不一,迄今尚无定论。

五、能源行业 2040 年可能意味着什么?

　　国际能源署近期发布的"2019 年全球能源市场展望"显示,全球能源投资中将有 70% 以上来自政府推动。各国政府将会根据新能源政策(能源行业投资分配)和可持续能源政策(发展清洁能源)调整能源产量。那么,在关键清洁能源技术取得重大进展以及美国页岩保持活力以及快速变化的能源投资动态背景下,当前的能源结构是否会发生重大变化?

　　世界能源未来的发展走向在当下处于十分关键的分界发展阶段,人类对清洁能源的需求、对可再生能源的需求越来越大,化石能源或将正式步入发展晚期阶段,虽然这一衰落的过程会十分漫长。目前道路上约有 3 亿辆电动汽车,这将导致 2040 年减少 330 万桶/日的石油需求;而非电动汽车在燃油效率方面的提高对于抑制需求增长更为重要,这也将导致 2040 年石油需求下降超过 900 万桶/日。

　　尽管美国退出《巴黎协议》,但目前绝大多数国家或国际组织仍积极采取措施应对气候变化。各国纷纷出台新能源战略支持可再生能源发展,全球应对气候变化的支持将不断加大。随着车辆效率的提高,交通运输需求的增长相对于过去大幅放缓。到 2040 年,以电力为动力的乘用车千米比例将增至 25% 左右。世界将持续电气化,一次能源增量的约 75%

被电力部门消化吸收。考虑到二氧化碳的排放削减和政府对于能源政策的绝对推动作用,清洁能源的使用率上升将成为必然。

　　IEA认为,至2040年全球能源需求预计将增长25%,在接下来相当长时间内,每年需要超过2万亿美元的新能源投资,这都将推动能源需求和能源价格上涨。可再生能源的占比将升至25%。IEA认为可再生能源的发电量到2040年将增加3倍,可再生能源在供热方面的使用量将达到15%,且预计这一增长中约有60%将发生在中国、欧盟、印度和美国,因为上述国家都是当今最大的可再生能源消费国。

第二章 国际原油市场与定价机制

一、世界石油工业发展的几个重要阶段

(一)第一阶段(19世纪末至20世纪初):美国开始商业化开发

人类使用石油已有3 000多年的历史,但是,石油资源大规模的商业开发却是从19世纪末的美国开始。1859年Drake第一次利用现代钻井技术打出原油,美国很快掀起了开采石油的热潮。内燃机的问世使石油需求进一步加大,尤其是各工业部门纷纷开始采用以石油产品为燃料的动力装置,石油的需求量大幅度增长。这就使得世界石油工业进入了一个崭新的阶段。到19世纪末期,世界原油年产量约为2 000万吨。

1870年1月10日,洛克菲勒成立了标准石油公司,开创了石油工业的新时代。标准石油公司控制着美国炼油业的1/10,在这家公司中洛克菲勒拥有1/4的股份。1879年,它已控制了美国炼油业的90%,并控制了产油区的输油管网、购销系统,支配了石油运输。在这之前标准石油公司主要从事炼油和油品贸易。1885年,美国利马印第安纳油田投入开发,洛克菲勒抓住这一时机大量购买石油生产权,到1891年标准石油公司生产的原油已占美国原油总产量的1/4。

(二)第二阶段(20世纪上半期):两次经济危机与两次世界大战

1. 20世纪初期的经济危机导致原油需求下降,原油价格暴跌

1926年得克萨斯州石油价格为每桶1.85美元,1930年为每桶1美

元,1931 年 5 月跌到每桶 0.15 美元,最低价只有每桶 2 美分。美国国内平均石油价格只有每桶 0.8 美元,远远低于原油的生产成本。1933 年春天美国石油市场又出现了混乱,油价跌到每桶 0.11 美元。为了配合控制石油产量,美国对进口的原油和燃料油每桶征收 0.21 和 0.15 美元的关税。在美国产油州和联邦政府的联合干预下美国原油价格才慢慢恢复,从 1934 年到 1940 年美国石油价格上升并稳定在每桶 1~1.18 美元。

2. 两次世界大战与美国石油产业发展

第一次世界大战中石油起了决定性的作用。第二次世界大战期间,美国石油在战争中发挥的作用就更大了。在第二次世界大战的 1941 年 12 月到 1945 年期间,盟国共消耗了约 70 亿桶石油,其中 60 亿桶是来自美国,这一数量占世界石油总产量的 2/3。直至第二次世界大战结束,世界石油的供求才基本平衡。

3. "石油七姊妹时期"

第二次世界大战结束后,由于中东地区石油资源的大量发现,波斯湾地区的重要作用日益显示出来。在过去很长一段时间里,美国石油产量占世界总产量的比重一直超过 60%。1953 年开始下降到 50% 以下。美国国内的石油需求量成倍地增长,从 1948 年起,美国开始从中东进口原油,美国已由以前的石油出口国变成石油净进口国,石油的主要出口中心已从墨西哥湾向波斯湾转移。在此期间,中东和东南亚地区的沙特阿拉伯、科威特、伊朗、伊拉克和印度尼西亚以及拉丁美洲的墨西哥、委内瑞拉、秘鲁、乌拉圭等地区有了大量石油发现。大多数产油国政府已向跨国石油公司提供石油勘探开发的特许权,承担石油勘探费用及风险的跨国石油公司被允许在产出石油中享有产权或所有者权益。Exxon、BP(英国石油公司)、Mobil、Shell、Gulf、Texaco、Chevron、Total 等公司在上述地区进行了广泛的石油勘探开发活动。跨国石油公司在产油国享有石油勘探开发特权的基本格局,在 1938 年被打破。墨西哥宣布对所有外国石油资产国有化,委内瑞拉也以国有化来增加其从石油公司那里获得的收益。

"红线协定":石油寡头争夺原油开采权

随着世界石油出口中心从墨西哥湾移向波斯湾地区和美国对中东原油的依赖,美国的跨国石油公司在政府的支持和纵容下,迅速取代了英国在中东的石油霸主地位。美国跨国石油公司在第二次世界大战结束后不久,即宣布不承认旨在限制美国石油资本在中东扩张的"红线协定"。"红线协定"是在1928年英美荷法等国的跨国石油公司为了把持和独占中东伊拉克地区而签订的。协议规定他们合伙占有开发奥斯曼帝国的石油资源的权利,协议参与的任何一方发现的任何油田均属参与者共有。任何参与者在未取得其他方同意和参与的情况下,不得开发该地区的石油,并由英国石油公司、法国石油公司、英荷壳牌石油公司、美国的新泽西标准石油公司和纽约莫比尔石油公司共同参股组成伊拉克石油公司。1946年年末,埃克森和莫比尔石油公司撇开了伊拉克石油公司中的其他成员,共同购买了在"红线协定"范围内经营的阿美石油公司40%的股权。美国这两家石油公司的行动,实际上就已撕毁了"红线协定",打破了一二十年来中东地区跨国石油公司瓜分石油资源的基本格局,美国跨国石油公司为其在中东进一步扩张扫清了道路。

(三)第三阶段(20世纪中后期):欧佩克(OPEC)与三次石油危机

20世纪50年代末,由于世界原油供应数量的增长超过了需求的增长,导致原油价格暴跌。1959年美国政府又颁布了强制性的石油进口配额,以期在较低廉的国外产品竞争中保持其相对高成本的美国原油,这更加剧了世界石油市场价格的疲软。国际石油价格下跌严重损害了产油国的利益,直接促成了石油输出国组织的诞生。

1960年9月10日,在伊拉克政府的邀请下,沙特阿拉伯、委内瑞拉、科威特、伊朗和伊拉克与会代表在巴格达聚会。为了反击国际大石油公司、维护石油收入,有必要建立一个长期的强有力的机构。9月14日,会议通过了决议,"决定成立一个永久性的组织,命名为石油输出国组织,在它的成员国之间定期协商，以协调和统一成员国的政策"。这样，对 20 世纪政治经济生活产生重大影响的石油输出国组织就正式宣布成立了。

最新统计发现，OPEC 成员国原油探明储量近 12 061.7 亿桶，占全球原油探明储量的 81%；天然气探明储量近 950 340 亿标准立方米，占全球天然气探明储量的 47.4%。欧佩克目前原油产量约占世界石油市场份额的 1/3。OPEC 成员国内委内瑞拉与沙特原油探明储量最高，分别为 2 984 亿桶与 2 658 亿桶，占比为 24.7% 与 22.0%；伊朗与卡塔尔天然气探明储量最高，分别为 340 200 亿标准立方米与 246 810 亿标准立方米，占比为 35.8% 与 26.0%。

1. 第一次"石油危机"

OPEC 成立后展开了长期不懈的斗争，其成员国夺回了制定油价和控制石油生产的权力。OPEC 曾多次迫使西方石油公司同意提高标价和石油税率。到 1973 年第四次中东战争前，原油标价从 1.8 美元逐步提高到 3.011 美元。1973 年 10 月第四次中东战争爆发，该组织通过减少生产和禁运，进一步大幅度提高石油标价。通过两次提价把原油标价从 3.011 美元提高到 11.65 美元，保障了产油国的合理收入，对西方国家经济造成很大冲击，称为第一次"石油危机"。

2. 第二次"石油危机"

1978 年伊朗政局动荡，石油产量急剧下降，OPEC 多次调整油价，从 1978 年底的每桶 12.7 美元提高到 1979 年底的 26 美元。附加各种差价最高达 32 美元，从而出现了双重价格制。1980 年 6 月，该组织决定从 7 月起，每桶油价定为 32 美元，附加各种差价不超过 5 美元。同时，沙特阿拉伯、科威特、阿拉伯联合酋长国、卡塔尔自 1980 年 4 月减产 25%，使当时世界原油日产量骤降 350 万～400 万桶。给西方国家造成很大的打击，这就是第二次"石油危机"。

1980 年以后，非石油输出国组织国家（苏联、美国、英国、中国、挪威、加拿大、墨西哥等国）的石油产量逐步增长，非 OPEC 国家的原油产量超过了 OPEC 国家的原油产量,世界石油市场出现了供过于求的情况。同时,各石油公司在第二次石油危机中抢购的库存石油向市场抛售,使供应量进一步增加。另外,由于经济衰退、节能和能源转换效率提高,石油需求增长停滞不前,在能源消费结构中石油比重下降,总量减少。从 1979 年到 1983 年,世界市场日消费量减少 590 万桶,从 5 160 万桶降至 4 570 万桶。向 OPEC 提出的石油需求量比 1979 年降低 43%,减少 1 300 万桶/日。

OPEC 限量保价政策

1982 年 3 月,OPEC 为适应市场供大于求的状况,决定选择限产,规定最高日产量 1 800 万桶/日(1979 年最高日产 3 100 万桶),并规定每个成员国的限额,只有沙特例外,承担机动产油国的角色。但这一限产措施并未缓解供求不平衡,非 OPEC 的英国国家石油公司将北海石油降价至 30 美元/桶,对 OPEC 成员尼日利亚造成致命打击。1983 年 3 月,OPEC 伦敦会议决定降低油价 15%,由 34 美元/桶降至 29 美元/桶,并规定限额为 1 750 万桶及各成员国的限额,沙特仍然充当机动角色,以供应市场缺口。

OPEC 国家国际地位和影响力被削弱。沙特阿拉伯 1985 年 6 月日产量降为 260 万桶,相当于 1979 年的 1/5,向美国原油出口量由 1979 年的 140 万桶/日降至 1985 年 6 月的 2.6 万桶/日,几乎微不足道。而与此同时,北海油田产量增加,降低了 OPEC 在世界原油市场上的占有率。OPEC 成员国财政收入骤减,沙特首当其冲,财政收入由 1981 年的 1 190 亿美元降为 1985 年的 260 亿美元。

3. 第三次"石油危机"

1985 年 12 月,OPEC 第 76 届部长级会议上正式宣布以争夺市场份额来取代过去的限产保价政策,从而导致 1986 年的油价战和油价暴跌,这被称为第三次"石油危机"。油价由 1985 年 11 月的 31.75 美元/桶降至 1986

年 4 月的 10 美元/桶,降幅为 70%。为了争夺市场份额,OPEC 制定了新定价制度:

(1)定价原则:石油和能源市场是竞争性的,让消费国有选择的余地。

(2)定价依据:同其他能源竞争;处理好与节能的关系;考虑通货膨胀因素;促使世界经济增长,恢复石油需求;制止或逆转非 OPEC 国家石油生产增长趋势。

(3)定价水平:恢复到 20 世纪 70 年代中期第二次石油冲击前的水平,并考虑物价上涨因素,定为 18 美元/桶。1986 年 5 月,6 个 OPEC 产油国的石油部长一致同意将油价定为 17～19 美元/桶,并赞同重新规定生产配额制度。

(四)第四阶段(21 世纪以来):美元石油霸权时代

1. 美国通过原油期货获得原油定价权

1983 年 3 月 30 日,纽约商业交易所开始原油期货买卖,进一步打击了 OPEC 的定价权力。石油期货价格很快同黄金价格、利率和道琼斯工业平均指数一起,成为衡量世界经济脉搏和晴雨变化的重要指标,原油的金融属性越来越受到关注。

2. OPEC 国家与非 OPEC 国家合作越来越密切

OPEC 国家既相互合作又相互竞争,维持一种经常变化的动态平衡,非 OPEC 国家在世界石油工业中的地位和影响日益壮大,已在相当程度上威胁到 OPEC 国家在世界石油工业中的垄断地位,促使 OPEC 国家与非 OPEC 国家之间在石油工业方面的合作越来越密切、越来越多样化。

3. 石油工业出现上、下游日益一体化趋势

随着西方大石油公司在全世界范围内不断积极寻找联合、合并和兼并的对象,世界各国石油工业将出现上、下游日益一体化,石油公司规模日益大型化、经营日益跨国化的趋势。

4. 政府对原油市场的干预行为日益重要

石油从一种普通矿物能源变成了一种关系到一国经济发展和人民生活甚至胜败存亡的最重要的战略物资。国际石油市场的格局一直紧随世界总的政治、经济格局尤其是各大国的实力对比和关系的变化而变化。世界石油资源尤其是第三世界的石油资源已成了各西方大国拼死争夺的重要对象,石油变成各西方大国在争霸和处理国际事务中用以打击、制约和控制对方的重要工具。世界各主要国家的石油工业都是在各国政府的直接、间接支持甚至参与下建立和发展起来的,其主要活动往往构成了本国对外战略的一个重要组成部分,并在本国政府的直接指导下逐步推行。

二、原油的上下游产业链

如果将整个石油化工行业分类的话,大致可分为:

(一)上游油气开采

上游负责油田的考察、勘探、开采、冶炼。主要涉及地质和油气开采方面的专业。众所周知,原油是以液态的形式储存在高温高压的地底或是海底。

1. 国际原油储量与分布[①]

从全球石油储量情况来看,截至 2020 年全球石油储量达 1.732 4 万亿桶。石油资源主要分布在中东和美洲地区,其中,中东石油储量占比达到 48%,美洲占比达 33%(中南美 19%、北美 14%),其次是以俄罗斯为主导的独联体,占比 8%,非洲地区储量占比 7%。中东的石油储备一直位于全球第一,全球原油储量前 15 国大部分国家都集中在中东地区,在那里不仅富产石油,还有天然气,例如卡塔尔虽然石油不多但是天然气出口量巨大。其次是中南美洲,因为委内瑞拉的重油带发现,南美洲的原油

---

① 数据来源:国际能源署(IEA)。

储备增加了 163%。北美洲则是因为加拿大油砂开采技术的提升在 2000—2005 年原油储备提升了 282%。

分国别来看,2020 年委内瑞拉储量位居首位达 3 038 亿桶,其次是沙特(2 975 亿桶)、加拿大(1 681 亿桶)、伊朗(1 578 亿桶)、伊拉克(1 450 亿桶)和俄罗斯(1 078 亿桶)。委内瑞拉的重油带储量全球第一,但是由于其开采成本较高,且油品质量不如轻质原油,因此原油的开采力度不强、产量较低。加拿大的油砂也因为开采成本的原因一直没有释放产能,因此市场占比较小。

加拿大油砂是加拿大重要的非常规石油资源,其储量主要集中在阿尔伯塔省。加拿大也是全球目前唯一实现大规模油砂开采并形成完整产业链的国家。据美国《油气》杂志统计,截至 2015 年底,加拿大的探明石油储量为 1 709 亿桶,位居世界第三,仅次于委内瑞拉(3 000 亿桶)和沙特阿拉伯(2 666 亿桶)。加拿大的油砂开发引起很大的争议,主要源于开采过程中引发的环境问题。油砂是渗透于泥沙之中,由黏土、水、石油和沥青混合而成的一种胶状黑色物质。油砂的分离与提取需消耗大量热水与蒸汽,排放出大量温室气体,最后形成的尾矿则会危及生物物种并污染环境。美国环保署在对加拿大阿尔伯塔省油砂做出评估后称,油砂开采和提炼要比常规石油多排放 14%～17% 的二氧化碳。此外,每提炼 1 桶油砂原油需要 5 桶水,油砂的开采更因对水资源的大量消耗而备受诟病。在低油价环境下,加拿大油砂矿开采因成本问题而有所萎缩。从操作成本(现金成本)看,加拿大现有油砂矿的盈亏平衡点以及蒸汽辅助重力驱油(SAGD)现场开发设施的盈亏平衡点对应的 WTI 油价分别约为 42 美元/桶和 30 美元/桶。长期来看,随着全球石油需求的增长,油砂在世界能源中的战略地位将日益凸显。

委内瑞拉的奥里诺科重油带原油属重质油或超重质油(比水重),而超重油、油砂、致密油和页岩油均属于非常规石油。委内瑞拉 75% 的石油储量都集中在位于该国东南部的奥里诺科重油带。该重油带的原油具有"三高一低可流动"的特性,即高密度、高含硫、高含重金属,低黏度,

API重度基本上在7～10度左右。与加拿大油砂不同,该重油带原油尽管密度大,但油藏温度高、原油黏度低,可用常规采油技术开采。奥里诺科重油带是全球最大的重油和超重油富集带,地质储量约1.36万亿桶,可采储量约2 350亿桶。该重油带因奥里诺科河而得名,长约700千米,宽35～100千米,由西向东横跨瓜里克州、安索阿特吉州和莫纳嘎斯州3个州,总面积5.53万平方千米,其中已开发面积1.16万平方千米。从20世纪90年代开始,委内瑞拉对外开放了奥里诺科重油带,通过与国际大石油公司合作,获得资金和技术支持,共同进行开发。

从统计数据看,美国能源协会(EIA)自2010年起将委内瑞拉奥里诺科重油带资源纳入统计,较OPEC和BP晚两年。因统计范围不同造成不同来源的油气储量数据存在差异,主要是由于在对石油或原油储量范围的界定时,涉及加拿大油砂和天然气液体(NGL),以及各资源国对探明储量的认识差异。从统计范围看,BP石油储量数据为"原油+NGL+加拿大油砂",EIA数据为"原油+油田凝析油+加拿大油砂",OPEC数据为"原油+油田凝析油",存在明显差异。

2. 原油"储产比"

利用"储产比"来表示未来石油还能被开发的时间,公式为储产比=原油探明储量/原油年产量。2015年世界原油储产比为50.74年,这标志着以现在的开采速度,目前的储量还能够支撑开采50.74年。从图2-1可以看出,1980年的全球储产比为29.66,到2015年提高到50.74,世界原油的储产比处于增长状态。原油储量虽然有限,但是随着开采技术和勘探技术的发展,不断有新的油田和气田被发现,同时,以前由于技术原因不能开采的油田也由于技术的发展能够实现大规模开采,例如美国的页岩油、加拿大的油砂、委内瑞拉的重油带,均是由于技术革新而实现的产能释放,也就是说,原油的储量可能依然有增长的空间。

油田的储产比衡量的是一个油田的生产效率,根据储产比情况来看,委内瑞拉拥有巨大的石油资源储备,但近年来受美方制裁影响,委内瑞拉石油产量大幅萎缩,2020年其储产比高达1 542.1,美国为11.4,沙特为

73.8,俄罗斯为 27.7,中国为 18.2。随着后疫情时代来临,石油勘探活动有望恢复,产量回升情况下储产比将会降低(见图 2—2)。

英国石油公司统计的2014年各地区原油储产比							
年份	**1980**	**1985**	**1990**	**1995**	**2000**	**2005**	**2008**
拉丁美洲	19.50	46.32	43.48	39.68	40.23	38.75	73.45
中东	52.44	111.11	103.03	89.85	80.24	81.02	78.09
非洲	23.45	28.76	23.90	27.69	32.71	31.09	31.99
北美	23.95	23.79	24.86	25.23	45.64	44.70	44.97
欧洲	15.13	13.22	12.94	28.00	25.69	21.81	24.71
亚太	18.74	17.93	14.82	14.72	13.90	14.00	14.33
World	29.66	38.27	43.05	45.38	47.44	45.98	49.15
	2009	**2010**	**2011**	**2012**	**2013**	**2014**	**2015**
拉丁美洲	88.67	120.87	121.01	122.67	123.04	119.51	116.96
中东	83.46	81.25	77.63	76.54	78.06	77.11	73.14
非洲	33.95	33.76	40.12	38.26	40.92	42.32	42.23
北美	44.37	43.84	43.14	40.33	37.63	34.71	33.14
欧洲	24.37	24.44	24.90	25.24	25.08	24.62	24.35
亚太	13.90	13.65	13.86	13.75	14.24	14.05	13.99
World	51.61	53.83	54.58	53.50	53.65	52.43	50.74

数据来源:IEA。

图 2—1　原油储产比

3. 世界能源格局的空间、地域不均衡:原油贸易的原因

(1)两个油气带。美国页岩革命和能源独立战略推动全球油气生产趋向西移,并最终形成中东—独联体(CIS)和美洲两个油气生产带。

中东—独联体油气生产带以常规油气为主,从北非和中东波斯湾,经中亚里海和西伯利亚,直至俄罗斯远东地区,油气可采储量为 2 529.00×10^8 吨油当量,占世界可采储量的 60.90%,油气产量为 34.58×10^8 吨油当量,占比为 43.69%。

美洲油气生产带以非常规为主,包括加拿大油砂、美国页岩油气、委内瑞拉超重油和巴西深海盐下石油,油气可采储量为 1 070.00×10^8 吨油当量,占世界可采储量的 25.80%,油气产量为 25.53×10^8 吨油当量,占比为 32.25%。

(2)全球三大消费中心。石油和天然气的消费主要分布在亚太、北美

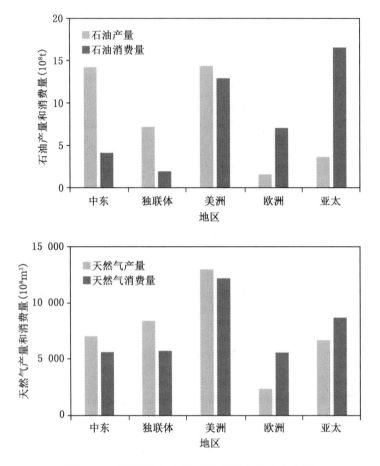

图 2—2 "两带三中心"生产和消费空间分布格局

和欧洲,随着中国、印度等新兴经济体的快速崛起,亚太地区的需求引领世界石油需求增长,全球形成北美、亚太、欧洲三大油气消费中心。美洲地区既是生产中心也是消费中心,油气生产量和消费量基本平衡;中东和独联体国家油气生产量远大于消费量,是主要的油气输出来源;欧洲和亚太地区是主要的油气输入地。欧洲和亚太地区石油和天然气化石资源匮乏,消费需求量大,严重影响区域能源安全,迫切需要通过能源转型实现能源自给自足,提高自身的能源安全。

(二)中游油气储运

中游主要负责油田至炼厂之间的运输、储存及炼制。

1. 石油的运输方式

(1)管道——最常用的石油运输是通过石油管道。管道通常用于移动原油从井口到储罐和简易处理设施,并继续运至炼油厂和油轮装载设施。管道运输的成本更低,消耗的能源比卡车或铁路少。

(2)铁路——利用火车装运石油的应用越来越多,且成为全球石油运输的新方式。相对较小的资本成本和施工时间,使得铁路运输能够替代管道长途运输。然而运速、碳排放和交通事故是铁路运输的短板。

(3)卡车——石油运输能力最有限的一种方法,但同时卡车对于运输目的地有最大的灵活性。卡车常常是在运输过程中的最后一步,运输石油和精炼后的石油产品有专用的储罐。

(4)油轮——当石油无法在陆地上运输,则可以通过船舶运输。

一个标准的 30 000 桶油轮可以携带相当于 45 个铁路油槽车,但是成本大约只有后者的 1/3。相比管道,根据不同路线油轮便宜 20%~35%。油轮是运输石油和天然气原料去化工厂的传统方式,其缺点一般是速度和环境问题。油轮主要分为三种,其中通用型(GP)和中型(MR)油轮通常用于较短距离内的成品油运输,这种油轮船型较小,大多数港口均可停泊。而大型油轮(LR)是最常见的油轮,可同时运输原油和成品油,能够适应大部分油港进行装卸。巨型油轮(VLCC)和超级油轮(ULCC)是目前国际长距离运输的主要油轮,运费相对低廉。

2. 石油海运流向

全球原油海运主要流向是,以中东、西非、南美为主的产油区,运往以美国、欧洲以及以中国为代表的亚太地区。

(1)最大海运流量来自波斯湾的中东原油,经由霍尔木兹海峡运至阿拉伯海,向东去往印度或过马六甲海峡运往中日韩;向西经由曼德海峡过苏伊士运河,或绕好望角运往欧洲或美湾/美东海岸。

(2)西非原油过好望角至东亚,或经大西洋至欧洲或北美;北非过苏伊士运河至亚洲。

(3)俄罗斯向西经苏伊士运河至亚洲,向东过日本海至中日韩。

(4)南北美东岸过大西洋经好望角至东亚国家,西岸过太平洋至亚洲。

另外还有南美—北美、东南亚—东亚、地中海—北海,以及西非—西欧、西非—北美、西欧—北美等相对中短途区域间航线。

3. 全球航运要塞

(1)霍尔木兹海峡(Strait of Hormuz)。位于阿曼与伊朗之间,连接波斯湾与阿拉伯海,是世界上最重要的石油枢纽,2015 年石油运输量约为 1 700 万桶/日,占全球总量的 30%。2019 年流量增加至创纪录的 1 850 万桶/日。EIA 估计通过海峡的原油约 80%运往亚洲,出口至中国、日本、印度、韩国和新加坡等国。

(2)马六甲海峡(Strait of Malacca)。马六甲海峡将印度洋和中国南海、太平洋连接起来。马六甲海峡是中东运往中日韩等亚洲市场最短的海上路线。如果马六甲海峡被封锁,世界上近一半油轮都需要在印度尼西亚群岛周围改变航路。2020 年马六甲海峡运量为 1 600 万桶/日,继续保持第二大航运要塞的地位。

(3)苏伊士运河(Suez-Canal)/萨米德管道(SUMED Pipeline)。苏伊士运河和萨米德管道是中东石油和天然气出口到欧洲和北美的战略路线。2019 年总流量约为 550 万桶/日,占全球石油海运量的 9%。苏伊士运河位于埃及,连接红海与地中海。苏伊士运河不能通过 VLCC 和 ULCC 油轮,2010 年,苏伊士运河管理局将运河深度扩展至 20 米,以满足 60%以上的油轮过境需求。苏伊士运河的通航,为欧洲至印度洋和西太平洋提供了最短的海上航线,使从西欧到印度洋的航程比绕道非洲好望角缩短了 8 000~10 000 千米。以欧洲南部港口为例,从波斯湾绕行好望角的平均距离约为 19 000 千米,如经苏伊士运河,航程可缩短到 2 800 千米左右,节约航程近 85%。1869 年 11 月通航后苏伊士运河进行了多次改造和扩建。2015年新运河建成后大幅增加运河的通航能力，并实现了双向通航。据统计，目前世界海上货运总量的20%、欧亚国家之间货运量的80%、世界上25%的油轮通过苏伊士运河。

如果船只无法穿过苏伊士运河，萨米德管道便是将原油从红海运送至地中海的唯一替代途径。萨米德管道从红海经过埃及将原油运送到地中海。管道起始于红海的埃因苏赫纳终端（Ain Sukhna），终于地中海的西迪基里尔终端（Sidi Kerir），全长320千米，总运力为234万桶/日。管道由阿拉伯石油管道公司持有，阿拉伯石油管道公司由埃及石油公司（50%）、沙特石油公司（15%）、阿布扎比国际石油投资公司（15%）、多家科威特公司（15%）和卡塔尔石油公司（5%）合资组建。2016年萨米德管道流量约160万桶/日，与2015年持平。

让世界一周惊魂的苏伊士运河

当地时间2021年3月23日上午8时许，两万标箱的超级集装箱船"长赐号"从红海北向进入苏伊士运河，在河口南端6海里处搁浅，堵塞并使苏伊士运河停止通航。经过紧张的救援，当地时间3月29日清晨4时30分左右，"长赐号"上浮脱浅，中午成功扶正船身，完全恢复至正常航道，下午3时过后苏伊士运河恢复了正常航行。

（4）曼德海峡（Babel-Mandeb）。曼德海峡是非洲和中东之间的交通要道，是地中海和印度洋之间的战略纽带。海峡位于也门、吉布提和厄立特里亚之间，将红海和亚丁湾、阿拉伯海连接起来。大部分来自波斯湾通过苏伊士运河和萨米德输油管道的油轮也会通过曼德海峡。2019年原油和成品油流量约为480万桶/日，主要目的地为欧洲、美国和亚洲。曼德海峡最窄处只有29千米，仅能容纳两条3.2千米宽的航道。若关闭曼德海峡，来自波斯湾的油轮无法北上通过苏伊士运河和萨米德管道，从欧洲和北非南下通往亚洲的油轮也无法通过苏伊士运河；均需从非洲南端绕行，增加运输时间和成本。

（5）土耳其海峡（Turkish-Straits）。土耳其海峡包括博斯普鲁斯海峡（Bosporus）和达达尼尔海峡（Dardanelles），是欧洲和亚洲的分界线。博斯普鲁斯海峡长 27 千米，是沟通黑海和马尔马拉海的狭窄水道。这两条水道都位于土耳其，是俄罗斯和包括阿塞拜疆和哈萨克斯坦在内的里海地区国家向欧洲出口的主要海运路线之一。2016 年原油和成品油流量约 240 万桶/日，其中 80% 是原油。土耳其海峡最窄处只有 800 米宽，每年有大约 4.8 万艘船只过海，是世界上最繁忙和最难航行的水道之一。

（6）巴拿马运河（Panama Canal）。巴拿马运河是连接太平洋与大西洋的重要航运要道。运河全长 80 千米，位于大陆分界线的库莱布拉峡谷（Culebra Cut）最窄处仅 33.5 米。2016 年有超过 1.3 万艘船只途经此处，载货量 2.04 亿吨。其中 67% 来自或前往美国，19% 来自与中国的往来贸易。2016 年 6 月完成自 1914 年运河竣工以来的首次扩建计划。可通行船只由原来的巴拿马型船（30 万～50 万桶成品油）扩大至新巴拿马型船（40 万～60 万桶成品油）。

（7）丹麦海峡（Danish Straits）。丹麦海峡连接波罗的海和北海，是俄罗斯石油海运出口到欧洲的重要途径。2016 年日均约有 320 万桶石油通过丹麦海峡。自 2005 年开放 Primorsk 港口后，俄罗斯将大部分原油出口转移到波罗的海港口。2011 年，Primorsk 港口石油出口占丹麦海峡所有出口货物的近一半，2016 年该比例下降到 32%。部分来自挪威和英国的石油也从 2016 年开始向东流向斯堪的纳维亚市场。

（8）好望角（Cape of Good Hope）。位于非洲南部的好望角是全球油轮运输的重要中转站。EIA 估计 2019 年每天约有 580 万吨海运原油通过好望角。其中 430 万桶原油向东运输，主要来自非洲（220 万桶/日）和南美（160 万桶/日），流向亚洲市场（410 万桶/日）。西向运输则来自中东（150 万桶/日），运往美国（75%）和欧洲（12%）。好望角也是通过亚丁湾、曼德海峡和苏伊士运河向西行驶的替代航线，但绕行好望角的时间和成本都会相应增加。据美国交通运输部测算，若关闭苏伊士运河和 SUMED 输油管道，从沙特运向美国的油轮绕行好望角会增加约 4 320 千米的路程。到达欧洲的时间将增加 15 天,到达美国的时间增加 8～10 天。

4. 石油储备

西方国家成功的石油储备制度不仅避免因突发事件引起石油供应中断、价格剧烈波动、恐慌和石油危机的发生,更对世界石油价格市场、甚至是对国际局势也起到了重要影响。现在,几乎所有的国际能源署成员国和相当多的非国际能源署国家都建立了自己的石油储备制度。其中,国际能源署成员必须拥有至少 90 天的石油储备,石油出口国除外。从20 世纪以来世界发达国家都积极建立国家级战略石油储备,其中日本的石油储备能力在 1994 年就达到了本国 157 天消费量。

(1)战略石油储备(Strategy Petroleum Reserves)就是在平时有计划地储备一定规模的石油,用以应对由战争、自然灾害等意外情况而导致的石油供应不足或中断,以维持国家能源安全、保证原油供给、平抑国内油价、减少供给中断造成的损失。战略石油储备就像修建大型水库一样,在多水时蓄水、缺水时放水,可以调节江河水量并稳定发电量。

石油储备分为商业储备和国家战略储备。国家战略石油储备是政府进行经济调控及应对战争、自然灾害、经济危机、世界石油价格的大幅波动等突发事件的重要战略手段,具有调节市场供求和市场价格,满足石油在供应中断时的应急需求的作用。

(2)战略石油储备的形式。一种形式是实物储备(原油或成品油),但成品油易挥发,运输、储存成本也较高,所以绝大部分储备物是原油。另一种形式是资源储备,就是只探不采。美国在阿拉斯加探明了 10 万平方千米的产油区,就地封存。资源储备的缺点是动用周期长,对短期的需求作用小。

(三)下游石油炼制与终端运输

原油炼制就是通过蒸馏的方式,将原油分成不同的组分。例如在不同的温度下可以生产出燃料油、柴油、煤油、汽油以及石油气。其中前面几种可以通过进一步地精炼生产出最终端的油品以及润滑油等。而石油气则可以继续加工成化工产业的重要原料。我们所熟知的塑料、合成橡胶等都是由此合成生产的。

最后的下游则是涉及油品的销售和终端运输。我们日常见到的加油站都属于油品的销售这一类。同时,由于终端的运输主要是从炼厂到附近的加油站,因此一般也以油罐车为主。

三、原油的供需与贸易情况

(一)全球原油供需情况[①]

1. 全球石油市场供给情况

根据 EIA 预测,全球石油产量将从 2018 年的 8 000 万桶/日增加到 2050 年的 1.07 亿桶/日。石油产量与储量的区域分布大体一致,但中南美地区石油产量占比远不及其储量比重,产量占比仅为 7%。2020 年全球石油产量 8 839.1 万桶/日,受疫情影响环比降低 6.92%,近 10 年年均增幅为 0.61%。

2021 年全球石油产量增长 1.3%,增量主要由"欧佩克+"国家贡献。2021 年,全球石油产量约 44.23 亿吨,同比增长 1.3%,增量主要来自"欧佩克+"国家。2021 年 4 月以来,随着油价快速回升,"欧佩克+"国家开始逐步提高产量,其中俄罗斯全年石油产量增加 2%,达到 5.34 亿吨;伊朗产量大幅增长 16.3%,达到 1.55 亿吨;利比亚军事冲突平息,建立过渡政府重启石油出口,产量翻倍增至 0.65 亿吨;沙特、伊拉克、阿联酋产量均有所下降。

主要产油国石油产量基本稳定。2021 年,尽管油价大幅回升,但美国油气生产活动并未恢复至疫情前水平,美国原油产量同比下降 1.3%,为 5.57 亿吨,轻烃(NGL)产量继续增长 3.4%,为 2.68 亿吨,合计石油总产量约为 8.25 亿吨,与上年持平,仍是全球第一大产油国。俄罗斯产

---

① 数据来源:美国能源协会(EIA)。

量增长 2%,跃居全球第二。沙特减产 1.1%,产量降至 5.3 亿吨。主要产油国中,加拿大产量增长 5.3%,为 2.7 亿吨,中国维持了较高的勘探开发力度,产量增长 2.5%;挪威受益于北海 Johan Sverdrup 项目的投产,产量增长 2.5%;尼日利亚产量大幅降低 11.4%;安哥拉产量降幅达 9.8%;英国受管道事故影响,产量降低 11.5%;哥伦比亚产量降低 6.5%;其他国家产量变化不大。从各区石油产量变化情况来看:

(1)美国石油产量 1 647.6 万桶/日,位居首位。北美"页岩油革命"为当地带来了较大的产量增幅,2010—2019 年北美地区年均产量增幅为 8.43%。美国原油产量大幅攀升,2017 年 7 月增至 943 万桶/日,较 2010 年提升 70%。2019 年开始美国变成第一大产油国和原油出口国,平均每天 1 787 万桶,占世界产量的 18%。这证明美国石油生产商产量已经适应低油价的环境并保持弹性。预计到 2025 年,美国原油产量将超越沙特阿拉伯目前的原油产量达到 1 200 万桶/日。加拿大在 2018 年平均产量为 527 万桶/日,占全球产量的 5%。根据 EIA 2019 年国际能源展望,加拿大的产量到 2050 年可能翻一番,增长 126%,超过任何其他非欧佩克国家的增长。

(2)沙特阿拉伯产量第二,OPEC 成员国供应量不断下滑。沙特阿拉伯的石油日产为 1 242 万桶,占世界总产量的 12%。沙特阿拉伯是石油输出国组织(OPEC)中唯一上榜的国家。2016 年 11 月 30 日,OPEC 达成了 8 年以来的首次减产协议。12 月份的 OPEC 会议又将减产协议延长至 2018 年年底,并将利比亚和尼日利亚两国产量总和限制在 280 万桶/日。2020 年 OPEC 成员国供应量 3 234.6 万桶/日,同比下滑 52.6 万桶/日。

(3)虽然俄罗斯的排名有所下降,但它仍然是世界上最大的石油生产国之一,2020 年平均每天 1 140 万桶,占世界总产量的 11%。

(4)2020 年中国石油产量 390.1 万桶/日,位列第六。中国是石油净进口国,平均每天消耗 1 279 万桶石油。我国的东北和中北部地区是国内生产的主要地区。

2. 全球石油市场需求情况

从全球石油需求情况来看,2008 年及 2009 年受金融危机影响,需求出现下滑,其他年份需求均稳定增长。受疫情影响,2020 年需求下滑,原来预计 9 552 万桶/日。2020 年全球石油消费为 8 847.7 万桶/日,环比下降 9.3%,近十年年均增长 0.2%。随着全球经济的复苏,原油的需求也呈现日益增长的态势。

分区域石油需求情况来看,亚太地区需求占比最高为 38%,其次是北美和欧洲地区,占比分别为 23.5% 和 14.5%。亚太新兴国家经济增长动能较强,该区石油需求增速较为可观,2010—2019 年年均需求增速达3.1%;其次是独联体和非洲地区,增速分别为 2.5% 和 2.0%;北美地区石油需求增速趋缓,2010—2019 年石油需求年均增速仅为 0.5%,欧洲地区石油需求出现了年均 0.5% 的负增长。从国家需求排名情况来看,2020 年美国需求量 1 717.8 万桶/日,位居第一,亚洲地区的主要需求国为中国、印度和日本,需求量分别为 1 422.5 万桶/日、466.9 万桶/日和326.8 万桶/日,是全球第二、第三和第五大需求国。美国和中国作为石油需求大国,在石油需求绝对量上占据主导,与其他国家差距显著拉开。

分国家区域来看,OECD 国家原油需求占全球市场需求的 45% 以上,2017 年 OECD 国家原油需求 4 704 万桶/日,增幅为 31 万桶/日。目前来看,OECD 国家不再是原油需求增量的主力军。预计 2018 年原油需求将达到 4 744 万桶/日,增幅为 40 万桶/日。

从石油需求产品结构来看,石油主要下游消费为柴油,占比为 29%,其次是汽油(24%)、乙烷和 LPG(15%)、燃料油(7%)、石脑油(7%)、煤油(5%)。可见,燃料型需求在石油需求中占据重要地位,被广泛运用于工业和交通运输领域;另外,化工需求也是石油消费的重要部分。随着炼厂面向深加工和炼化一体化方向迈进,炼油产品轻质化的特征愈发显著,不同地区石油消费结构中也多以柴油和汽油等轻质组分为主。中东地区油气资源丰富,LPG 和乙烷成为中东的重要石油产品以供出口或用于当地的气体化工项目,此外中东地区第二大石油消费产品为燃料油,主要用于当地发电需求。北美地区占比最大的石油产品为汽油,美国公路运输较为发达,带动了当地的汽油需求。

(二)全球石油市场贸易情况

1. 全球范围内石油贸易的流通方向

从全球石油供需结构可以发现,石油资源供给和需求在区域分布上存在显著的不平衡现象,亚太地区和欧洲地区存在着较大的需求缺口,尤其是亚太地区,当地石油资源无法满足日益增长的消费需求,2020 年供需缺口达到了 2 619 万桶/日,欧洲地区供需缺口为 920.9 万桶/日。中东、非洲和独联体呈现供给过剩的供需格局,2020 年过剩量分别为 1 934.4 万桶/日、330.6 万桶/日和 934.7 万桶/日。相较之下,北美和中南美地区自有资源丰富,石油供需结构相对平衡,供应分别小幅过剩 274.9 万桶/日和 56.7 万桶/日。

全球石油供需不均衡的区域性结构决定了全球范围内石油贸易的流通方向,以沙特为首的中东地区是主要的石油出口地区,2020 年中东(不包括沙特)出口石油 1 391.5 万桶/日;美国作为 2020 年第一大石油出口国的出口量为 811.7 万桶/日,其次是沙特出口石油 802.7 万桶/日,俄罗斯出口量达 743.3 万桶/日。亚太地区原油资源有限,主要出口成品油为主,2020 年该区石油出口量为 739.9 万桶/日。从分区出口走势情况来看,美国页岩油革命带动当地出口大幅攀升,近十年美国石油出口年均增长达到 27.7%,与之相似的是加拿大,年均出口增长 7.0%;中东地区出口年均增长约 1.6%,亚太地区年均增幅为 1.9%;相对而言,沙特和俄罗斯出口供应较为稳定,近十年出口量变化不大。

供需缺口较大的地区是全球主要石油进口地,包括亚洲地区的中国、印度和日本,以及欧洲地区和美国。其中,中国作为石油进口量最大的国家,2020 年其石油进口量达到了 1 286.5 万桶/日,进口量占比为 20%;欧洲进口量为 1 261.1 万桶/日,进口占比 19%;其次是美国、印度和日本。中国和印度作为经济增长较快的发展中国家,其石油进口量近十年维持稳定的增长态势,其中中国年均进口增长率为 11.9%,印度为 3.4%;欧洲进口呈现先增加后趋缓的发展趋势,这与当地经济增速和能源结构转换密切相关;随着美国国内资源供给不断充足,其出口量不断攀升的同时进口量也随之下滑,近十年来美国年均进口增速为−3.3%;日本受经济增速下滑影响,原油进口量也呈现下滑趋势,进口量年均增幅为−2.8%。

2. 全球石油市场展望

2021 年全球石油市场呈现供不应求的格局,供给端严格执行减产协议,美国方面受资本开支限制以及飓风等自然灾害影响,页岩油产量增长缓慢;需求端而言,随着后疫情时代疫苗接种率不断提高,新冠肺炎疫情对经济冲击不断减弱,石油需求也逐渐恢复。据 EIA 原油供需数据,2021 年全球原油市场总供给 9 559 万桶/日,总需求为 9 690 万桶/日,供需缺口达到 131 万桶/日。展望 2022 年,随着 OPEC 增产和美国产量逐渐恢复,以及需求增速减缓,全球原油供需缺口将收窄并转向宽松。根据 EIA 对全球原油供需平衡表的预测,2022 年原油产量预计增至 1.009 3 亿桶/日,需求预计增至 1.004 6 亿桶/日,2022 年全球原油供给过剩约达 470 万桶/日。2022 年,在通货膨胀压力不断增加的情况下,美联储缩表和加息的动作使得流动性持续收紧,原油金融溢价将有所回落,叠加原油基本面边际转弱的预期,2022 年油价运行中枢存在下行预期。

从中长期角度来看,在"碳中和"背景下,一次性能源需求将不断降低,新能源新业务实现清洁替代是未来能源发展的大方向。供给端和需求端能源结构均将调整,资本方向将更多进入新能源赛道,上游投资锐减,大油气公司开始布局新能源战略,出售传统能源资产,长期石油供给向着减量趋势发展。在各国的净零排放标准下,2025 年全球原油需求或降至 6 000 万~7 500 万桶/日,降幅达 25%~40%,但短期而言,需求替代仍需要一段时间兑现,如若供给端减量过快,短期或出现阶段性供需失衡的局面。

（三）全球原油需求国别分析

1. 美国需求的重要性

从 1965 年起，美国就一直是全球第一大石化液体消费国。美国是全球第一大原油消费国，占全球原油消费的 20％以上。由于 2017 年美国经济持续保持低增长速率，因此，消费增量有限。在原油消费构成中，汽油消费占据美国石化制品总消费量的 50％左右，汽油依旧牢牢占据成品油消费市场的半壁江山，2017 年平均消费 921.85 万桶/日。

美国是世界上最重要的石油消费大国，也是世界上最发达的国家，在政治、经济、军事等各个领域都积极谋求超级大国地位，这一定位使得其对于自身石油安全的要求极高。美国历届政府追求的战略目标主要是"保证能源供应畅通，保持合理的价格水平"。除了供需体量自身的因素，美国供需数据公布的高频性和及时性也使得美国能源署（EIA）的周度报告成为原油市场的核心交易逻辑之一。

美国"页岩气革命"与"页岩油革命"

页岩气是较难开采的一种天然气，美国页岩气储藏量十分丰富。美国政府对页岩气开发的重视为页岩气发展提供了强劲的动力，新的开采方法已经使美国页岩气产量从 2000 年的 110 亿立方米提高到 2010 年的 1 360 亿立方米，年均增长 47.7％。美国还专门设立了非常规油气资源研究基金。现在页岩气产量已经相当于美国天然气总产量的 23％，并使美国超过俄罗斯成为全球天然气第一大资源国和生产国，基本实现了自给自足，甚至还可以对欧洲市场等输出液化天然气。页岩气对石油消费的替代作用大大降低了美国的石油依赖，削弱了俄罗斯、委内瑞拉、伊朗和沙特等国的能源资源影响力。

2017 年美国原油产量快速增长，突破了 960 万桶/日区间峰值，页岩油贡献了大部分增量，目前页岩油产量占美国原油产量的 48％。分区域来看页岩油主产区集中的 PADD 3 地区产量最高，2017 年产量达到 574

万桶/日,同比增长 29 万桶/日,占到美国产量的 62%。根据油服贝克休斯的统计,目前美国活跃钻井数还在呈现增加的趋势。页岩油主产区集中的 PADD 3 地区产量最高,2017 年产量达到 574 万桶/日,同比增长 29 万桶/日,占美国产量的 62%。根据油服贝克休斯的统计,目前美国活跃钻井数还在呈现增加的趋势,且页岩油技术的进步导致单井效率不断提高,这意味着美国产量还有进一步上涨的空间,EIA 预计 2018 年美国产量将增加 70 万桶/日。

2015 年 12 月,美国时任总统奥巴马正式解除了长达 40 年之久的原油出口禁令,这也是后两年出口量激增的主要动力。2016 年开始恢复明显增长态势,2017 年出现大幅跳升。当前美国原油的出口量已超越部分 OPEC 产油国,或将在未来成为新的原油供应轴点。

2. 欧洲需求的周期性表现

原油需求增速与经济体 GDP 增速有着非常好的同向性。走出 20 世纪 80 年代初全球金融危机阴影后,欧洲原油需求经历了 1984—1992 年的 9 年连续增长期,年均增速为 16.2 万桶/年。1993 年短暂停顿后,欧洲原油需求重拾升势,伴随着欧美等西方发达经济体开启的新的增长周期,需求在 2006 年几乎持平了 1979 年的历史高点。此后,2008 年次贷危机将全球经济拖入泥潭,继而 2009 年欧债危机的爆发,更是拖累欧洲经历了第二次世界大战以来最长的经济恢复期,直到 2015 年,欧洲经济才缓慢复苏,原油需求也是在 2015 年才重新恢复了正向增长。

欧盟每年消耗石油 7 亿吨左右,80% 依赖进口,因此也实施进口多元化的策略实施。其石油战略的首要目标是保证"经济安全、国防安全、生活安全"。2006 年,欧盟春季峰会正式提出了"共同能源政策",通过建立统一能源市场、加强跨境整合和监管、开展"能源外交"等多项举措,以实现供应安全和可持续发展。具体措施包括进一步开拓国际市场,实现石油供应多元化;建立战略石油储备;控制石油供应和需求,实现能源结构多元化,减少对石油的依赖等。

3. 日本的原油需求

日本作为全球第一梯队的经济强国、第三大石油消费国,其本身的资源却极其匮乏,石油自给率只有 0.2%。日本石油基本依赖进口,并且进口途径单一,超过 80% 的石油进口自中东地区。20 世纪 70 年代的石油危机,使日本对自身资源捉襟见肘的危险有了更清醒的认识。自此开始,日本政府为推动日本的能源自给开始了一项长远的计划,以国内外客观环境为依据,以生存与可持续发展为出发点和归宿点,通过争取海外石油资源、开发石油替代新能源、降低能耗等方式扩大石油来源,减少石油需求。日本政府非常注重政策的连续性,将以上各个措施的具体实施方案以制度化的方式固化下来,就石油的消费、储备及开发其他能源进行立法,如《新能源特别措施法》《关于能源使用合理化的法律》《石油储备法》等,这对确保石油战略的顺利实施起到了重要的作用。日本因为地理位置和政治实力的原因,虽然也在努力推进石油进口的多元化,但进展大大慢于美、中、欧盟等大国或大国集团,目前对中东石油的依赖度仍然很高。但日本在争夺海外能源、开发新能源、节能减耗和石油储备上长期坚持不懈的努力,也构筑了自身独特的石油安全体系。

日本社会居安思危,石油储备也大大领先于世界平均水平。日本石油战略中最值得称道的特点就是政府主导下的石油战略全民化。企业不仅积极参与政府倡导的节能方针,响应号召勘探、开发海外资源,甚至在石油储备中民间企业也投入了极大的热情。日本最早的石油储备并非政府推动的,而是始于 1972 年企业实施的民间储备。1975 年日本制订《石油储备法》,规定民间石油企业有义务进行石油储备。1983 年,位于青森县的小川原国家石油储备基地建成,这才正式开始了由国家储备基地储藏石油的时代。截至 2010 年底,日本拥有 10 个国家石油储备基地和 17 个民间石油储备基地,其中 2 个是官民共用储备基地。全部的石油储备总计 5.3 亿桶,其中国家储备 3 亿桶,以原油的形式储备;民间储备 2.3 亿桶,其中 1.1 亿桶为原油储备,1.2 亿桶为成品油储备,可提供日本 199 天的石油消费,战略储备油支撑消费的时间长度世界第一。

4. 中国原油需求与原油贸易

21 世纪以来中国的经济发展备受世界瞩目,为满足国内建设热潮,中国对大宗商品和原材料的进口增长了数倍,中国也早已成为全球第一大大宗商品的进口国和消费国。除了原油之外,其他类大宗商品的消费量中国几乎全部位居全球第一的位置。2020 年我国石油表观消费量约 7.02 亿吨,同比增长 6.6%。国内疫情率先受控、复工复产有效推进、成品油需求快速回升、石化下游产品需求旺盛等因素,共同拉动石油消费平稳增长。2021 年,我国石油需求量约为 7.09 亿吨,受释放原油库存影响,表观消费量增速回落。

(1)原油产量继续回升。国家统计局数据显示,2020 年我国原油产量达到 1.95 亿吨,同比增长 1.6%。自 2016 年起,国内原油产量出现持续下滑,2019 年勘探开发形势好转,龙头企业带头增储上产,原油生产扭转了连续三年下滑的态势,增速由负转正。2020 年,在国际油价暴跌的背景下,国内油气勘探开发面临较大压力,但国内石油企业深入落实"七年行动计划",确保原油产量继续回升。大庆、长庆、胜利、新疆等主力油气田产量持续增长,其中长庆油田油气年产量突破 6 000 万吨油当量,约占国内产量的六分之一。我国海上油气产量突破 6 500 万吨油气当量,创历史新高,其中海上石油增产 240 万吨。2020 年我国新增石油探明地质储量达到 13.2 亿吨。油气发现主要来自西部油气盆地的新区带、新层系,塔里木盆地新发现一条区域级富含油气断裂带,沙湾—玛湖的规模增储局面已经形成,松辽盆地陆相页岩油勘探实现历史性突破,玛湖凹陷页岩油勘探获得重要发现,为增储上产提供了新的资源基础。

(2)原油进口较快增长,对外依存度持续增高至 73.5%。商务部发布的规定,《2018 年原油非国营贸易进口允许量总量、申请条件和申请程序》规定,2018 年原油非国营贸易进口配额为 14 242 万吨,比起 2017 年实际审批的 9 181 万吨增加了 5 062 万吨,增幅达 55.1%。随着地炼进口配额的增加,未来国内对于原油的消费将进一步提高。海关总署数据显示,2020 年,我国进口原油 5.4 亿吨,同比增长 7.3%。低油价下,国内加大进口、增加储备,原油进口量较快增长。我国原油进口增速继续高于国内原油产量增速,对外依存度仍在持续增高,升至 73.5%,较 2019 年提高约 1 个百分点。我国原油进口来源国前十位依次是沙特阿拉伯、俄罗斯、伊拉克、巴西、安哥拉、阿曼、阿联酋、科威特、美国、挪威。其中沙特以微弱优势超过俄罗斯,再次成为我国最大原油供应国。2020 年沙特全年向我国出口原油约 8 492 万吨,排在第二位的俄罗斯全年向我国出口原油约 8 357 万吨,伊拉克仍是我国第三大原油供应国,全年对我国的原油出口达到 6 012 万吨。

(3)全球消费增量贡献最大。原油是全球消费体量最大的一次能源,也是美欧发达经济体第一大一次消费能源。原油占一次能源消费的比例,美国为 38.0%,欧洲为 36.0%。但是中国的第一大一次消费能源是煤炭,原油只占据第二的位置,而且占比与煤炭相距甚远。2016 年,煤炭占据中国一次能源消费量的 61.8%,而原油只占 18.9%。同时,因为中国煤炭消费体量甚大,也使得煤炭成为全球第二大消费能源。

虽然原油在中国并不是最重要的一次能源,而且消费占比也可能在未来几年小幅下降,但中国原油的绝对消费体量,特别是消费增量,仍将是全球原油消费的最重要拉动力之一。21 世纪以来中国是世界原油需求增长的主要拉动力,2011—2015 年("十二五"期间),中国原油需求增量为 58 万桶/日,占据同期全球原油需求增量的 46%。假定在非化石能源以及天然气等的替代下,2016—2020 年世界原油需求仍能够维持 125 万桶/日的平均增量(2011—2015 年水平),中国原油需求增量占世界原油需求增量的比重仍然能够达到 21.6%。

四、国际原油市场与定价机制

(一)国际原油市场与定价体系

1. 石油贸易中官方价格

(1)石油输出国组织官方价格。20 世纪 60 年代后期,OPEC 为了争夺石油定价权,在此后历次部长级会议上都公布标准原油价格,这种标准价格是以沙特原油 API 34 度的轻油为基准,并成为当时统一的官方价格。由于非 OPEC 石油产量的增长,在 1986 年底,石油输出国组织看到"官方价"已不起多大作用,又改成以世界上 7 种原油的平均价格(7 种原油一揽子价格)来决定该组织成员国各自的原油价格,7 种原油的平均价即是参考价,然后按原油的质量和运费价进行调整。

(2)非石油输出国组织的官方价格。它一般参照欧佩克油价体系,结合本国实际情况而上下浮动。由于非 OPEC 产油国不受 OPEC 定价机制的限制,能根据市场状况自由定价,因此其价格往往比 OPEC 国家所产原油更有竞争力。据美国能源信息署的数据,非 OPEC 国家在石油市场上的份额最高达到 71%(1985 年),平均市场份额为 60%。

2. 现货市场价格:五大现货市场

世界上最大的石油现货市场有美国纽约、英国伦敦、荷兰鹿特丹和新加坡现货交易市场。石油现货市场上形成的价格为石油现货市场价格。20 世纪 70 年代以前,这些市场仅仅作为各大石油公司相互调剂余缺和交换油品的手段,石油现货交易量只占世界石油总贸易量的 5% 以下,现货价格一般只反映长期合同超产部分的销售价格。因此,这个阶段的石油现货市场称为剩余市场。

1973 年石油危机后,随着现货交易量及其在世界石油市场中所占比例逐渐增加,现货市场由单纯的剩余市场演变为反映原油的生产和炼制成本以及利润的边际市场,现货价格也逐渐成为石油公司、石油消费国政府制定石油政策的重要依据,占据越来越重要的位置。

石油现货市场有两种价格:一种是实际现货交易价格;另一种是一些机构通过对市场的研究和跟踪而对一些市场价格水平所做的估价。目前主要的石油现货市场有 5 个:西北欧市场、地中海市场、加勒比海市场、新加坡市场、美国市场。其中新加坡市场的出现尽管只有 10 多年时间,但因地理位置优越,故发展极为迅速,已成为南亚和东南亚的石油交易中心。目前,全球每年石油现货市场的交易量只有 20 亿吨左右,而各种交易市场的总交易量在 130 亿吨左右,大多是在期货交易市场完成的。

3. 合同交易价格

为了摆脱死板的定价束缚,一些长期贸易合同开始与现货市场价格挂起钩来。这种长期合同与现货市场价格挂钩的做法,一般采用两种挂钩方式:一种是指按周、按月或按季度通过谈判商定价格的形式;另一种是以计算现货价格平均值(按月、双周、周)来确定合同油价。除了上述几种价格外,国际石油贸易价格还存在以货易货价格、净回值价格、价格指数等。

4. 期货交易价格:三大期货市场

买卖双方通过在石油期货市场上的公开竞价,对未来时间的"石油标准合约"在价格、数量和交货地点上,优先取得认同而成交的油价为石油期货价格。期货市场为方便交易者或扩大流量,有时也按规则出台"结算价",一般是指相对一段时间内的加权平均价,在研究问题时,也常把"结算价"当成该时段的期货价使用。从近几年的原油价格波动情况看,期货市场已经在某种程度上替代了现货市场的价格发现功能,期货价格已成为国家原油价格变化的预先指标。石油期货交易所的公开竞价交易方式形成了市场对未来供需关系的信号,交易所向世界各地实时公布交易行情,石油贸易商可以随时得到价格资料,这些因素都促使石油期货价格成为石油市场的基准价。据普氏、阿各斯等世界权威石油价格指数管理机构介绍,在确定原油和油品价格水平时,石油期货交易所前一交易日的结算价占据十分重要的地位。

世界最主要的三大石油期货市场是纽约商品交易所、伦敦国际石油交易所以及最近兴起的新加坡和东京工业品交易所。其中纽约商品交易所能源期货与期权交易量约占三大交易市场总量的 60% 左右。伦敦国际石油交易所的北海布伦特原油是全球最重要的定价基准之一,全球原油贸易的 50% 左右参照布伦特原油定价。日本的石油期货市场虽然很短,但交易量增长很快,在亚洲地区的影响力不断增强。

目前,世界上重要的原油期货合约有:纽约商品交易所(NYMEX)的轻质低硫原油(即"西得克萨斯中质原油")期货合约、高硫原油期货合约;伦敦国际石油交易所(IPE)的布伦特原油期货合约;新加坡交易所(SGX)的迪拜酸性原油期货合约。

以五大现货市场和三大期货市场为主的国际石油市场格局决定了石油定价机制。国际市场石油交易大多以各主要地区的基准油为定价参考,以基准油在交货或提单日前后某一段时间内现货市场或期货市场价格加上升贴水作为原油贸易的最终结算价格。期货市场价格在国际石油定价中扮演着关键角色,占全球每年石油贸易量的85%左右。在三大期货市场中,纽约商品交易所能源期货和期权交易量占到三大能源交易所总量的一半以上,其西得克萨斯中质原油(WTI)是全球交易量最大的商品期货,也是全球石油市场最重要的定价基准之一,所有在北美生产或销往北美的原油都以WTI原油作为基准来定价。伦敦国际石油交易所交易的北海布伦特原油也是全球最重要的定价基准之一,全球原油贸易的约50%都参照布伦特原油定价,英国和其他欧洲国家所使用的原油价格就是这一价格。

(二)公式定价法

在现货和期货市场主导的定价体系之下,国际原油市场采用的是公式定价法,即以基准的期货价格为定价中心,不同地区、不同品级的原油价格为基准价格加上一定的升贴水。公式为:$P=A+D$,其中,P 为原油交易现货市场的结算价格,A 为基准价格,D 为升贴水。目前有两大国际基准原油,即西得克萨斯轻质原油价格(WTI)和北海布伦特原油价格(Brent)。公式定价法是将基准价格和具体交割的原油价格连接起来的机制,其中的升贴水是在合约签订时就订立的,并且通常由出口国或资讯公司设定。

作价的三要素:基准原油、计价期和升贴水。比如沙特阿美石油公司也就是沙特的国家石油公司,对亚洲客户7月份提油的沙特轻质原油官方的定价公式是:普氏迪拜和阿曼的 7 月份全月均价减去 0.25 美元/桶。这里普氏迪拜阿曼的现货价格指数就是基准原油,计价期是未来的 7 月份整个月,贴水是 0.25 美元/桶。

1. 第一个要素是基准原油

基准原油就是参考定价的原油,不好理解的是基准原油在价格形态上是多样的。在国际原油市场做实物原油交易的时候,往往采取基准原油的现货价格,在东区市场最有名的就是普氏(PLATTS)评估的 DTD BRENT 以及 Dubai 和 OMAN。除了前面提到的普氏评估的 DTD BRENT 以及迪拜和阿曼之外,还有另一个评估公司叫阿格斯,它评估基于美湾地区的火星原油(MARS)现货交易的阿格斯高硫原油现货价格指数。(注意:评估公司不交易这些价格,它们是根据窗口现货市场的实际交易情况来评估现货价格。)

2. 第二个要素就是计价期

如果用某个挂牌月份的期货,其实计价期是一个点的价格,就是你觉得今天某个时间的价格不错你就点它。而比较常用的计价期是全月平均,这种方式比较均衡,比如我们前面说的用 8 月份的首行 BRENT 的结算价的全月平均。

3. 第三个要素是实货原油的升贴水

升贴水表现就是实物原油和基准油种的品质肯定有差距,所以有价差也很合理。好的原油比差的原油应该升水,反之则应该贴水。但实际的升贴水不仅仅是品质差,还需要反映这个实物原油的局部供求关系,这个价差叫作时间价值。

(三)普氏价格体系

近年来随着新兴经济体的发展,欧亚和中东地区对国际原油价格的影响力逐渐增强。基于布伦特的定价体系日趋完善,目前已成为最有影响力的基准原油。国际上近 70% 的原油交易均以布伦特为基准原油。

美国能源信息署(EIA)在发布的 2013 年度能源展望中,也首次用布伦特代替 WTI 作为基准原油。普氏价格体系是以布伦特为基准原油的价格体系,其提供的价格包括即期布伦特(Dated Brent)、远期布伦特、布伦特差价(CFD),以及其他重要的场外交易市场的报价参考。其报价体系类似于 Libor,依据主要石油公司当日提供的收市价并进行综合评估得到。

1. 北海原油

普氏价格体系所使用的布伦特原油指的是北海地区出产的原油,是布伦特、福地斯、奥斯博格、埃科菲斯克(取四种原油首字母为 BFOE)的一篮子原油。在普世定价体系形成之初,布伦特原油被认为是北海原油的代表,只将其价格作为基准油价。在 2002 年,普氏价格体系采用了布伦特、福地斯、奥斯博格(简称 BFO)的一篮子油价;在 2007 年,又加入了埃科菲斯克,形成了 BFOE。采用一篮子原油作为基准原油有利于扩大基准价格的市场基础,但由于这些原油的质量不一(其中福地斯、奥斯博格的密度较小、含硫量较低、质量高,埃科菲斯克质量较低),而这些原油都可以用于远期和期货交割,这就导致 BFOE 的卖方更倾向于交割低品质原油(如埃科菲斯克),而非高品质原油。

为了激励卖方更多地交割高品质原油,普氏价格体系分别于 2007 年和 2013 年引入了品质折扣系数(de-escalator)和品质溢价因子(quality premiums)。品质折扣系数是指当卖方交割的原油含硫量超过 0.6% 时,每超 0.1% 的硫分,卖方需要向买方支付 60 美分/桶。与品质折价相反,品质溢价是指在接收到较交易时所保证的品质更高的原油时,原油买方须向卖方支付作为回报的费用。对于奥斯博格、埃科菲斯克两种高品质原油,品质溢价因子是估价公布日前两个整月内,该两种等级原油与 BFOE 中最具竞争力的一种原油之间的净差价的 50%。

2. 即期布伦特

即期布伦特是一个滚动估价,它反映估价当日起 10~25 天的 BFOE 现货价格(周一至周四的估价是估价发布当日起 10~25 天装运的即期布伦特现货,周五的估价是估价发布当日起 10～27 天装运的即期布伦特现货),此处的 10～25 天被称作估价窗口。25 天的惯例源于在实际操作中,卖方须在交割前提前 25 天通知买方船货的装运期。所以,虽然即期布伦特通常被认为是现货市场的价格,但它实际反映 10～25 天的远期价格。

最初,普氏采用的估价窗口是 7～15 天,与布伦特原油的估价窗口一致,但其他的北海原油品种的估价窗口均长于布伦特原油。随着布伦特原油产量的下降,为了使普氏价格更贴近北海市场的惯例,普氏将估价窗口增加至 10～21 天。随着布伦特产量的进一步下降,2012 年 6 月,普氏价格体系将窗口期进一步扩展至 10～25 天。即期布伦特反映的是 BFOE 的一篮子油价,这并不是四种原油价格的代数平均数,而是通过对最具竞争力的品种赋予最大的权重而更好地反映最具竞争力品种的价格,以确保估价反映供需基本面。

3. 远期布伦特

远期布伦特是最早出现的布伦特金融工具。布伦特远期是一种远期合约,在这种合约中会确定未来具体的交割月份,但不会确定具体的交割日期。布伦特远期的报价一般是未来 1～3 个月,如 5 月会有 6～8 月的布伦特远期的报价,这些报价是合约确定的、针对具体交割油种的报价。

4. 布伦特价差合约

布伦特价差合约(Contract for Differential,简称 CFD)是一种相对短期的互换,其价格代表了在互换期间内,即期布伦特估价与远期布伦特价格之间的市价差。普氏能源资讯提供未来 8 周的 CFD 估值,并在每周定期评估。市场上也有公开交易的一月期和两月期的 CFD。CFD 通过将互换期间内(即期布伦特与远期布伦特之间)随机的市价差转换为固定的价差,可以为 BFOE 现货头寸的持有者对冲即期布伦特市场的风险,也可以用于投机。

依据公式定价法,原油现货的价格为基准价格加上一定的差价。在普氏价格体系中,基准原油为布伦特,基准价格为即期布伦特,现货价格在基准价格的基础上,除了要加一个合约规定的差价外,还要加上现货升水或减去期货升水。其中,期货升水或现货升水的数据由 CFD 市场提供。例如,一宗交易确定的升水为 1.00 美元/桶,交易确定在一个月之后完成,则在今天这个时点,这宗交易的现货价格(在今天这个时点,该价格为远期价格)为当前的即期布伦特价格加上对应期限的 CFD 差价,再加上 1 美元升水。

实际上,现货布伦特的远期价格,即远期布伦特,就是由即期布伦特加上对应期限的 CFD 差价得到的。因此,上述定价方法也可以理解成现货布伦特的远期价格加上不同品种的差价。利用即期布伦特和 CFD 的报价信息,就可以得到现货布伦特的远期价格曲线。不同品种的原油有不同的估价窗口和平均计价期(习惯上,原油现货在装船后的一定期限内定价,这段期限的平均值称为平均计价期),故普氏价格体系针对不同的原油品种,提供了相应期限的即期布伦特价格。以地中海品种为例,普氏价格体系会为每笔交易提供即期布伦特 13~28 天的价格,加上这笔交易对应的 CFD 价格,再加上一定的差价,就得到了这笔交易的现货价格。

5. 伦敦国际石油交易所(IPE)的布伦特期货合约也常被用作基准价格

布伦特期货合约到期交割时,是根据布伦特指数进行现金交割的,而布伦特指数是根据远期价格得到的指数;也就是说,布伦特期货的价格会收敛于布伦特远期的价格,而非布伦特现货的价格。虽然布伦特期货合约并不进行实物交割,但持仓者可以通过期货转现货(EFP)将该头寸转化为现货头寸,即远期头寸或 25 日现货头寸。EFP 的价格是由互换双方决定的。EFP 将布伦特的期货市场与现货市场联系了起来。

普氏价格体系提供了 EFP 的远期价格估值,反映了对应交割月份期货和远期之间的差价,联系了期货和远期市场。因此,以布伦特期货价格作为基准价格的现货价格等于期货价格加上 EFP 差价,加上对应期限的 CFD 差价,最后再加上合约规定的差价。

（四）WTI 原油在国际原油市场上一直占据着更加核心的地位

由于 WTI 主要反映美国市场的原油供销以及库存状况。第二次世界大战之后，美国在世界经济上取得了巨大的话语权，并且北美地区一直是最大的原油消费区，也是重要的原油生产区，加之 WTI 原油的质量好于布伦特，更适于石油生产，因此 WTI 价格的变化能对世界经济产生更大的影响，WTI 也更适合作基准原油。20 世纪 70 年代中叶，国际社会连续发生了多个导致原油市场波动的事件，包括第一次石油危机、第二次石油危机。为削弱 OPEC 国家对石油价格的控制，完善市场定价，美国政府在 1981 年 1 月放开对原油价格的管制，WTI 原油期货应运而生。这一事件改变了美国乃至世界的原油市场格局，库辛成为新的纸货合约的现货交割地点。由于合约有很高的流动性和透明度，再加上美国在全球的军事以及经济实力强大，同时又是原油的消费大国，其价格逐渐成为国际市场的标杆价格。

第三章　国际原油价格影响因素的实证研究

一、国际原油价格变动相关研究综述

（一）供需基本面因素的研究综述

一些学者认为供需关系是驱动原油价格变动的主要因素。Killian (2009)运用 SVAR 模型研究影响 1973—2007 年原油价格变动的主要因素,结果发现油价变动主要受全球总需求影响,而非供给因素。Robert K. Kaufmann(2007)认为原油需求和非 OPEC 产油国供给对原油价格变动缺乏弹性,而 OPEC 国家原油产量和出口政策对原油价格有显著的影响。Ronald 和 Joaquin(2015)通过研究 1973—2015 年的油价发现:1974—1996 年,非 OPEC 地区原油产量影响国际原油价格,1997 年以后 OPEC 组织的原油产量对国际原油期货价格的影响很大,并且认为原油产量决定国际原油价格波动。Kaufmann(2016)通过协整关系检验和误差修正模型研究发现,原油供应、炼油技术以及 OPEC 成员国油价均对国际原油价格产生影响。Hong Miao 等(2017)基于 LASSO 回归方法,研究认为 2014 年后原油价格下跌受原油需求影响,并且需求的影响程度超过了供应和投机因素的影响程度。Matthew 等(2020)基于混合多因素(HMF)模型研究 1990—2016 年原油期货价格的影响因素研究发现:原油库存对原油期货价格存在长期影响,当美国原油库存减少时,长期期货价格比短期期货价格下跌得更厉害;美国石油产量的增加显著影响长期原油期货价格。

我国学者也做了一些基本面研究：孙竹（2014）运用相关性、格兰杰因果检验等方法分析高油价前后时期 OPEC 剩余产能、库存及调整价差对原油现货和期货价格的影响。谭小芬（2015）认为供需压力增加是导致2000—2008 年油价上涨的主要原因，油价的短期走势主要受全球流动性和金融投机因素影响。谢楠（2018）利用 2002—2017 年 WTI 现货离岸价格的季度数据，构建多变量 SVAR 模型分析中国原油需求和世界石油库存对国际油价的影响，结果显示中国原油需求和世界石油库存对国际油价变动的贡献程度高达 20%左右，因此认为分析国际原油价格时不能不考虑中国需求和世界石油库存的影响。徐鹏（2019）利用 2006—2018 年的 WTI 期货价格数据构建 SVAR 模型研究影响国际原油价格的主要因素，发现驱动原油价格变动的因素主要源于需求侧冲击和美元汇率冲击，需求和美元汇率对国际原油价格变动的解释程度高达 72.1%。也有一些学者认为供需因素只能解释原油价格的长期变动趋势，不能解释原油价格短期的变化情况。

（二）金融因素对原油价格影响的研究综述

1. 美元指数与原油价格相关性研究

国外学者大多认为美元汇率与原油期货价格存在长期协整关系，但是对二者的因果关系存在分歧。R. A. Amano（1998）认为在后布雷顿森林体系时期（1972 年 2 月至 1993 年 1 月）原油价格是美元汇率的单向格兰杰原因，原油价格可能会对美元汇率造成持续冲击，而美元汇率对原油价格没有直接的影响。然而 Haughton（1989）认为美元汇率是原油价格的单向格兰杰原因，如果原油贸易主要使用美元进行交易，则可以合理预计美元汇率的变化将导致油价的调整，在需求侧，实际美元汇率贬值可能导致原油进口国购买力增强，使得原油需求增加从而推动原油价格上涨，在供给侧，原油出口国购买力下降，可能导致出口国削减供给并提高油价以补偿汇率损失。A. Benassy-Quere（2007）运用 VECM 模型实证分析原油价格与实际美元汇率之间的关系，并考虑中国因素的影响，结果发现:原油价格与美元汇率之间存在长期的正相关关系,油价上涨 10％将导致美元升值 4.3％,油价是美元汇率的单向格兰杰原因。在短期内,中国在原油和外汇市场上的异军突起会加强这种因果关系;但从长期看,中国出口激增导致的能源需求增长和中国对美元的固定汇率制度可能会扭转这种因果关系。Roger C. D. McLeod(2018)运用 TAR 和 MTAR 模型研究原油价格与美元汇率的动态关系,结果发现:二者之间存在长期的协整关系,但误差修正速度存在显著的非对称性,即当受到外部冲击打破均衡状态时,需要向下调整原油价格以恢复平衡的速度比向上调整以恢复平衡的速度慢;实际美元汇率有微弱的外生性;美元汇率与油价在短期内存在双向因果关系,但从长期看,美元汇率是油价的单向格兰杰原因。Zhou Jie 等(2021)基于时间序列网络模型研究原油库存与美元指数之间的关系,研究表明:在油价剧烈波动期间,美元指数与油价呈逆比关系;在油价恢复稳定后,美元指数与油价的反向关系减弱。Sun Chuanwang 等(2022)使用 MS-VAR 模型研究了中国汇率、INE 原油期货价格与国际原油价格之间的关系,研究发现:INE 原油期货价格受国际原油市场影响显著,美元汇率积极影响 INE 原油期货价格,并可能传导至中国原油现货市场。

我国有关汇率与原油价格相关性的研究也日益增多:刘湘云(2008)运用自适应预期模型研究 2005 年 3 月至 2008 年 6 月美元指数与油价的关系,结果发现美元贬值和期货投机是驱动油价上涨的主要原因。李治国等(2012)采用 Granger 因果检验和 ECM 模型实证研究了 2000 年 1 月至 2001 年 4 月的美国原油现货价格和美元指数之间的关系,结果表明美元指数变动是 WTI 原油现货价格变动的格兰杰原因,但 WTI 原油现货价格变动不是美元指数变动的格兰杰原因。程明华(2013)认为,2000—2012 年国际原油价格频繁剧烈波动是美元汇率等多种金融因素和投机因素协同作用共同作用的结果。陈明华(2013)利用 2000—2013 年 WTI 期货价格、非商业交易头寸占比、广义美元汇率指数、原因供给的数据进行实证分析,结果发现原油期货价格与广义美元汇率、非商业交易头寸占比、原油供给之间存在长期稳定的均衡关系,短期内,广义美元汇率对油价的冲击最大,再次是期货投机,原油供给对油价的冲击最小,同时还发现广义美元汇率对油价波动的贡献程度最大,其次是期货投机,原油供给的贡献程度最小。马郑玮(2016)利用 AR-GARCH 模型实证分析美元指数与国际原油价格之间的相互关系,发现长期国际原油价格与美元指数存在负相关关系,但在美元特别强势或非常弱势的时期,美元对油价的影响较弱,此时油价具有独立的走势,同时还发现美元指数是国际原油价格的单向格兰杰原因,且其短期影响大于长期影响,另外美元指数还放大了国际油价的波动性。倪弘(2017)利用 2000—2017 年 WTI 期货价格和美元指数的月度数据构建 VAR 模型进行实证分析,结果发现:WTI 期货价格与美元指数存在长期负向的均衡关系,美元指数对 WTI 期货价格变动的贡献程度高达 67%,但在供需严重失衡的特殊时期,美元指数与 WTI 期货价格呈现正相关关系。

2. 原油期货投机

进入 21 世纪,原油期货市场日益繁荣,原油期货投机性持仓量远超商业性持仓量,原油价格波动频繁,传统的供需基本面因素无法合理地解释国际油价的频繁变动,因此许多学者认为投机因素对原油期货价格有重要影响。宋玉华等(2008)基于协整关系检验和格兰杰因果关系检验等计量方法,研究发现:对冲基金的投机活动和商业石油库存不是协整的,对冲基金投机只是跟随套期保值者,投机活动无论短期还是长期均不能影响国际原油价格。管清友(2009)认为油价剧烈波动是供需、美元贬值、市场预期等多种因素共同作用的结果,但投机对油价波动的影响并不明显。马登科(2010)利用 1994—2009 年的原油期货持仓数据和 WTI 期货价格数据分析投机与国际油价之间的关系,实证结果显示天量的投机交易造成了原油价格的大幅波动。李卓(2012)运用符号约束 VAR 模型和历史分解的方法研究影响国际油价的主要因素,发现供需冲击对油价波动的解释程度最高,但原油价格的形成机制被原油期货市场大量的投机活动所扭曲,在 2007—2008 年期间,投机使油价显著脱离基本面。慧峰

(2013)选用 2006—2011 年间 WTI 市场数据,基于格兰杰因果检验和回归分析,实证结果表明,非商业多头持仓量、商业多头持仓量与原油期货收益率形成三角循环关系;非商业持仓量直接影响原油期货收益率,而原油期货收益率受商业持仓间接影响。Giulio Cifarelli(2010)认为,原油期货市场不受基本面驱动,投机在原油期货市场上扮演着十分重要的角色。Juvenal(2015)认为投机在 2004—2008 年的油价大幅上涨及其后来的崩溃中起了十分重要的作用。Haoyuan Ding(2014)运用三种格兰杰因果检验模型研究 WTI 期货非商业净持仓与原油现货价格之间的因果关系,研究发现 WTI 非商业净持仓是原油现货价格的单向格兰杰原因,并认为该因果关系是通过 WTI 期货价格传递的。也有一些学者认为投机因素对国际原油期货价格的影响不大,可以忽略不计。隋颜休和郭强(2014)基于结构断点检验实证研究发现,石油期货市场中具有明显的长期与短期投机活动,尤其长期投机因素对油价波动产生的影响程度更深。田利辉和谭德凯(2014)分析了 2002—2012 年影响原油价格波动的因素,结果显示:2002 年以来原油价格持续上涨的主要原因是市场金融投机行为,且在 2008 年原油市场价格波动中发挥了主导和放大作用。Marek Kaufmann 等(2014)使用卡尔曼滤波器估计扩展模型研究原油价格、股票价格和商品市场的每日收益之间的关系,研究发现:WTI 原油期货价格与康菲石油的现货价格呈正相关性,但在 2008 年第四季度,原油日收益率与股票呈负相关性,这种变化增加了持有原油作为金融资产的回报。周小舟和马瑾(2014)选用 2003—2012 年的数据,通过 VAR 模型和因果检验实证发现:WTI 期货价格和基差的变动决定空头持仓量,商业客户多头持仓是为满足空头持仓对冲需求。商业客户与投资机构的多、空持仓量之间存在长期相关性。Li Liu(2016)认为中美原油需求是国际原油价格变动的主要影响因素,投机对国际原油价格变动的贡献程度不超过10%。李卓和李大海(2017)从商品金融的角度实证分析了原油价格波动与各种因素之间的即期因果关系,结果表明原油期货价格直接受投资者对商品指数和商品持仓的影响,指数投资者市场范围的投资决策决定了对整个市场价格走势的预测,在做长期投资决策时不能忽视价格趋势。于永达(2018)运用"双阶段"马尔科夫区制转移模型研究投机与国际原油价格之间的复杂动态变化过程,结果发现投机因素与国际原油价格走势存在较强的相关性。Zhang Shuchang 等(2020)基于多重分形方法研究了 INE 原油期货价格与成交量的相互关系,并将 INE 市场与 Brent、WTI市场进行比较,研究表明,三个期货市场原油价格与成交量存在不对称的相互关系,当油价上升时,成交量则明显下降;三个市场的不对称程度逐渐增加。

(三)政治及突发事件

程伟力(2005)认为短期内原油期货价格受中美原油需求的影响较小,油价的短期波动是投机、政治及突发事件共同作用的结果。管清友(2007)运用多重均衡模型研究大国权力和原油供需对油价的影响,结果发现油价波动是供需博弈和大国权力共同作用的结果,作者认为权力的介入放大了供需矛盾,使得油价波动背离了供需基本面,延长了油价的波动周期。李畅(2007)运用 AR(1)和误差修正模型研究影响国际油价变动的长短期因素,发现供需基本面因素仍然是决定油价长期走势的主导因素,但油价的短期走势主要受投机、恐怖事件、政治事件等因素影响。殷晓红(2008)、孟刚(2008)、方燕(2012)认为地缘政治等突发因素主要通过改变原油市场的供需关系影响国际油价,但这种冲击是短暂的,经过一段时间的调整,冲击会逐渐减弱直至消失。车圣保(2015)定性分析了地缘政治事件对油价的影响,作者认为紧张的地缘政治形势会导致原油运输成本上升,加剧市场对原油供给短缺的担忧,从而促使油价走高;此外,地缘政治事件还会导致石油消费大国动用战略储备调节市场供需从而影响国际油价走势。Hao Chen(2016)运用 SVAR 模型研究 OPEC 国家的政治风险对国际原油价格的影响,结果发现:欧佩克国家的政治风险对布伦特原油价格有显著的正向冲击;欧佩克国家的政治风险对油价波动的贡献程度高达 17.58%;中东欧佩克国家的政治风险对油价的波动影响大于北非和南美欧佩克国家;欧佩克国家的内部冲突是影响油价波动的主要政治风险因素。Qingfeng Wang(2017)运用结构方程模型研究驱动国际原油价格变动的主要因素,结果发现:最大原油生产国和邻国之间的战争和政治紧张局势会促使原油价格急剧升高,但这种影响是间接的,战争和紧张的政治局势主要通过破坏原油生产国的供给能力影响国际油价。综上所述,多数学者认为地缘政治及突发事件对国际原油价格有显著的影响,且认为它是影响国际原油价格短期变动的主要因素之一。

二、原油价格影响因素的实证分析

(一)实证方法与模型

1. 平稳性检验

对于时间序列的金融数据而言,在建模前首先要进行平稳性检验,其平稳与否的判断依据是检验时间序列数据是否存在单位根,如果存在单位根则该序列非平稳,如果不存在单位根则说明其平稳,在不平稳的情况下时间序列数据会存在伪回归的情况,从而使得建立的模型失去经济学上的意义。非平稳级数的线性组合可以是稳态的,如果存在这样的稳态,则改级数被认为是共整的。因此,进行了增强的 Dickey-Fuller(ADF)测试来测试该系列是平稳的还是非平稳的。该检验涉及通过最小二乘(OLS)方法估计以下等式的形式:

$$\Delta X_t = \delta X_{t-1} + \sum_{i=1}^{n} \lambda_i \Delta X_{t-i} + \varepsilon_t \qquad (3-1)$$

$$\Delta X_t = \alpha + \delta X_{t-1} + \sum_{i=1}^{n} \lambda_i \Delta X_{t-i} + \varepsilon_t \qquad (3-2)$$

$$\Delta X_t = \alpha_1 + \alpha_2 T + \delta X_{t-1} + \sum_{i=1}^{n} \lambda_i \Delta X_{t-i} + \varepsilon_t \qquad (3-3)$$

上述式(3-1)至式(3-3)中,$t = 1, \cdots, n$,X_t 表示模型中被检验的变量随时间推移,T 代表时间趋势项,α 代表截距项。ADF 单位根检验的原假设是:$\delta=0$,即存在单位根、序列不平稳,则存在替代假设是 $\delta<0$,即不存在单位根、序列平稳。从实证结果而言,如果 ADF 单位根检验在既定的标准下 P 值小于临界水平,则认定该时间序列为平稳序列。

2. 协整关系检验

(1)E-G 协整关系检验

Engle 和 Granger 提出了协整理论。这为与有限差分法不同的非平稳时间序列建模和分析提供了一种新的解决方案。理论表明,当两个或多个非平稳时间序列以线性方式组合时,结果所得时间序列可以是平稳的。即对于两个或多个时间序列是同阶单整的,如果存在线性组合是平稳的,则称时间序列之间存在协整关系。

E-G 检验从变量之间的估计方程开始,然后检查方程中残差项的平稳性。以变量的时间序列是同阶单整为前提,例如两个时间序列同为一阶单整。如果残差项(e_t)中无单位根,则认为方程中的变量之间是协整的,因此时间序列之间具有长期相关性。但是,如果残差项(e_t)非平稳,则变量之间不存在相关性。继续使用上文平稳性检验来检验残差项的平稳性,如下所示:

$$\Delta e_t = \alpha + \rho e_{t-1} + \sum_{j=1}^{p} \lambda_j \Delta e_{t-1} + \xi_t \qquad (3-4)$$

式(3-4)中,e_t 是残差项,ρ 是调整参数的速度,ξ_t 假设为白噪声。非平稳的原假设 $e_t(H_0:\rho=0)$ 针对平稳线性($H_0:\rho<0$)。基于 Akaike 信息准则(AIC)确定适当的滞后阶数。根据该准则,调整参数 ρ 的速度以恒定速率持续变化。

(2)Johansen 协整关系检验

一旦发现变量在其水平上是非平稳的,并且处于相同的积分顺序,即一阶或所谓的 $I(1)$ 的积分,Johansen 协整检验可以通过从无限制向量自回归(VAR)模型开始应用,其中变量的向量($X\times1$)在时间 t 与过去变量的向量相关。根据格兰杰定理,向量 X_t 在以下规范中具有矢量自回归纠错表示形式:

$$\Delta X_t = \alpha_1 + \alpha_2 T + \Pi X_{t-1} + \sum_{i=1}^{k-1} \Gamma_i \Delta X_{t-i} + \Phi D_t + \omega_t \qquad (3-5)$$

式(3-5)中，$\Pi = \sum_{i=1}^{p} A_i - I$，$\Gamma_i = -\sum_{j=i+1}^{p} A_j$，$X_t$ 是 $(X \times 1)$ 对应于被检验的变量，且变量均为 $\sim I(1)$，Π，Γ_i 和 Φ 是要估计的参数矩阵，D_t 是具有确定性元素（常量和趋势）的向量，并且 ω_t 是随机误差矩阵，遵循通常的高斯白噪声过程，均值和常数方差为零。检验的具体过程是，矩阵的秩(Π)中包含长期信息和调整速度。如果矩阵的秩(Π)等于 1，则存在一个单一的整积分向量或一个线性组合，它是平稳的，使得协整秩矩阵 Π 可分解成 $\Pi = \alpha\beta'$（其中 α 是调整速度的矢量，并且 β 是长期均衡的向量），在这种情况下，X_t 是 $I(1)$ 但组合 $\beta'X_{t-1}$ 是 $I(0)$。Johansen 方法是从无限制的 VAR 中估计 Π 矩阵，并测试我们是否可以拒绝减少的秩所隐含的限制 Π。有两种测试方法可以降秩(Π)——迹检验法和最大特征值检验法，如下所示：

$$\lambda_{trace} = -T \sum_{i=r+1}^{n} \ln(1-\lambda_i^2) \qquad (3-6)$$

$$\lambda_{max}(r,r+1) = -T\ln(1-\lambda_{r+1}) \qquad (3-7)$$

式(3-6)、式(3-7)中，λ_i 是从估计矩阵获得的估计有序特征值，T 是滞后调整后的观测值数。迹统计量检验原假设，针对一般备选方案，不同协整向量的数量小于或等于 r。最大特征值检验原假设是协整向量 r 的个数的备选是协整向量 $r+1$。

3. 因果关系检验——误差修正模型

如果序列 Y_t 的变化可以用自身不同滞后期解释，那么就可以通过引入变量 X_t 后是否提高了 Y_t 被解释的程度来判断变量 X_t 对 Y_t 的作用，也就是检验变量 X_t 的过去的信息是否对被解释变量 Y_t 的信息具有预测能力。这就是格兰杰因果关系检验所得出的因果关系，不同于实际经济活动中的因果关系。

如果模型中的变量是协整的，则模型中必须包含误差修正项（ECM），因此允许长期平衡和短期动态。该模型可以表示如下：

$$\Delta Y_t = a + \sum_{i=1}^{j} a_i \Delta Y_{t-i} + \sum_{i=1}^{j} b_i \Delta X_{t-i} + \Phi ECM_{t-1} \qquad (3-8)$$

式(3-8)中，ECM_{t-1} 是归一化协整方程。有两种因果关系来源，即通过 ECM（如果 $\Phi_i \neq 0$），或通过滞后动态项。ECM 项表示长期均衡关系，而滞后差值项的系数表示短期动态。ECM 项的系数表示调整的速度或将变量驱回长期平衡的误差机制。

关于因果关系的两个来源，有三种不同的因果关系测试，即短期格兰杰非因果关系测试、长期非因果关系测试和联合非因果关系测试。在式(3-8)中，如果原假设 $H_0:(b_i=0)$ 在统计上被拒绝，则认为 X_t 是 Y_t 的短期格兰杰原因。如果原假设 $H_0:(\Phi=0)$ 在统计上被拒绝，则认为 X_t 是 Y_t 的长期格兰杰原因。

(二)数据来源与变量

1. 数据来源

纽约商品交易所上市交易的 WTI 原油期货已被学者认为具有国际油价定价权，本书选取 WTI 原油期货价格波动来代表国际原油价格波动。WTI 原油期货每月均存在合约可供交易，但各个合约价格并不一致，持仓量也有所不同，本书认为将原油期货价格指数化更为合理，因此选取国内文华财经金融衍生品交易信息系统提供的 WTI 原油期货价格指数的月度数据，此指数由各个月份合约价格加权计算得出，相较于单月合约更加综合全面，更能反映当月原油期货价格的波动程度。上文分析与原油相关的基本面因素分别为：美国原油总库存、美国原油商业库存、美国原油战略储备库存、美国原油产量、美国原油消费量，其月度数据来自美国能源信息局；WTI 原油期货持仓量的月度数据来自 CFTC 发布的每周头寸报告；美国原油期货价格指数以及对应的总持仓量数据来自文华财经交易信息系统。

美联储加息或降息不会直接调整存款或贷款利息，而是调整美国联邦基金利率，此利率变动能够快速且真实地反映美国商业银行资金的余缺。调息是美联储解决美国通货膨胀的货币手段,因此选用美国联邦基金利率以表示美联储加息或降息周期利率,此利率的月度数据选自 Wind 数据库。具体变量名称及其含义如表 3—1 所示。

表 3—1　　　　　　　　　　变量、符号及含义

变量	符号	含义
原油期货价格指数	PF	WTI 原油期货价格指数月末结算价
美国联邦基金利率	FFR	美联储加息或减息周期利率月末统计量
原油总库存	I	美国原油总库存月末统计量
原油商业库存	CI	美国原油商业库存月末统计量
原油战略库存	SPR	美国原油战略库存月末统计量
原油产量	P	美国原油产量月末统计量
原油消费量	S	美国原油消费量月末统计量
商业持仓量	OPI	WTI 原油期货价格指数对应的所有合约商业持仓量
总持仓量	COPI	WTI 原油期货价格指数对应的所有合约总持仓量

2. 1983—2021 年原油期货价格走势回顾

WTI 原油期货在 1983 年上市,至今已有 39 年的交易历史。当供需两端恶劣灾害、金融危机等重大事件发生时,原油期货价格均受波及。价格走势中出现了 1 172% 的涨幅以及 320.2% 的跌幅,可见其波动程度相当剧烈。通过历史数据剖析原油期货价格产生剧烈波动的原因对原油期货价格未来走势具有相当重要的作用(见表 3—2)。

表 3—2　　　　　　　　　波动区间划分结果　　　　　　　　单位:美元

时间区间	最低价	最高价	波动率
1998 年 12 月—2008 年 7 月	11.63	147.94	1172.06%
2008 年 7 月—2009 年 2 月	40.11	147.94	268.84%
2009 年 2 月—2011 年 5 月	40.11	115.1	186.96%
2011 年 5 月—2016 年 1 月	29.89	115.1	285.08%
2016 年 1 月—2018 年 10 月	29.89	76.14	154.73%

续表

时间区间	最低价	最高价	波动率
2018 年 10 月—2020 年 4 月	18.12	76.14	320.2%
2020 年 4 月—2022 年 1 月	18.12	84.55	366.61%

波动率＝(最高价－最低价)/最低价×100%

(1)1983—1998 年,原油期货价格平稳波动时期。这段时间原油价格几乎没有大幅变化,一直在 20 美元左右波动,说明这段时间美国货币政策及国际原油消费水平均保持稳定,原油供需关系未发生大幅变化。

(2)1998 年 12 月至 2008 年 7 月上涨阶段,原油期货价格从 11.63 美元上涨至 147.94 美元,波动率为 1 172.06%。此阶段全球经济高速发展,世界各国大规模发展工作,建筑化工行业原油消费量巨增,仅美国国内每年原油消费量就增加至 21 亿桶。加之此阶段恶劣天气叠加产油国动乱导致供应问题,原油期货价格达到了历史最高点。

(3)2008 年 7 月至 2009 年 2 月下跌阶段,原油期货价格从 147.94 美元下跌至 40.11 美元,波动率为 268.84%。此阶段发生金融危机,全球原油消费量断崖式减少,并且美联储加息过后,美国货币量减少,美国消费者价格指数下降,将历史高点的原油价格拉回原点。

(4)2009 年 2 月至 2011 年 5 月上涨阶段,原油期货价格从 40.11 美元上涨至 115.1 美元,波动率为 186.96%。此阶段美联储为挽救金融危机局面开始降息,大量资金流入原油产业,美元原油消费量直接"飞"回了金融危机前水准,同时大量资金流入原油期货市场,原油期货持仓量数据表明大量参与者增加了账户中的头寸。

(5)2011 年 5 月至 2016 年 1 月下跌阶段,原油期货价格从 115.1 美元下跌至 29.89 美元,波动率为 285.08%。此阶段虽然美联储的货币政策没有变化,但美国页岩油开发大获成功,在原油消费没有变化的情况下造成国内原油供应过剩局面,原油期货价格也因此回到 2000 年以前。

(6)2016 年 1 月至 2018 年 10 月上涨阶段,原油期货价格从 29.89 美元上涨至 76.14 美元,波动率为 154.73%。此阶段在供需层面,供应过剩的局面仍未改变,但原油期货持仓量持续增加,原油期货价格上涨可能由金融资金推动。原油价格波动幅度不如前几个阶段大,可能仅仅是投机炒作的结果。

(7)2018 年 10 月至 2020 年 4 月下跌阶段,原油期货价格从 76.14 美元下跌至 18.12 美元,波动率为 320.2%。此阶段期货头寸没有大幅变动,供应方面也未大幅变化,可能是全球性新冠肺炎疫情导致原油消费低迷所致。

(8)2020 年 4 月至 2022 年 1 月上涨阶段,原油期货价格从 18.12 美元上涨至 84.55 美元,波动率为 366.61%。美联储为应对突发疫情,坚决实施接近于 0 的低利率货币政策,推动原油价格回到 100 美元以上,突破历史高点也未可知(见图 3—1)。

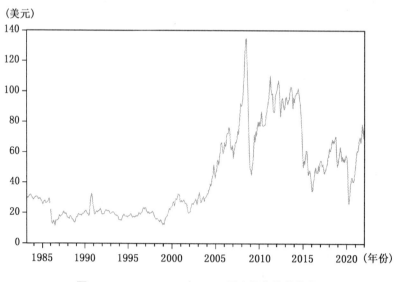

图 3—1　1983—2021 年 WTI 原油期货价格指数

(三)基本面因素与原油价格相关性的实证检验

1. 时间序列的平稳性检验

通过 Eveiws10.0 软件采用目前主流的 ADF 单位根检验法来检验各变量的时间序列的平稳性。在检验前提出原假设:变量的时间序列中存在单位根。当检验结果中的 P 值小于 0.05 时认为不存在单位根,而 P 值大于 0.05 时则认为存在单位根。ADF 单位根检验结果如表 3—3 所示,其中,检验类型 c、t、k 分别代表检验方程中含有截距项、趋势项、滞后项,而 n 则代表检验方程中既无截距项又无时间趋势项。降低原油期货价格样本数据异方差程度,笔者将原油期货价格及影响因素的数据取对数处理。

表 3—3　　　　　　　　　　　ADF 单位根检验结果

时间	变量名	检验类型(c,t,k)	T 值	P 值
1998 年 12 月— 2008 年 7 月	$D(\ln PF)$	$(n,0)$	-8.929	$0.000\ 0^{***}$
	$\ln I$	$(c,1)$	-3.421	$0.012\ 2^{**}$
	$\ln CI$	$(c,1)$	-3.649	$0.006\ 2^{***}$
	$D(\ln SPR)$	$(n,0)$	-4.473	$0.000\ 0^{***}$
	$D(\ln S)$	$(n,4)$	-8.503	$0.000\ 0^{***}$
	$\ln P$	$(c,t,0)$	-4.192	$0.006\ 3^{***}$
	$\ln OPI$	$(c,t,0)$	-5.906	$0.000\ 0^{***}$
	$D(\ln COPI)$	$(n,0)$	-10.530	$0.000\ 0^{***}$
2009 年 2 月— 2011 年 5 月	$D(\ln PF)$	$(n,0)$	-4.517	$0.000\ 1^{***}$
	$\ln I$	$(c,4)$	-5.470	$0.000\ 2^{***}$
	$D(\ln CI)$	$(n,0)$	-4.344	$0.000\ 1^{***}$
	$\ln SPR$	$(c,t,5)$	-5.843	$0.000\ 5^{***}$
	$D(D(\ln S))$	$(n,6)$	-2.585	$0.012\ 8^{**}$
	$D(\ln P)$	$(n,0)$	-6.015	$0.000\ 0^{***}$
	$D(\ln OPI)$	$(n,0)$	-4.681	$0.000\ 0^{***}$
	$D(\ln COPI)$	$(n,0)$	-5.453	$0.000\ 0^{***}$

时间	变量名	检验类型(c,t,k)	T 值	P 值
2011 年 5 月— 2016 年 1 月	$D(\ln PF)$	$(n,0)$	-4.887	$0.000\ 0^{***}$
	$D(\ln I)$	$(n,0)$	-4.997	$0.000\ 0^{***}$
	$D(\ln CI)$	$(n,0)$	-4.768	$0.000\ 0^{***}$
	$\ln SPR$	$(c,1)$	-8.627	$0.000\ 0^{***}$
	$\ln S$	$(c,t,0)$	-4.578	$0.002\ 8^{***}$
	$D(\ln P)$	$(c,1)$	-7.940	$0.000\ 0^{***}$
	$D(\ln OPI)$	$(n,0)$	-6.418	$0.000\ 0^{***}$
	$D(\ln COPI)$	$(n,0)$	-5.891	$0.000\ 0^{***}$
2016 年 1 月— 2018 年 10 月	$D(\ln PF)$	$(n,0)$	-5.292	$0.000\ 0^{***}$
	$\ln I$	$(c,4)$	-3.180	$0.031\ 6^{**}$
	$D(\ln CI)$	$(n,0)$	-4.118	$0.000\ 2^{***}$
	$\ln SPR$	$(n,0)$	-2.997	$0.003\ 9^{***}$
	$\ln S$	$(c,t,0)$	-6.277	$0.000\ 1^{***}$
	$D(\ln P)$	$(n,0)$	-4.414	$0.000\ 1^{***}$
	$D(\ln OPI)$	$(n,0)$	-6.489	$0.000\ 0^{***}$
	$D(\ln COPI)$	$(c,1)$	-5.366	$0.000\ 1^{***}$
2018 年 10 月— 2020 年 4 月	$D(D(\ln PF))$	$(n,0)$	-4.807	$0.000\ 1^{***}$
	$D(D(\ln I))$	$(n,0)$	-4.784	$0.000\ 1^{***}$
	$D(D(\ln CI))$	$(n,0)$	-4.265	$0.000\ 3^{***}$
	$D(\ln SPR)$	$(n,0)$	-3.360	$0.002\ 2^{***}$
	$D(D(\ln S))$	$(n,0)$	-2.507	$0.015\ 9^{**}$
	$D(\ln P)$	$(n,0)$	-3.103	$0.004\ 1^{***}$
	$D(\ln OPI)$	$(n,0)$	-5.487	$0.000\ 0^{***}$
	$D(\ln COPI)$	$(n,0)$	-6.550	$0.000\ 0^{***}$
2020 年 4 月— 2022 年 1 月	$\ln PF$	$(c,t,1)$	-3.873	$0.033\ 5^{**}$
	$\ln I$	$(n,0)$	-2.537	$0.014\ 0^{**}$
	$D(\ln CI)$	$(n,0)$	-3.274	$0.002\ 4^{***}$
	$\ln SPR$	$(n,2)$	-2.979	$0.005\ 1^{***}$
	$\ln S$	$(c,0)$	-4.065	$0.005\ 5^{***}$
	$\ln P$	$(c,0)$	-3.813	$0.009\ 5^{***}$
	$D(\ln OPI)$	$(n,0)$	-5.359	$0.000\ 0^{***}$
	$D(\ln COPI)$	$(n,0)$	-4.043	$0.000\ 4^{***}$

注:(1)ADF 检验及下文中的其他检验均使用 Eveiws 10.0 完成。(2)临界值选用的 1%、5% 和 10% 置信度分别在表 3-3 中用 *** 、** 和 * 表示。

1998 年 12 月至 2008 年 7 月,变量 $\ln PF$、$\ln SPR$、$\ln S$、$\ln COPI$ 的一阶差分序列在 1% 显著性水平下 P 值为 0,小于 0.05,表示变量 $\ln PF$、$\ln SPR$、$\ln S$ 与 $\ln COPI$ 都是一阶单整序列;对数原油库存的原时间序列在 5% 显著性水平下 P 值为 0.012 2,变量 $\ln CI$、$\ln P$、$\ln OPI$ 的原时间序列在 1% 显著性水平下 P 值为 0.006 2、0.006 3、0,即拒绝原假设,表示对数原油库存、对数原油商业库存、对数原油产量和对数商业持仓量的原序列平稳。

2008 年 7 月至 2009 年 2 月,此阶段虽然原油期货价格剧烈波动,但由于此阶段内时间变量较少,对于本书所使用的实证方法分析时意义不大,笔者认为将此阶段划分至更长的时间区间更有意义,具体分析见下文分析美国联邦基金利率对原油期货价格的影响。

2009 年 2 月至 2011 年 5 月,变量 $\ln PF$、$\ln CI$、$\ln P$、$\ln OPI$ 与 $\ln COPI$ 的一阶差分序列在 1% 显著性水平下 P 值分别为 0.000 1、0.000 1、0、0,表示对数原油期货价格、对数原油商业库存、对数原油产量、对数原油总持仓量和对数原油商业持仓量都是一阶单整序列;变量 $\ln I$、$\ln SPR$ 的原时间序列在 1% 显著性水平下 P 值为 0.000 2、0.000 5,表示对数原油库存和对数原油战略储备库存的原序列平稳;变量 $\ln S$ 的二阶差分序列在 5% 显著性水平下 P 值为 0.012 8,表示变量 $\ln S$ 是二阶单整序列。

2011 年 5 月至 2016 年 1 月,变量 $\ln PF$、$\ln I$、$\ln CI$、$\ln P$、$\ln OPI$ 与 $\ln COPI$ 的一阶差分序列在 1% 显著性水平下 P 值均为 0,小于检验值,表示对数原油期货价格、对数原油库存、对数原油商业库存、对数原油产量、对数总持仓量和对数商业持仓量都是一阶单整序列;变量 $\ln SPR$、$\ln S$ 的原时间序列在 1% 显著性水平下 P 值为 0、0.002 8,表示对数原油战略储备库存和对数原油消费量的原序列平稳。

2016 年 1 月至 2018 年 10 月,变量 $\ln PF$、$\ln CI$、$\ln P$、$\ln OPI$ 与 $\ln COPI$ 的一阶差分序列在 1% 显著性水平下 P 值为 0、0.000 2、0.000 1、0、0.000 1,拒绝了原假设,表示对数原油期货价格、对数原油商业库存、对数原油产量、对数商业持仓量与对数总持仓量都是一阶单整序列;对数原油库存的原时间序列在 5% 显著性水平下 P 值小于 0.05,对数原油战略储备库存的原时间序列在 1% 显著性水平下 P 值小于 0.05,对数原油消费量的原时间序列在 1% 显著性水平下 P 值为 0.000 1,表示对数原油库存、对数原油战略储备库存和对数原油消费量的原序列平稳。

2018 年 10 月至 2020 年 4 月,变量 $\ln PF$、$\ln I$、$\ln CI$ 的二阶差分序列在 1% 显著性水平下 P 值为 0.000 1、0.000 1、0.000 3,对数原油消费量的二阶差分序列在 5% 显著性水平下 P 值为 0.015 9,表示对数原油期货价格、对数原油库存、对数原油商业库存和对数原油消费量是二阶单整序列;变量 $\ln SPR$、$\ln P$、$\ln OPI$ 与 $\ln COPI$ 的一阶差分序列在 1% 显著性水平下 P 值为 0.002 2、0.004 1、0、0,均小于 0.05,表示对数原油战略储备库存、对数原油产量、对数总持仓量与对数商业持仓量都是一阶单整序列。

2020 年 4 月至 2022 年 1 月,对数原油期货价格、对数原油库存的原时间序列在 5% 显著性水平下 P 值为 0.033 5、0.014,对数原油战略储备库存、对数原油消费量与对数原油产量的原时间序列在 1% 显著性水平下 P 值为 0.005 1、0.005 5、0.009 5,均小于 0.05,表示变量 $\ln PF$、$\ln I$、$\ln SPR$、$\ln S$ 和 $\ln P$ 的原序列平稳;变量 $\ln CI$、$\ln OPI$、$\ln COPI$ 的一阶差分序列在 1% 显著性水平下 P 值为 0.002 4、0、0.000 4,均拒绝了原假设,表示变量 $\ln P$、$\ln OPI$ 与 $\ln COPI$ 都是一阶单整序列。

2. E-G 协整关系检验

依据 ADF 检验结果,采用 E-G 两步法进一步检验原油期货价格与各变量之间的协整关系。

1998 年 12 月至 2008 年 7 月,变量 $\ln PF$ 与 $\ln SPR$ 的协整关系检验 P 值为 0.649 9,变量 $\ln PF$ 与 $\ln S$ 的协整关系检验 P 值为 0.998,变量 $\ln PF$ 与 $\ln COPI$ 的协整关系检验 P 值为 0.461 8,三者均大于 0.05,表示对数原油期货价格与对数战略储备库存、对数消费量和对数商业持仓量不是协整的。

2009 年 2 月至 2011 年 5 月,变量 $\ln PF$ 与 $\ln CI$ 的协整关系检验 P 值为 0.351 2,可知对数原油期货价格与对数商业库存不是协整的;变量

lnPF 与 lnP 的协整关系检验 P 值为 0.044 4,变量 lnPF 与 lnOPI 的协整关系检验 P 值为 0.014 9,变量 lnPF 与 lnCOPI 的协整关系检验 P 值为 0.008,意味着对数原油期货价格与对数原油产量、对数总持仓量、对数商业持仓量在这个阶段是协整的。

2011 年 5 月至 2016 年 1 月,变量 lnPF 与 lnI 的协整关系检验 P 值为 0.007 2,变量 lnPF 与 lnCI 的协整关系检验 P 值为 0.009,可得知对数原油期货价格与对数库存、对数商业库存在这个阶段是协整的;变量 lnPF 与 lnP 的协整关系检验 P 值为 0.963 6,变量 lnPF 与 lnOPI 的协整关系检验 P 值为 0.507,变量 lnPF 与 lnCOPI 的协整关系检验 P 值为 0.971 9,表示对数原油期货价格与对数原油产量、对数总持仓量、对数商业持仓量在此期间内不是协整的。

2016 年 1 月至 2018 年 10 月,变量 lnPF 与 lnCI 的协整关系检验 P 值为 0.066 1,变量 lnPF 与 lnOPI 的协整关系检验 P 值为 0.847 9,变量 lnPF 与 lnCOPI 的协整关系检验 P 值为 0.791 4,意味着检验时间区间内对数原油期货价格与对数商业库存、对数总持仓量、对数商业持仓量不是协整的;变量 lnPF 与 lnP 的协整关系检验 P 值为 0.029 9,表示对数原油期货价格和对数原油产量是协整的。

2018 年 10 月至 2020 年 4 月,变量 lnPF 与 lnI 的协整关系检验 P 值为 0.507 5,变量 lnPF 与 lnCI 的协整关系检验 P 值为 0.361 3,可知对数原油期货价格与对数原油库存、对数原油商业库存不是协整的;变量 lnPF 与 lnS 的协整关系检验 P 值为 0.023 6,表示对数原油期货价格与对数原油消费量是协整的。

2020 年 4 月至 2022 年 1 月,变量 lnPF 与 lnI 的协整关系检验 P 值为 0.01,变量 lnPF 与 lnP 的协整关系检验 P 值为 0.025 1,可知对数原油期货价格与对数原油库存、对数原油产量是协整的;变量 lnPF 与 lnSPR 的协整关系检验 P 值为 0.796 9,变量 lnPF 与 lnS 的协整关系检验 P 值为 0.339 5,表示对数原油期货价格与对数原油产量、对数原油消费量不是协整的(见表 3—4)。

表 3—4　　　　　　　　　　　　协整检验结果

数据时间段	变量	原假设	T 值	P 值
1998 年 12 月—2008 年 7 月	$\ln PF$ 与 $\ln SPR$	没有协整关系	−1.762	0.649 9
	$\ln PF$ 与 $\ln S$	没有协整关系	0.683	0.998 0
	$\ln PF$ 与 $\ln COPI$	没有协整关系	−2.132	0.461 8
2009 年 2 月—2011 年 5 月	$\ln PF$ 与 $\ln CI$	没有协整关系	−2.390	0.351 2
	$\ln PF$ 与 $\ln P$	没有协整关系	−3.632	0.044 4
	$\ln PF$ 与 $\ln OPI$	没有协整关系	−4.152	0.014 9
	$\ln PF$ 与 $\ln COPI$	没有协整关系	−4.431	0.008 0
2011 年 5 月—2016 年 1 月	$\ln PF$ 与 $\ln I$	没有协整关系	−4.226	0.007 2
	$\ln PF$ 与 $\ln CI$	没有协整关系	−4.144	0.009 0
	$\ln PF$ 与 $\ln P$	没有协整关系	−0.494	0.963 6
	$\ln PF$ 与 $\ln OPI$	没有协整关系	−2.050	0.507 0
	$\ln PF$ 与 $\ln COPI$	没有协整关系	−0.372	0.971 9
2016 年 1 月—2018 年 10 月	$\ln PF$ 与 $\ln CI$	没有协整关系	−3.390	0.066 1
	$\ln PF$ 与 $\ln P$	没有协整关系	−3.770	0.029 9
	$\ln PF$ 与 $\ln OPI$	没有协整关系	−1.244	0.847 9
	$\ln PF$ 与 $\ln COPI$	没有协整关系	−1.425	0.791 4
2018 年 10 月—2020 年 4 月	$\ln PF$ 与 $\ln I$	没有协整关系	−2.070	0.507 5
	$\ln PF$ 与 $\ln CI$	没有协整关系	−2.394	0.361 3
	$\ln PF$ 与 $\ln S$	没有协整关系	−4.115	0.023 6
2020 年 4 月—2022 年 1 月	$\ln PF$ 与 $\ln I$	没有协整关系	−4.471	0.010 0
	$\ln PF$ 与 $\ln SPR$	没有协整关系	−1.410	0.796 9
	$\ln PF$ 与 $\ln S$	没有协整关系	−2.432	0.339 5
	$\ln PF$ 与 $\ln P$	没有协整关系	−4.007	0.025 1

3. 格兰杰因果关系检验

协整检验只能验证变量之间是否存在长期相关性,并不能得知变量之间的因果关系。通过格兰杰因果关系检验,验证各影响因素与原油期货价格指数间长期因果关系。

2009 年 2 月至 2011 年 5 月,检验变量 $\ln PF$ 与 $\ln P$ 之间的因果关系发现,当变量 $\ln P$ 作为原因时检验结果 P 值为 0.009 3,表示变量 $\ln P$ 单向引导 $\ln PF$,当变量 $\ln PF$ 作为原因时检验结果 P 值为 0.041 5,表示变量 $\ln PF$ 单向引导 $\ln P$;检验变量 $\ln PF$ 与 $\ln OPI$ 之间的因果关系发现,当变量 lnOPI 作为原因时检验结果 P 值为 0.620 4,表示变量 lnOPI 不能单向引导 lnPF,当变量 lnPF 作为原因时检验结果 P 值为 0.016 8,表示变量 lnPF 单向引导 lnOPI;检验变量 lnPF 与 lnCOPI 之间的因果关系发现,当变量 lnCOPI 作为原因时检验结果 P 值为 0.406 2,表示变量 lnCOPI 不能单向引导 lnPF,当变量 lnPF 作为原因时检验结果 P 值为 0.036 3,表示变量 lnPF 单向引导 lnCOPI。

2011 年 5 月至 2016 至 1 月,检验变量 lnPF 与 lnI 之间的因果关系发现,当变量 lnI 作为原因时检验结果 P 值为 0.022 2,表示变量 lnI 单向引导 lnPF,当变量 lnPF 作为原因时检验结果 P 值为 0.005 2,表示变量 lnPF 单向引导 lnI;检验变量 lnPF 与 lnCI 之间的因果关系发现,当变量 lnCI 作为原因时检验结果 P 值为 0.366 9,表示变量 lnCI 不能单向引导 lnPF,当变量 lnPF 作为原因时检验结果 P 值为 0.000 7,表示变量 lnPF 单向引导 lnCI。

2016 年 1 月至 2018 年 10 月,检验变量 lnPF 与 lnP 之间的因果关系发现,当变量 lnP 作为原因时检验结果 P 值为 0.026 3,表示变量 lnP 单向引导 lnPF,当变量 lnPF 作为原因时检验结果 P 值为 0.048 8,表示变量 lnPF 单向引导 lnP。

2018 年 10 月至 2020 年 4 月,检验变量 lnPF 与 lnS 之间的因果关系发现,当变量 lnS 作为原因时检验结果 P 值为 0.482 6,表示变量 lnS 不能单向引导 lnPF,当变量 lnPF 作为原因时检验结果 P 值为 0.001,表示变量 lnPF 单向引导 lnS。

2020 年 4 月至 2022 年 1 月,检验变量 lnPF 与 lnI 之间的因果关系发现,当变量 lnI 作为原因时检验结果 P 值为 0.004 5,表示变量 lnI 单向引导 lnPF,当变量 lnPF 作为原因时检验结果 P 值为 0.016 9,表示变量 lnPF 单向引导 lnI;检验变量 lnPF 与 lnP 之间的因果关系发现,当变量 lnP 作为原因时检验结果 P 值为 0.805 4,表示变量 lnP 不能单向引导 lnPF,当变量 lnPF 作为原因时检验结果 P 值为 0.000 1,表示变量 lnPF 单向引导 lnP。

表 3—5 格兰杰因果关系检验结果

数据时间段	原假设	滞后期	F 值	P 值
2009 年 2 月— 2011 年 5 月	lnOPI 不是 lnPF 的格兰杰原因	1	0.252	0.620 4
	lnPF 不是 lnOPI 的格兰杰原因	1	6.601	0.016 8
	lnCOPI 不是 lnPF 的格兰杰原因	1	0.715	0.406 2
	lnPF 不是 lnCOPI 的格兰杰原因	1	4.916	0.036 3
	lnP 不是 lnPF 的格兰杰原因	1	8.009	0.009 3
	lnPF 不是 lnP 的格兰杰原因	1	4.640	0.041 5
2011 年 5 月— 2016 年 1 月	lnI 不是 lnPF 的格兰杰原因	3	3.515	0.022 2
	lnPF 不是 lnI 的格兰杰原因	3	4.824	0.005 2
	lnCI 不是 lnPF 的格兰杰原因	2	1.023	0.366 9
	lnPF 不是 lnCI 的格兰杰原因	2	8.468	0.000 7
2016 年 1 月— 2018 年 10 月	lnP 不是 lnPF 的格兰杰原因	1	5.461	0.026 3
	lnPF 不是 lnP 的格兰杰原因	1	4.218	0.048 8
2018 年 10 月— 2020 年 4 月	lnS 不是 lnPF 的格兰杰原因	3	0.890	0.482 6
	lnPF 不是 lnS 的格兰杰原因	3	13.853	0.001 0
2020 年 4 月— 2022 年 1 月	lnI 不是 lnPF 的格兰杰原因	1	10.505	0.004 5
	lnPF 不是 lnI 的格兰杰原因	1	6.931	0.016 9
	lnP 不是 lnPF 的格兰杰原因	1	0.062	0.805 4
	lnPF 不是 lnP 的格兰杰原因	1	24.211	0.000 1

4. 误差修正模型

为了进一步分析短期内变量偏离长期稳定关系后会如何进行修正，通过 Eveiws10.0 软件建立误差修正模型。

2009 年 2 月至 2011 年 5 月，变量 lnPF 与变量 lnOPI(−1)的误差修正模型如式(3—9)。两者的短期弹性为 1.239 4，表明短期内商业持仓量每增加 1%，原油期货价格则增加 1.239 4%。修正项系数为−0.811 3，表明当短期波动致使两者失去长期均衡时，以 0.811 3%的负向调整力度将两者状态调整至长期均衡状态。变量 lnPF 与 lnCOPI(−1)的误差修正模型如式(3—10)。两者的短期弹性为 1.450 7，表明短期内总持仓量每增加 1%，原油期货价格则增加 1.450 7%。修正项系数为−0.775 8，表明当短期波动致使两者失去长期均衡时，以 0.775 8%的负向调整力度将两者状态调整至长期均衡状态。变量 lnPF 与 lnP(−1)的误差修正模型如式(3—11)。

两者的短期弹性为 6.249 6,表明短期内原油产量每增加 1%,原油期货价格则增加 6.249 6%。修正项系数为 $-0.707\,8$,表明当短期波动致使两者失去长期均衡时,以 0.707 8% 的负向调整力度将两者状态调整至长期均衡状态。

$$\Delta\ln PF=1.239\,4\times\Delta\ln OPI(-1)-0.811\,3\times ECM(-1)-1.269\,2$$
$$(3-9)$$

$$\Delta\ln PF=1.450\,7\times\Delta\ln COPI(-1)-0.775\,8\times ECM(-1)-2.674\,3$$
$$(3-10)$$

$$\Delta\ln PF=6.249\,6\times\Delta\ln P(-1)-0.707\,8\times ECM(-1)-6.221$$
$$(3-11)$$

2011 年 5 月至 2016 年 1 月,变量 $\ln PF$ 与变量 $\ln I(-1)$ 的误差修正模型如式(3-12)。两者的短期弹性为 $-4.294\,8$,表明短期内原油总库存每增加 1%,原油期货价格则降低 4.294 8%。修正项系数为 $-0.866\,6$,表明当短期波动致使两者失去长期均衡时,以 0.866 6% 的负向调整力度将两者状态调整至长期均衡状态。变量 $\ln PF$ 与变量 $\ln CI(-1)$ 的误差修正模型如式(3-13)。两者的短期弹性为 $-2.377\,2$,表明短期内原油商业库存每增加 1%,原油期货价格则降低 $-2.377\,2$%。修正项系数为 $-1.009\,3$,表明当短期波动致使两者失去长期均衡时,以 1.0093% 的负向调整力度将两者状态调整至长期均衡状态。

$$\Delta\ln PF=-4.294\,8\times\Delta\ln I(-1)-0.866\,6\times ECM(-1)+34.478\,4$$
$$(3-12)$$

$$\Delta\ln PF=-2.377\,2\times\Delta\ln CI(-1)-1.009\,3\times ECM(-1)+18.383\,6$$
$$(3-13)$$

2016 年 1 月至 2018 年 10 月,变量 $\ln PF$ 与变量 $\ln P(-1)$ 的误差修正模型如式(3-14)。两者的短期弹性为 1.651 1,表明短期内原油产量每增加 1%,原油期货价格则增加 1.651 1%。修正项系数为 $-0.757\,9$,表明当短期波动致使两者失去长期均衡时,以 0.757 9% 的负向调整力度将两者状态调整至长期均衡状态。

$$\Delta \ln PF = 1.651\ 1 \times \Delta \ln P(-1) - 0.757\ 9 \times ECM(-1) + 0.259\ 8$$

$$(3-14)$$

2018 年 10 月至 2020 年 4 月,变量 $\ln PF$ 与变量 $\ln S(-1)$ 的误差修正模型如式(3—15),两者的短期弹性为 4.627 3,表明短期内原油消费量每增加 1%,原油期货价格则增加 4.627 3%。修正项系数为 $-0.784\ 7$,表明当短期波动致使两者失去长期均衡时,以 0.784 7%的负向调整力度将两者状态调整至长期均衡状态。

$$\Delta \ln PF = 4.6273 \times \Delta \ln S(-1) - 0.784\ 7 \times ECM(-1) - 9.992\ 2$$

$$(3-15)$$

2020 年 4 月至 2022 年 1 月,变量 $\ln PF$ 与变量 $\ln I(-1)$ 的误差修正模型如式(3—16)。两者的短期弹性为 $-4.058\ 1$,表明短期内原油库存每增加 1%,原油期货价格则降低 4.058 1%。修正项系数为 $-0.614\ 7$,表明当短期波动致使两者失去长期均衡时,以 0.614 7%的负向调整力度将两者状态调整至长期均衡状态。变量 $\ln PF$ 与变量 $\ln P(-1)$ 的误差修正模型如式(3—17)。两者的短期弹性为 2.079 4,表明短期内原油产量每增加 1%,原油期货价格增加 2.079 4%。修正项系数为 $-0.881\ 9$,表明当短期波动致使两者失去长期均衡时,以 0.881 9%的负向调整力度将两者状态调整至长期均衡状态。

$$\Delta \ln PF = -4.058\ 1 \times \Delta \ln I(-1) - 0.614\ 7 \times ECM(-1) + 33.186\ 2$$

$$(3-16)$$

$$\Delta \ln PF = 2.079\ 4 \times \Delta \ln P(-1) - 0.881\ 9 \times ECM(-1) - 0.967\ 2$$

$$(3-17)$$

表 3—6　　　　　　　　　　误差修正模型结果

数据时间段	变量	F 统计量	P 值	Φ 值
2009 年 2 月—2011 年 5 月	$\ln PF$ 与 $\ln OPI(-1)$	110.797 2	0.000 0	$-0.811\ 3$
	$\ln PF$ 与 $\ln COPI(-1)$	113.141 3	0.000 0	$-0.775\ 8$
	$\ln PF$ 与 $\ln P(-1)$	150.077 4	0.000 0	$-0.707\ 8$

续表

数据时间段	变量	F 统计量	P 值	Φ 值
2011 年 5 月— 2016 年 1 月	$\ln PF$ 与 $\ln I(-1)$ $\ln PF$ 与 $\ln CI(-1)$	450.660 6 406.412 5	0.000 0 0.000 0	−0.866 6 −1.009 3
2016 年 1 月— 2018 年 10 月	$\ln PF$ 与 $\ln P(-1)$	153.958 4	0.000 0	−0.757 9
2018 年 10 月— 2020 年 4 月	$\ln PF$ 与 $\ln S(-1)$	18.366 9	0.000 1	−0.784 7
2020 年 4 月— 2022 年 1 月	$\ln PF$ 与 $\ln I(-1)$ $\ln PF$ 与 $\ln P(-1)$	223.233 6 138.159 7	0.000 0 0.000 0	−0.614 7 −0.881 9

（四）金融因素对油价影响的实证分析

1. 1990—2021 年以来美国利率和原油期货价格走势回顾

原油价格波动不仅受基本面供需关系的影响，其金融属性也越来越受到重视。由于原油是美元定价，原油又是金融机构资产配置的标的，因此，原油价格与美元汇率、美元利率的关系成为研究热点。在美联储加息背景下，分析 1990 年以来美元加息和降息周期与原油价格波动的相关性，根据历史数据预测未来美元加息可能对原油价格带来的冲击。通过 Eviews10.0 软件绘制了原油期货价格指数及美国联邦基金利率变化趋势图，从图 3—2 可以看出美元加息和降息周期与原油价格的关系。

1990—2000 年：美元利率与原油价格不敏感期。这段时间美元降息和加息对原油价格几乎没有影响，原油价格一直都在 30 美元以下波动，说明主要是基本面因素影响原油价格。2000 年以后原油的金融属性日益增强：

（1）2001—2004 年降息期，原油价格暴涨。经过 2001 年一轮货币量化宽松和大幅度降息，原油价格就像坐上火箭，一路突破 50 美元、80 美元、100 美元关口，2008 年达到 148 美元的历史最高价。

（2）2004—2008 年加息期，原油价格最终暴跌回到 40 美元左右。有意思的是，尽管从 2004 年开始加息，2004—2008 年原油价格不仅没有下跌,还在继续高歌猛进,主要是当时原油的供需关系出现问题,墨西哥飓风叠加利比亚暴乱等导致原油供给紧张,在加息的背景下原油价格仍然继续上涨,直到 2008 年 8 月开始下跌,短短几个月时间原油价格从 148美元跌到 40 美元左右。说明加息对原油价格下跌有明显的滞后性,而且如果叠加供给冲击短期可能会继续上涨,但是,当供给冲击消失后,最终还是会下跌。

(3)2008—2014 年降息影响原油价格回到 100 美元以上。2008 年金融危机后美联储将利率降到 0.25%,这个低利率一直持续到 2014 年底。过度超发的货币涌入商品市场再一次推高原油价格,2010—2014 年原油价格一直维持在 100 美元以上。

(4)2016—2018 年加息预期影响,原油价格下跌。2014—2016 年由于美国页岩油产量持续增加导致原油供给过剩,叠加加息预期影响,原油价格最低 32 美元,一直到 2019 年底都在 40~60 美元波动,2020 年 3 月由于新冠肺炎疫情导致需求萎缩,原油价格跌到 −32 美元历史低价。

(5)2020 年以来的降息周期下原油价格上涨。这一次美国实施了无限量的量化宽松,更是把利率降到接近 0,原油价格也回到 100 美元附近。

2. 时间序列的平稳性检验

通过 Eveiws10.0 软件同上文一样使用 ADF 单位根检验法来检验变量 PF 与 FFR 的时间序列的平稳性。在检验前,笔者也提出原假设:变量的时间序列中存在单位根。当检验结果中的 P 值小于 0.05 时认为不存在单位根,而 P 值大于 0.05 时则认为存在单位根。ADF 单位根检验结果如表 3-7 所示。2004—2008 年,变量 PF 的时间序列在 10% 显著性水平下 P 值为 0.385 7,变量 FFR 的时间序列在 5% 显著性水平下 P 值为 0.053 4,即原油期货价格和美国联邦基金利率的原时间序列非平稳。变量 $D(PF)$、$D(FFR)$ 的时间序列分别在 1%、5% 显著性水平下 P 值为 0,可知原油期货价格和美国联邦基金利率都是一阶单整序列。2016—2018 年,变量 PF、FFR 的原时间序列在 10% 显著性水平下 P 值为 0.618 4、0.498 3,对数 PF 与对数 FFR 的时间序列在 10% 显著性水平

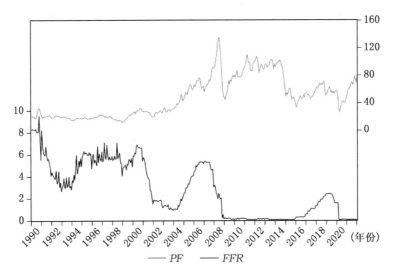

图3—2 1990—2021年 PF 与 FFR 变动趋势

下 P 值为 0.194 6、0.599 3,即存在单位根;但美国联邦基金利率的二阶差分序列以及对数美国联邦基金利率的一阶差分序列在 1% 显著性水平下 P 值为 0,对数原油期货价格的一阶差分序列在 5% 显著性水平下 P 值为 0.027 8,即不存在单位根,表示变量 FFR 是二阶单整序列,变量 lnPF 与 lnFFP 是一阶单整序列。

表 3—7   ADF 单位根检验结果

时间	变量名	检验类型(c,t,k)	临界值	T 值	P 值
2004—2008 年	PF	$(c,0)$	-2.610^{*}	-1.777	0.385 7
	$D(PF)$	$(n,0)$	-2.631^{***}	-5.616	0.000 0
	FFR	$(c,1)$	$-2.611\ 5^{*}$	-2.916	0.053 4
	$D(FFR)$	$(c,0)$	-3.627^{**}	-7.934	0.000 0
2016—2018 年	PF	$(c,t,0)$	-3.243^{*}	-1.910	0.618 4
	$\ln PF$	$(c,t,3)$	-3.261^{*}	-2.857	0.194 6
	$D(\ln PF)$	$(n,2)$	-1.958^{**}	-2.233	0.027 8
	FFR	$(c,t,3)$	-3.261^{*}	-2.135	0.498 3
	$D(D(FFR))$	$(n,1)$	-2.680^{***}	-13.991	0.000 0
	$\ln FFR$	$(c,t,0)$	-3.243^{*}	-1.947	0.599 3
	$D(\ln FFR)$	$(n,0)$	-2.669^{***}	-5.314	0.000 0

3. Johansen 协整关系检验

依据 ADF 检验结果,进一步检验 2004—2008 年变量 PF 与 FFR 以及 2016—2018 年变量 $\ln PF$ 与 $\ln FFR$ 之间的协整关系。笔者采用 Johansen 协整关系检验,在检验时提出两个原假设,假设 1:变量之间不存在协整关系;假设 2:变量之间最多存在一个协整关系。特征值迹检验法检验结果表明,在 5% 显著性水平下,当原假设为假设 1 时,2004—2008 年检验结果的 P 值为 0.002 7,2016—2018 年检验结果的 P 值为 0,表示拒绝了原假设;当原假设为假设 2 时,2004—2008 年检验结果的 P 值为 0.017 2,表示拒绝了假设 2,2016—2018 年检验结果的 P 值为 0.376 4,表示接受了假设 2。最大特征值检验法检验结果同样证明上述结论,略微区别在于,在 5% 显著性水平下,当原假设为假设 1 时,2004—2008 年检验结果的 P 值为 0.014 2。

因此,WTI 原油期货价格与美国联邦基金利率之间至少存在 1 个长期协整的变量关系式。基于此结论,笔者建立以美国联邦基金利率为自变量,原油期货价格为因变量的二元一次线性方程,其表达式如式(3—18);以对数美国联邦基金利率为自变量,对数原油期货价格为因变量的二元一次线性方程,如式(3—19):

$$PF = -8.587\ 4FFR \tag{3—18}$$

$$\ln PF = -0.437\ 5\ln FFR \tag{3—19}$$

式(3—18)表明,2004—2008 年,变量 PF 与 FFR 之间呈负相关性;美联储将利率每调高 1%,原油期货价格则下跌 8.587 4%。式(3—19)表明,2016—2018 年,变量 $\ln PF$ 与 $\ln FFR$ 之间呈负相关性,美联储将利率调高 1%,原油期货价格会下跌 2.738 4%。从这两次美联储加息后导致原油期货价格下跌来看,原油期货价格正处于高价位上涨阶段,一旦美联储调高利率,将面临价格下跌的风险。

表 3—8   协整检验结果

时间	Trace 检验法				
	原假设	特征值	T 值	5%临界值	P 值
2004—2008 年	None	0.387 2	23.301 7	15.494 7	0.002 7
	At most 1	0.145 8	5.672 8	3.841 5	0.017 2
2016—2018 年	None	0.771 5	33.259 2	15.494 7	0.000 0
	At most 1	0.034 9	0.782 4	3.841 5	0.376 4

时间	Maximum Eigenvalue 检验法				
	原假设	特征值	最大特征值	5%临界值	P 值
2004—2008 年	None	0.387 2	17.628 9	14.264 6	0.014 2
	At most 1	0.145 8	5.672 8	3.841 5	0.017 2
2016—2018 年	None	0.771 5	32.476 9	14.264 6	0.000 0
	At most 1	0.034 9	0.782 4	3.841 5	0.376 4

4. 格兰杰因果关系检验

上文协整检验只能验证变量之间是否存在长期相关性，并不能得知变量之间的因果关系。笔者通过格兰杰因果关系检验，检验美国联邦基金利率与原油期货价格指数间长期因果关系，检验结果见表 3—9。

2004—2008 年，检验变量 FFR 与 PF 之间的因果关系发现，当变量 FFR 作为原因时检验结果 P 值为 0.100 0，表示变量 FFR 不能单向引导 PF，当变量 PF 作为原因时检验结果 P 值为 0.147 1，表示变量 PF 不能单向引导 FFR。

2016—2018 年，检验变量 $\ln FFR$ 与 $\ln PF$ 之间的因果关系发现，当变量 $\ln FFR$ 作为原因时检验结果 P 值为 0.001，表示变量 $\ln FFR$ 单向引导 $\ln PF$，当变量 $\ln PF$ 作为原因时检验结果 P 值为 0.0042，表示变量 $\ln PF$ 单向引导 $\ln FFR$。

表 3—9　　　　　　　　　　　格兰杰因果关系检验结果

数据时间段	原假设	滞后期	F 值	P 值
2004—2008 年	FFR 不是 PF 的格兰杰原因	1	2.859 0	0.100 0
	PF 不是 FFR 的格兰杰原因	1	2.201 2	0.147 1
2016—2018 年	$\ln FFR$ 不是 $\ln PF$ 的格兰杰原因	3	9.255	0.0010
	$\ln PF$ 不是 $\ln FFR$ 的格兰杰原因	3	6.747	0.0042

5. 误差修正模型

在上文得知变量之间长期均衡关系及因果关系,进一步分析短期内变量偏离长期稳定关系后会如何进行修正,通过 Eveiws10.0 软件建立误差修正模型,其结果见表 3—10。

2004—2008 年,变量 PF 与变量 $FFR(-1)$ 的误差修正模型如式(3—20)。两者的短期弹性为 $-6.073\ 6$,表明短期内商业持仓量每增加 1%,原油期货价格则降低 $6.073\ 6\%$。修正项系数为 $-0.690\ 7$,表明当短期波动致使两者失去长期均衡时,以 $0.690\ 7\%$ 的负向调整力度将两者状态调整至长期均衡状态。

$$\Delta PF = -6.073\ 6 \times \Delta FFR(-1) - 0.6907 \times ECM(-1) + 36.238\ 7$$

$$(3-20)$$

2016—2018 年,变量 $\ln PF$ 与变量 $\ln FFR(-1)$ 的误差修正模型如式(3—21)。两者的短期弹性为 $-0.195\ 2$,表明短期内商业持仓量每增加 1%,原油期货价格则降低 $0.195\ 2\%$。修正项系数为 $-0.861\ 9$,表明当短期波动致使两者失去长期均衡时,以 $0.861\ 9\%$ 的负向调整力度将两个变量之间的状态调整至长期均衡状态。

$$\Delta \ln PF = -0.195\ 2 \times \Delta \ln FFR(-1) - 0.861\ 9 \times ECM(-1) + 4.036\ 6$$

$$(3-21)$$

表 3—10   误差修正模型结果

数据时间段	变量	F 统计量	P 值	Φ
2004—2008 年	PF 与 $FFR(-1)$	105.658 2	0.000 0	−0.690 7
2016—2018 年	$\ln PF$ 与 $\ln FFR(-1)$	72.261 6	0.000 0	−0.861 9

6. 主要结论

通过 ADF 平稳性检验检验了原油期货价格及其影响因素的时间序列,通过协整关系检验确认了在各时间阶段与原油期货价格具有长期均衡关系的因素,通过格兰杰因果关系检验确认原油期货价格与影响因素之间的因果关系,最终通过误差修正模型得知原油期货价格与影响因素之间的短期弹性及偏离长期趋势时的调整力度。通过实证分析验证,可以得出以下结论:

(1)2004—2008 年,美国联邦基金利率与原油期货价格之间存在长期均衡关系,且呈负相关性。美联储加息导致原油期货价格下跌。从因果关系来看,美国联邦基金利率是原油期货价格的短期格兰杰原因。短期来看,美国联邦基金利率对原油期货价格波动的影响具有负反馈调节机制。

(2)2009 年 2 月至 2011 年 5 月,原油产量、原油期货商业持仓量及总持仓量均与原油期货价格之间存在长期均衡关系,三者均与原油期货价格呈正相关性。从协整关系的弹性系数来看,原油产量与原油期货价格之间的弹性系数较其他两者大,表明此时间段内原油产量主要影响原油期货价格。从因果关系来看,原油期货价格是原油期货商业持仓量和总持仓量的格兰杰原因,原油期货价格与原油产量互为双方的格兰杰原因。从短期来看,原油产量、原油期货持仓量对原油期货价格波动的影响是一种负反馈调解机制。

(3)2011 年 5 月至 2016 年 1 月,原油总库存、原油商业库存和美国联邦基金利率与原油期货价格之间存在长期均衡关系,三者与原油期货价格均呈负相关性。就弹性系数比较而言,原油商业库存对原油期货价格的影响更大。从因果关系来看,原油总库存与原油期货价格互为双方的格兰杰原因,原油期货价格是原油商业库存的格兰杰原因。从短期来看,原油总库存、商业库存对原油期货价格波动的影响是一种负反馈调解机制。

(4)2016年1月至2018年10月,原油产量和美国联邦基金利率与原油期货价格之间存在长期均衡关系,原油产量与原油期货价格之间呈正相关性,美国联邦基金利率与原油期货价格之间呈负相关性。从弹性系数来看,此阶段原油产量对原油期货影响程度比2009年2月至2011年5月阶段的影响程度小。从因果关系来看,原油期货价格与原油产量互为双方的格兰杰原因,美国联邦基金利率与原油期货价格互为双方的格兰杰原因。从短期来看,原油产量与美国联邦基金利率对原油期货价格波动的影响是一种负反馈调解机制。

(5)2018年10月至2020年4月,原油消费量与原油期货价格之间存在长期均衡关系,且呈正相关性。从因果关系来看,原油期货价格是原油消费量的格兰杰原因。从短期来看,原油消费量对原油期货价格波动的影响是一种负反馈调解机制。

(6)2020年4月至2022年1月,原油总库存、原油产量与原油期货价格之间存在长期均衡关系。原油总库存与原油期货价格之间呈负相关性,原油产量与原油期货价格之间呈正相关性。原油产量对原油期货价格的影响程度更深。从因果关系来看,原油期货价格是原油产量的格兰杰原因,原油期货价格与原油总库存互为双方的格兰杰原因。从短期来看,原油产量、原油总库存对原油期货价格波动的影响是一种负反馈调解机制(见表3-11)。

表3-11 不同时间阶段实证结果对比

时间	影响因素	影响方向	短期调节	长期因果
2004—2008年	美国联邦基金利率	负相关	负反馈	无
2009年2月—2011年5月	产量	正相关	负反馈	双向引导
	商业持仓量	正相关	负反馈	单向引导
	总持仓量	正相关	负反馈	单向引导

续表

时间	影响因素	影响方向	短期调节	长期因果
2011 年 5 月— 2016 年 1 月	总库存	负相关	负反馈	双向引导
	商业库存	负相关	负反馈	单向引导
2016 年 1 月— 2018 年 10 月	产量	正相关	负反馈	双向引导
	美国联邦基金利率	负相关	负反馈	双向引导
2018 年 10 月— 2020 年 4 月	消费量	正相关	负反馈	单向引导
2020 年 4 月— 2022 年 1 月	总库存	负相关	负反馈	双向引导
	产量	正向	负反馈	单向引导

　　综上所述,从长期来看,库存和产量对国际原油期货价格的影响占主要方面,美联储加息或降息对国际原油期货价格的影响不容忽视,而投机行为只在很短一段时间内影响原油期货价格。从短期来看,在不同时间阶段,原油产量、总库存、商业库存、消费量对原油期货价格波动的影响是一种负反馈调解机制,原油期货总持仓量、商业持仓量和美国联邦基金利率对原油期货价格波动的影响是一种负反馈调解机制。

第四章　原油价格跨市场实证检验分析

一、原油现货价格的跨市场检验：布伦特、迪拜、大庆

（一）数据来源及样本选取

结合期货和现货市场的布伦特原油交易体系覆盖了全球原油交易量的80%。目前，世界上大约70%的现货原油是用布伦特系统定价的。布伦特原油反映了欧洲市场对原油的需求，因此，选取布伦特原油现货价格作为国际原油价格的代表之一。用Brent代表布伦特原油现货价格相关数值。其次，我国的原油进口主要来自中东地区，而中东地区最具有代表性的原油品种为迪拜原油，所以本书选取迪拜原油现货价格作为国际原油现货价格的另一个代表。用db代表迪拜原油现货价格相关数值。

大庆原油现货价格（SC）：大庆原油是一种非基准原油，但也是海上原油的重要品种之一。大庆油田是中国最大的油田之一。因此，选择大庆原油现货价格作为我国原油价格的代表。用dq代表大庆原油现货价格相关数值。选取2022年1月12日至2022年3月24日时间段内的50个数据（数据来源：iFinD金融终端）。

（二）平稳性检验

为了精确地分析该时间序列是否为平稳序列，现将使用Eviews软件分别对布伦特原油现货价格的对数lnBrent、迪拜原油现货价格的对数lndq序列进行ADF单位根检验，设H_0：时间序列布伦特原油现货价格

的对数 lnBrent、迪拜原油现货价格的对数 lndq 存在单位根，H_1：时间序列布伦特原油现货价格的对数 lnBrent、迪拜原油现货价格的对数 lndq 不存在单位根。单位根检验结果如表 4—1 所示。

表 4—1   单位根检验

变量		t 值	p 值	$\alpha=0.01$	$\alpha=0.05$	$\alpha=0.1$
lnBrent	含 α	−0.923 713	0.772 4	−3.571 310	−2.922 449	−2.599 224
	含 α 和 t	−2.276 098	0.438 5	−4.156 734	−3.504 330	−3.181 826
	NONE	1.379 712	0.956 2	−2.613 010	−1.947 665	−1.612 573
lndq	含 α	−0.930 034	0.770 3	−3.571 310	−2.922 449	−2.599 224
	含 α 和 t	−2.179 444	0.490 0	−4.156 734	−3.504 330	−3.181 826
	NONE	1.277 646	0.947 0	−2.613 010	−1.947 665	−1.612 573
lndb	含 α	−1.102 454	0.707 7	−3.571 310	2.922 449	−2.599 224
	含 α 和 t	−2.434 520	0.358 1	−4.156 734	−3.504 330	−3.181 826
	NONE	1.171 756	0.935 9	2.613 010	−1.947 665	−1.612 573

表 4—2   一阶差分结果

变量		t 值	p 值	$\alpha=0.01$	$\alpha=0.05$	$\alpha=0.1$
lnBrent	含 α	−6.271 158***	0.000 0	−3.574 446	−2.923 780	−2.599 925
	含 α 和 t	−6.201 272***	0.000 0	−4.161 144	−3.506 374	−3.183 002
	NONE	−6.117 867***	0.000 0	−2.614 029	−1.947 816	−1.612 492
lndq	含 α	−6.778 077***	0.000 0	−3.574 446	−2.923 780	−2.599 925
	含 α 和 t	−6.708 732***	0.000 0	−4.161 144	−3.506 374	−3.183 002
	NONE	−6.619 638***	0.000 0	−2.614 029	−1.947 816	−1.612 492
lndb	含 α	−8.152 993	0.000 0	−3.574 446	−2.923 780	−2.599 925
	含 α 和 t	−8.063 735	0.000 0	−4.161 144	−3.506 374	−3.183 002
	NONE	−7.965 974	0.000 0	−2.614 029	−1.947 816	−1.612 492

注：***、**、*分别代表 1%、5%、10%显著性水平拒绝原假说。

如表 4—2 所示，反映布伦特原油价格的时间序列 lnBrent 在一阶差分的校验形式下，含截距项、含截距项和趋势项、不含截距项和趋势项均同阶单整。选用含截距项的 ADF 统计量值为−6.271 158＜−3.831 51，Prob.

为 0.000 0＜0.05，因此充分说明，在 1% 的置信水平下，可以拒绝原假设"时间序列 lnBrent 存在单位根"，即 lnBrent 通过平稳性检验。同理，反映迪拜原油价格的时间序列 lndb 在一阶差分的校验形式下，含截距项、含截距项和趋势项、不含截距项和趋势项均同阶单整。选用含截距项的 ADF 统计量值为 −8.152 993＜−3.831 51，Prob. 为 0.000 0＜0.05，因此充分说明，在 1% 的置信水平下，可以拒绝原假设"时间序列 lndb 存在单位根"，即 lndb 通过平稳性检验。同理，反映大庆油田原油价格 lndq 在一阶差分的校验形式下，含截距项的 ADF 统计量值为 −6.778 077＜−3.831 51，Prob. 为 0.000 0＜0.05 也通过置信水平为 1% 的平稳性检验，表现出平稳的状态。综上，时间序列 lnBrent 和 lndq 以及 lndb 均为一阶单整序列，此时达成协整检验进行的前提条件。

（三）协整检验

由于 lnBrent 与 lndq 以及 lndb 都是一阶单整变量，因此，有可能是协整的，为了避免出现谬误回归的情况，利用 E-G 两步法进行检验。首先对 lnbrent 和 lndq 进行检验。第一步：对两变量进行 OLS 回归，得到回归结果。第二步，利用 Eviews 软件对相应的残差序列进行单位根检验，目的是防止出现谬误回归。设该模型中的残差项的代表符号为 e，对它进行单位根检验，设原假设 H_0：残差值存在单位根，H_1：残差值不存在单位根。单位根检验结果如表 4−3 所示。

表 4−3 　　　　　　　　　　残差项 e 的单位根检验结果

回归方程	t 值	P 值	$\alpha=0.01$	$\alpha=0.05$	$\alpha=0.1$
含 α	−6.890 440***	0.000 0	−3.571 310	−2.922 449	−2.599 224
含 α 和 t	−7.514 556***	0.000 0	−4.156 734	−3.504 330	−3.181 826
NONE	−6.963 408***	0.000 0	−2.613 010	−1.947 665	−1.612 573

注：***、**、* 分别代表 1%、5%、10% 显著性水平拒绝原假说。

如表 4−3 所示：残差值在含截距项和趋势项的水平值（$N,0,N$）校验形式下，其 ADF 统计量值为 −7.514 556＜−4.156 734，Prob. 为

0.000 0<0.05。同理,残差值在不含截距项和趋势项的水平值(N,N,0)校验形式下,其 ADF 统计量值为$-6.963\ 408$<$-2.613\ 010$,Prob. 为 0.000 0<0.05。因此充分说明,在 1% 的置信水平下,同样可以拒绝原假设"残差值存在单位根",即残差值通过平稳性检验,即 e 不存在单位根,是平稳序列。综上可得,时间序列 ln$Brent$ 与 lndq 是(1,1)阶协整的,说明两个变量之间存在长期稳定的均衡关系。

同理,对 lndb 和 lndq 进行检验。残差值在不含截距项和趋势项的水平值(N,N,0)校验形式下,其 ADF 统计量值为$-2.324\ 641$<$-1.947\ 665$,Prob. 为 0.000 0<0.05。因此充分说明,在 5% 的置信水平下,同样可以拒绝原假设"残差值存在单位根",即残差值通过平稳性检验,即 e 不存在单位根,是平稳序列(见表 4—4)。综上可得,时间序列 ln$Brent$ 与 lndq 是(1,1)阶协整的,说明两个变量之间存在长期稳定的均衡关系。

表 4—4 残差项单位根检验结果

回归方程	t 值	P 值	$\alpha=0.01$	$\alpha=0.05$	$\alpha=0.1$
含 α	$-2.293\ 169$	0.178 2	$-3.571\ 310$	$-2.922\ 449$	$-2.599\ 224$
含 α 和 t	$-2.163\ 875$	0.498 4	$-4.156\ 734$	$-3.504\ 330$	$-3.181\ 826$
$NONE$	$-2.324\ 641$	0.020 8	$-2.613\ 010$	$-1.947\ 665$	$-1.612\ 573$

(四)格兰杰因果检验

布伦特油价的对数变量 ln$Brent$ 与大庆油价的对数变量 lndq 同为 1 阶单整的。因此对这两个变量进行格兰杰因果关系检验,目的是为了判断这两个时间序列之间是否存在长期的因果关系。经过格兰杰因果关系检验,在滞后期为 6 时,得到结论:布伦特原油价格是大庆油田原油价格的原因,而大庆油田原油价格不是布伦特原油价格的原因(见图 4—1)。

同理,迪拜油价的对数变量 lndb 与大庆油价的对数变量 lndq 同为 1 阶单整的。对两个变量进行格兰杰因果检验,结果如图 4—2 所示。在滞后期为 2 时,得到的结论为:迪拜原油价格与大庆原油价格互为因果,二者对彼此有显著的影响。

```
Pairwise Granger Causality Tests
Date: 03/25/22   Time: 21:11
Sample: 1/12/2022 3/22/2022
Lags: 6
```

Null Hypothesis:	Obs	F-Statistic	Prob.
LNDQ does not Granger Cause LNBRENT	44	0.99543	0.4457
LNBRENT does not Granger Cause LNDQ		6.64088	0.0001

图 4—1 格兰杰因果关系结果

```
Pairwise Granger Causality Tests
Date: 04/13/22   Time: 15:35
Sample: 1/12/2022 3/22/2022
Lags: 2
```

Null Hypothesis:	Obs	F-Statistic	Prob.
LNDQ does not Granger Cause LNDB	48	4.76293	0.0135
LNDB does not Granger Cause LNDQ		4.06332	0.0242

图 4—2 格兰杰因果关系结果

(五)回归分析

由于存在长期协整关系,建立布伦特油价 $\ln Brent$ 与大庆油价 $\ln dq$ 的一元线性回归方程为:

$$\widehat{\ln Brent} = 0.059\,4 + 1.005\,7\ln dq + \mu_t \qquad (4\text{—}1)$$
$$(0.403\,7) \quad (31.117\,3)$$

$$F = 968.288\,7 \quad R^2 = 0.952\,8 \quad D.W. = 2.007\,0$$

从这个回归方程可以看到大庆油价对布伦特油价产生正向影响,二者存在正相关关系。既然所有变量都取对数,故系数大小将代表弹性。其经济意义是:某日,大庆油价每上升 1%,布伦特油价平均增加 1.005 7%。

对方程进行 F 检验,可以得知被解释变量与解释变量之间的线性关系在总体上是否显著成立。原假设 $H_0:\beta_1=0,\beta_2=0,\cdots,\beta_k=0$,备择假设 $H_1:\beta_j(j=1,2,\cdots,k)$ 不全为零。方程所得 F 值为 968.288 7,给定显著性水平 $\alpha=0.01$,服从自由度为 $(1,48)$ 的 F 分布值约为 7.19,显然有 $F>F_{0.01}(1,48)$,表明拒绝原假设 H_0,模型的线性关系在 5% 的显著性水平下显著成立。对单个参数采用 t 检验方法检验显著性,设原假设 H_0:参数为零,备择假设 H_1:参数不为零。在 5% 的显著性水平下,自由度为 $48(50-1-1)$ 的 t 分布的临界值为 $t_{0.025}(48)=2.01$,$|t|=31.177\ 3$,大于临界值 2.01,因此拒绝斜率项和截距项为零的假设,t 检验通过。此外,该模型的拟合度 $R^2=0.952\ 8$,表明大庆油价的变化可以解释布伦特油价中 95.28% 的变动,拟合情况较好。

同理构建迪拜原油价格 $\ln db$ 与大庆油价 $\ln dq$ 的一元线性回归方程为:

$$\widehat{\ln db}=0.089\ 17+0.984\ 8\ln dq+\mu \tag{4-2}$$

$$(1.253\ 571)\ (63.022\ 31)$$

$$F=3\ 971.812 \quad R^2=0.988\ 059 \quad D.W.=0.478\ 613$$

从这个回归方程可以看到大庆油价对迪拜原油价格产生正向影响,二者存在正相关关系。既然所有变量都取对数,故系数大小将代表弹性。其经济意义是:某日,大庆油价每上升 1%,迪拜油价平均增加 0.984 8%。

对方程进行 F 检验,可以得知被解释变量与解释变量之间的线性关系在总体上是否显著成立。原假设 $H_0:\beta_1=0,\beta_2=0,\cdots,\beta_k=0$,备择假设 $H_1:\beta_j(j=1,2,\cdots,k)$ 不全为零。方程所得 F 值为 3 971.812,给定显著性水平 $\alpha=0.01$,服从自由度为 $(1,50-1-1)$ 的 F 分布值约为 7.19,显然有 $F>F0.01(1,48)$,表明拒绝原假设 H_0,模型的线性关系在 5% 的显著性水平下显著成立。对单个参数采用 t 检验方法检验显著性,设原假设 H_0:参数为零,备择假设 H_1:参数不为零。在 5% 的显著性水平下,自由度为 $48(50-1-1)$ 的 t 分布的临界值为 $t_{0.025}(48)=2.01$,$|t|=$

31.177 3,大于临界值2.01,因此拒绝斜率项和截距项为零的假设,t检验通过。此外,该模型的拟合度$R^2 = 0.988\ 059$,表明大庆油价的变化可以解释迪拜原油价格中98.80%的变动,拟合情况较好。

(六)主要结论

基于2022年1月12日至2022年3月24日的日度数据,选取布伦特原油现货价格、大庆油田原油现货价格以及迪拜原油现货价格作为研究对象,分析国际原油价格跨市场因果关系。结果表明,布伦特原油现货价格对国内原油现货价格有显著影响,而国内原油现货价格对布伦特原油现货价格的影响不显著。因此,国内原油现货价格并不会对布伦特原油现货价格产生明显的影响,说明中国在以布伦特为主要体系的国际原油价格体系中仍然处于相对弱势的地位。但国内原油价格与迪拜原油价格存在双向的显著影响,说明我国原油进口比较依赖于中东地区,而且中国的原油需求在一定程度上影响到了迪拜原油的价格。这为我国维持国内原油现货价格的稳定提供了一定的参考价值。

(七)对策建议

首先,实施原油进口多元化战略。从研究结论看,我国原油现货价格只对迪拜原油现货价格具有显著的影响,而对布伦特原油现货价格不具有显著的影响,很可能是我国石油进口过度依赖中东市场导致的。考虑迪拜原油现货价格对国内原油现货价格的显著作用,倘若迪拜原油现货价格发生了剧烈波动,也会导致国内原油现货价格相应地发生波动,不利于国内经济的稳定。

其次,积极发展期货市场参与国际原油定价。我国是原油进口大国,对国外原油的依赖度很高。因此,我国应该积极参与国际原油定价,大力发展原油期货市场,为国内经济发展提供良好的环境。通过拓展原油信息系统,完善原油流通体系,创新期货产品,优化国内原油市场结构,增强了中国原油交易市场的灵活性与抗风险能力。

最后,发展新型能源,充分利用风电、水电、太阳能等可再生能源。针对全球油价变化对宏观经济的冲击,最直接的手段和途径是降低国民经济发展对原油的依赖性,积极加强研究力度,以提升整体制造效能。提升每单位时间的生产力,以降低整个生产过程的总能耗是节能减排的最终目标。

二、上海原油期货价格与国际原油价格相关性检验

我国是原油消费和进口大国,根据国家统计局公布的数据,2018 年我国原油产量约 1.9 亿吨,进口原油约 4.6 亿吨,对外依存度超过 70%,国际原油市场价格将不可避免地影响国内石油市场价格,由于原油定价权长期掌握在西方国家手中,WTI 和布伦特原油期货价格难以准确地反映我国及亚太地区原油供需状况,我国长期处于"受价"的被动状态,因此建立原油期货市场,增强原油定价能力,成为监管部门与市场的共识。2018 年 3 月 26 日,经过多年努力,上海原油期货终于在上海国际能源交易中心成功上市,成为我国大宗商品市场发展的里程碑。根据上海国际能源交易中心的统计数据,截至 2018 年底最后一个交易日,上海原油期货全年双边成交量 5 301.884 6 万手,成交金额 25.47 万亿元,单边交割量 2 849 手,交割金额 12.29 亿元,从交易量角度看,上海原油期货现已成为世界第三大原油期货,上海原油期货的平稳运行有助于打破原油定价权的西方垄断,同时为我国实现原油定价权和推动人民币国际化打下坚实的基础。

(一)上海原油期货市场概述

1. 上海原油期货的宏观基础

经过多年努力,上海原油期货终于成功上市,迈出了其跻身亚太区域原油贸易基准价的第一步。当前国际原油市场上有很多原油期货,但从流动性角度看,能够被称为全球原油价格风向标的只有美国推出的 WTI

原油期货和英国推出的布伦特原油期货,其他国家如日本、新加坡、印度推出的原油期货没有获得相应的市场地位,其中一个重要原因是他们不具备 WTI 和布伦特原油期货所依托的宏观基础,即 WTI 和布伦特原油所处的欧洲原油市场和北美原油市场对全球原油供需平衡有很强的影响力,所处的地区北美和欧洲的经济体量占全球的分量很大,WTI 和布伦特原油期货上市的交易所所在地纽约和伦敦是全球金融中心,能为期货交易提供足够的流动性支持。目前,中国已超过美国成为世界最大的原油进口国,并且是世界第二大原油消费国,同时中国的原油产量每年也有 2 亿吨左右,中国原油的供需对保证全球原油市场供需平衡已经具有举足轻重的地位。目前,中国是仅次于美国的全球第二经济体,2018 年中国 GDP 占世界的比重约为 16%,中国金融市场对外开放的步伐正在逐步加快,上海在国际金融市场上的影响力也在进一步增加。因此,上海原油期货已经具备了 WTI 和布伦特原油期货所依托的宏观基础,上海原油期货的上市时机是完全成熟的。

2. 上海原油期货合约的特点

(1)国际化的期货合约品种。上海原油期货在国内期货国际化竞争中拔得头筹,成为中国第一只国际化的期货合约品种。国际化合约意味着国外的产业客户、金融机构和投资者均可以参与上海原油期货的交易,国际化的交易平台也是上海原油期货设计的基本思路之一,同时也反映出在中国原油市场建设过程中始终坚持着深化改革开放的国家战略。上海原油期货对外开放的特点也意味着我国欢迎国际投资者参与上海原油期货的交易,欢迎国内外的产业客户越来越多地使用上海原油期货管控和规避油价波动的风险,利用上海原油期货发行的价格进行实物贸易(见图4—3)。

(2)符合反映区域基本面的标的油种。标的油种的选择是上海原油期货合约设计的核心内容之一。我国原油的进口依存度很高,现已超过70%,因此只用国内油田生产的原油来反映供需基本面是不合理的,并且选用的国产原油交割品种的品质应与进口原油的品质相接近。上海原油

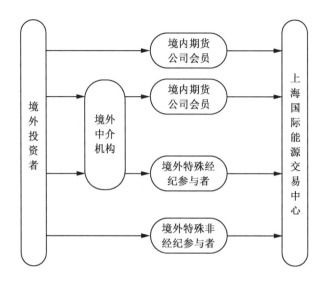

图 4-3　境外客户参与上海原油期货方式

期货的一个重要发展目标是成为具有国际影响力、能够反映中国及亚太市场原油供需平衡状态的基准原油。基于此,上海国际能源交易中心选择 7 种原油作为上海原油期货合约的交割油种,其中,6 种中东原油,1 种与中东原油品质相接近的国产原油胜利原油。目前,中东是中国原油进口的主要来源地,占中国进口原油的 40% 左右,因此选用中东原油作为上海期货合约的主要交割标的是合理的选择,此外选用中东主力原油品种作为合约标的还有距离优势,在地理上,中东是离中国及亚太地区最近的产地,原油运输距离相对较近。上海原油期货合约可交割油种、品质及其升贴水如表 4-5 所示。

表 4-5　　　　　上海原油期货合约可交割油种、品质及其升贴水

国家	油种	API 度最小值	硫含量最大值(%)	升贴水(元/桶)
阿联酋	迪拜原油	30	2.8	0
	阿布扎库姆原油	33	2.0	0
阿曼	阿曼原油	30	1.6	0

续表

国家	油种	API度最小值	硫含量最大值(%)	升贴水(元/桶)
卡塔尔	卡塔尔海洋原油	31	2.2	0
也门	马西拉原油	31	0.8	5
伊拉克	巴士拉轻质原油	28	3.5	—5
中国	胜利原油	24	1.0	—5

数据来源:上海国际能源交易中心。

(3)合约设计兼顾国际、国内两个市场。"净价交易、保税交割、人民币计价"是上海原油期货合约设计的基本思路,该思路考虑了国际、国内两个市场的环境并做了两头兼顾,上海原油期货与三大国际原油期货合约的基本规格对比见表4—6。上海原油期货合约的交易基数与国际三大主要期货合约的交易基数相同,有助于鼓励机构投资者参与上海原油期货市场。净价交易与国际三大原油期货合约的交易惯例一致,避免了我国税收政策调整变化对交易价格的影响。保税交割解决了上海原油期货需要自由交易与我国对进口原油存在管理要求的矛盾,境外机构参与者可以根据上海原油期货合约的规则自由交割原油,不受中国原油进口政策的限制,即交易员可以按照自己的交易头寸方向,将交割实物原油屯于保税仓或将交割实物从保税仓中运出境外。人民币计价,使得上海原油期货能够服务于国内石油产业链企业、金融机构和其他投资者,有原油期货交易需求的国内客户不必费心费力地解决国内资金交易外盘的通道和途径,同时通过上海原油期货这个载体,实现了人民币的局部自由兑换。

表4—6　　　　上海原油期货合约与国际三大原油合约的基本规格对比

原油期货	上海国际能源交易中心 上海原油期货	洲际交易所 布伦特原油期货	芝加哥商品交易所 WTI原油期货	迪拜商品交易所 阿曼原油期货
交易品种	中质含硫原油,API度32,含硫量1.5%	北海原油 Brent、Forties、Oseberg、Ekofisk	低硫轻质原油 API度在37～42之间,含硫量不高于0.42%	阿曼原油
报价单位	1 000桶/手	1 000桶/手	1 000桶/手	1 000桶/手
计价单位	人民币/桶	美元/桶	美元/桶	美元/桶

续表

原油期货	上海国际能源交易中心 上海原油期货	洲际交易所 布伦特原油期货	芝加哥商品交易所 WTI 原油期货	迪拜商品交易所 阿曼原油期货
最少变动单位	0.1元/桶	0.01 美元/桶	0.01 美元/桶	0.01 美元/桶
每日结算价	日成交加权平均价	伦敦时间 19:28—19:30 成交加权平均价	伦敦时间 19:28—19:30 成交加权平均价	新加坡时间 16:25—16:30 成交加权平均价
每日价格波动幅度限制	不超过上一交易日结算价±10%	无	前一交易日结算价 10 美元为涨跌幅限制， 若超过停盘 5 分钟， 重新开始交易幅度 扩大至原来 2 倍	无
最低交易金	合约价值的 5%	系统计算 2 700～3 700 美元/手	近月合约初始保证金 2 700 美元/手，最低保 证金 2 300 美元/手	初始保证金 4 750 美元/手，最 低 3 750 美元/手
交割方式	现货交割	现金结算	现货交割	现货交割
交割方法	指定交割地保税交割	期货转现货	FOB 管道交割	FOB 港口装船
交割日期	最后交易日连续五个工作日	期转现形式在到期前现金交割	交割月第一个日历到 最后一个日历	交割月前一个月 配对，分配船期； 交割月按分配船 期交割
最后交易日	合约交割月前 一个月份的 最后一个交易日	合约月份前 两个月的 最后一个工作日	合约月份前 一个月份的 25 日前数三个交易日	合约月份前 两个月的 最后一个交易日
合约月份	1～36 月，1 年以内合约 挂月份合约，1 年以后 合约挂季度月份	96 个连续月份	挂牌未来 9 年的合约， 交易当年及其后 5 年的 连续月份合约，第 6 年 起挂 6 月份和 12 月份 合约	交易当年及后 5 年的连续月份 合约，当年 12 月份合约到期， 增加一个日历年
交易时间	北京时间 9:00—11:30 13:00—15:00 21:00—2:30	纽约时间 20:00—次日 18:00 伦敦时间 1:00—23:00 新加坡时间 8:00—次日 6:00	周日至周五 纽约时间 18:00—次日 17:00； 每日 17:00 开始休市 1 小时	周日北美中部 时间 16:00， 周一至周四为 16:45， 次日周一至周五 16:00

（二）上海原油期货价格的联动性分析

1. 样本选取及相关性分析

（1）样本选取。选取 2018 年 3 月 26 日至 2019 年 3 月 29 日上海原

油期货价格 scf、WTI 原油期货价格 wtf 以及布伦特原油期货价格 brf
共 153 个周度数据来分析三者之间的价格联动性,所有原始数据均来源
于 Wind 金融数据库。为减少数据的非线性和异方差影响,对上述数据
取自然对数,得到 $\ln scf$、$\ln wtf$ 和 $\ln brf$ 三个新的时间序列,并以此构建
VAR 模型进行实证分析。

(2)相关性分析。采用斯皮尔曼法考察上海原油期货价格与布伦特
及 WTI 原油期货价格间的相关性,发现三者间的价格变化均高度相关,
且在 1%水平上显著。其中 WTI 和布伦特原油期货价格的相关性最强,
布伦特与上海原油期货价格相关性次之,WTI 同上海原油期货价格的相
关性最低,斯皮尔曼相关性检验结果如表 4—7 所示。

表 4—7   上海原油期货价格与布伦特、WTI 原油期货价格相关性检验

	wtf	brf	scf
wtf	1		
brf	0.970 4 28.121 5***	1	
scf	0.823 0 10.143 1***	0.860 7 11.836 7***	1

注:*** 表示相关系数在 1%水平上显著。

2. VAR 模型构建

(1)平稳性检验

由于时间序列不平稳可能导致伪回归,因此在建立 VAR 模型前,先
用 ADF 法检验水平序列 $\ln scf$、$\ln wtf$ 和 $\ln brf$ 的平稳性,结果显示 3 个
时间序列在 1%、5%和 10%的显著性水平上均存在单位根,即均为非平
稳序列。分别对时间序列 $\ln scf$、$\ln wtf$、$\ln brf$ 取一阶差分:$r_{it}(\ln x_{it} - \ln x_{i,t-1}) \times 100\%$,得到它们的收益率序列:$rscf$、$rwtf$、$rbrf$,ADF 检验
结果显示 3 个收益率序列均为平稳序列,可以建立 VAR 模型,ADF 单位
根检验结果如表 4—8 所示。

表 4—8　　　　　　　　　　　　单位根检验结果

变量	1%临界值	5%临界值	t 统计量	Prob.	结论
lnscf	-3.5713	-2.9224	-1.719789	0.4152	不平稳
$rscf$	-2.6140	-1.9478	-5.047147	0.0000^{***}	平稳
lnwtf	-3.5713	-2.9224	-1.651000	0.4494	不平稳
$rwtf$	-2.6140	-1.9478	-4.698874	0.0000^{***}	平稳
lnbrf	-3.5713	-2.9224	-1.585707	0.4822	不平稳
$rbrf$	-2.6140	-1.9478	-5.445632	0.0000^{***}	平稳

注:$***$、$**$、$*$分别代表1%、5%、10%显著性水平拒绝原假说。

(2)VAR 模型最优滞后期及其平稳性检验

用收益率序列 $rscf$、$rwtf$ 和 $rbrf$ 建立的 VAR(p) 模型可以表述为:

$$y_t = C_t + \Gamma_1 y_{t-1} + \Gamma_2 y_{t-2} + \cdots + \Gamma_p y_{t-p} + \varepsilon_t, t = 1, 2, \cdots, T \quad (4-3)$$

式中:

$$y_t = \begin{bmatrix} rscf_t \\ rwtf_t \\ rbrf_t \end{bmatrix}, C_t = \begin{bmatrix} c_{1t} \\ c_{2t} \\ c_{3t} \end{bmatrix}, \Gamma_i = \begin{bmatrix} \gamma_{11}^{(t)} & \gamma_{12}^{(t)} & \gamma_{13}^{(t)} \\ \gamma_{21}^{(i)} & \gamma_{22}^{(i)} & \gamma_{23}^{(i)} \\ \gamma_{31}^{(i)} & \gamma_{32}^{(i)} & \gamma_{33}^{(i)} \end{bmatrix},$$

$$\varepsilon_t = \begin{bmatrix} \varepsilon_{1t} \\ \varepsilon_{2t} \\ \varepsilon_{3t} \end{bmatrix}, i = 1, 2, \cdots, p$$

其中,y_t 为三维内生变量列向量,C_t 为三阶常数列向量,Γ_i 为 3×3 阶待估系数矩阵,ε_t 为三维随机误差列向量,p 为滞后阶数,T 为样本个数。

在 VAR 模型建立前需确定模型的最优滞后期,本书利用多种信息准则确定模型的最优滞后期,检验结果如表 4—9 所示。根据表 4—9 的检验结果可知,LR、SC、HQ 判定滞后 1 期为最优滞后期,而 FPE、AIC 准则则判定滞后 2 期为最优滞后期,由于 VAR 模型需要足够大的滞后期和足够多的自由度,以便能够完整反映模型的动态特征,故确定滞后 2 期为 VAR 模型的最优滞后期。

表 4—9   最优滞后期检验结果

Lag	LogL	LR	FPE	AIC	SC	HQ
0	−334.443		472.392 2	14.671 42	14.790 68	14.716 1
1	−309.619	45.330 29*	237.726 7	13.983 43	14.460 47*	14.162 13*
2	−300.396	15.639 48	236.805 7*	13.973 72*	14.808 54	14.286 45
3	−291.923	13.261 1	245.717 8	13.996 66	15.189 26	14.443 42
4	−286.435	7.874 435	293.875 4	14.149 35	15.699 72	14.730 13

注:* 表示该准则下的最优滞后期。

根据上述模型最优滞后期的判定结果,建立 VAR(2)模型,为避免模型伪回归,还需检验模型的有效性,检验结果如图 4—4 所示。由图 4—4 可知,VAR(2)模型的特征多项式根的模的倒数值均处于单位圆内,因此 VAR(2)模型是有效的。

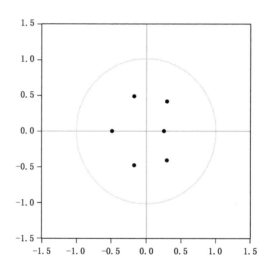

图 4—4　VAR(2)模型平稳性检验

3. 实证结果分析

(1)脉冲响应函数分析。用脉冲响应函数可以直观地分析变量 $rscf$、$rwtf$、$rbrf$ 之间的动态关系。采用滞后期数 10(即 10 周),对上海原油期货价格、纽约原油期货价格和北海布伦特原油期货价格的收益率序列进行滞后 10 期的脉冲响应函数分析,结果如图 4—5 所示,图中横轴表示冲击作用的滞后期数(单位:周度),纵轴表示对冲击的响应力度。

从图4-5可知,当给WTI原油期货价格收益率一个正向冲击后,在第2期对上海原油期货价格收益率有最大的正的影响,然后迅速收敛为0;给布伦特原油期货价格收益率一个正向冲击后,在第2期对上海原油期货价格收益率有最大的正的影响,但弱于受到WTI原油期货价格收益冲击后的响应,之后迅速收敛为0;WTI和布伦特原油期货价格收益率受到上海原油期货价格收益率正向冲击后,在第1期有较大的正向响应,随后迅速衰减为0。WTI和布伦特原油期货价格收益率受到对方的冲击后,均会产生一个正向的响应,随后迅速衰减为0。

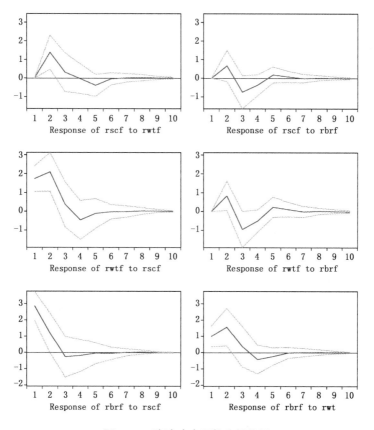

图4-5 脉冲响应函数分析结果

(2)格兰杰因果检验。为进一步分析各变量间的相互影响关系,对各变量的期货价格收益率序列进行格兰杰因果检验,结果如表4—10所示。

表 4—10   格兰杰因果检验结果

被解释变量	解释变量	Ch-sq	df	Prob.
$rscf$	$rwtf$	5.447 466	2	0.065 6
$rscf$	$rbrf$	11.933 3	2	0.002 6
$rscf$	All	20.097 7	4	0.000 5
$rwtf$	$rscf$	0.500 051	2	0.778 8
$rwtf$	$rbrf$	23.690 06	2	0.000 0
$rwtf$	All	27.225 31	4	0.000 0
$rbrf$	$rscf$	0.442 000	2	0.801 7
$rbrf$	$rwtf$	8.741 297	2	0.012 6
$rbrf$	All	10.443 95	4	0.033 6

根据表4—10的检验结果可知,在5%的显著性水平上,布伦特原油期货价格收益率和WTI原油期货价格收益率存在双向格兰杰因果关系,在10%的显著性水平上,WTI和布伦特原油期货价格收益率分别是上海原油期货价格收益序列的单向格兰杰原因,即上海原油期货市场受布伦特和WTI原油期货市场单向影响,布伦特和WTI原油期货市场相互影响。

(三)上海原油期货市场价格发现功能的实证分析

1. 样本选取及走势分析

本节选取2018年3月26日至2019年3月29日上海原油期货价格scf、胜利原油现货价格sl共102个周度数据来考察上海原油期货是否发挥了价格发现功能,以上数据均来源于Wind金融数据库。为减少数据的非线性和异方差影响,对上述数据取自然对数,得到新的时间序列$\ln scf$、$\ln sl$,并用变量$\ln scf$、$\ln sl$构建GS模型进行实证分析。

2. GS 模型构建

Kenneth D. Garbade 和 William L. Silber(1983)是最早提出可以通过计算期货价格与现货价格的引导系数来考察期货市场价格发现功能的学者,因此该模型被称为 GS 模型,其原理是构建当期及滞后一期的胜利原油现货价格及上海原油期货价格的联立方程组,然后运用 OLS 法对方程组进行回归分析,获得方程组中各系数的估计值,再利用各系数的估计值计算引导系数来确定期货与现货价格间的引导关系。模型的数学表述如下:

$$\begin{bmatrix} S_t \\ F_t \end{bmatrix} = \begin{bmatrix} \alpha_1 \\ \alpha_2 \end{bmatrix} + \begin{bmatrix} 1-\beta_1 & \beta_1 \\ \beta_2 & 1-\beta_2 \end{bmatrix} \begin{bmatrix} S_{t-1} \\ F_{t-1} \end{bmatrix} + \begin{bmatrix} \varepsilon_t \\ \mu_t \end{bmatrix} \quad (4-4)$$

式中:S_t、F_t 分别为 t 时期胜利原油现货价格、上海原油期货价格,ε_t、μ_t 为随机扰动项,α_1、α_2、β_1、β_2 为方程的待估系数,α_1、α_2 为待估常数项,β_1 表示滞后一期上海原油期货价格对当期胜利原油现货价格的影响,β_2 表示滞后一期胜利原油现货价格对当期上海原油期货价格的影响,由于期货与现货价格在合约到期日有趋同效应,因此 β_1、β_2 均大于 0。用 $\beta_1/(\beta_1+\beta_2)$ 描述上海原油期货价格与胜利原油现货价格之间引导作用的大小,当 $0<\beta_1/(\beta_1+\beta_2)<0.5$ 时,表示胜利原油现货价格引导上海原油期货价格,当 $0.5<\beta_1/(\beta_1+\beta_2)<1$ 时,表示上海原油期货价格引导胜利原油现货价格,当 $\beta_1/(\beta_1+\beta_2)=1$ 时,表示胜利原油现货价格完全由上海原油期货价格决定,当 $\beta_1/(\beta_1+\beta_2)=0$ 时,表示上海原油期货价格完全由胜利原油现货价格决定。

为了克服上海原油期货价格和胜利原油现货价格的非平稳性问题,使系数 β_1、β_2 的估计值是一致且有效的,将式(4-4)改写为如下形式:

$$\begin{cases} \Delta S_t = \alpha_1 + \beta_1(F_{t-1}-S_{t-1}) + \varepsilon_t \\ \Delta F_t = \alpha_2 + \beta_2(F_{t-1}-S_{t-1}) + \mu_t \end{cases} \quad (4-5)$$

3. 实证结果

对上海原油期货价格和胜利原油现货价格建立 GS 模型,估计模型的系数并计算期货价格的引导系数,其结果如表 4－11 所示。根据表 4－11 的估计结果可知,滞后 1 期的上海原油期货对胜利原油现货的影响系数 β_1 和滞后 1 期的胜利原油现货对上海原油期货价格的影响系数均为非负值,但上海原油期货价格引导系数的 t 统计值在 1％水平上不显著,因此上海原油期货尚未发挥价格发现功能。

表 4－11　上海原油期货价格与胜利原油现货价格 GS 模型的参数估计

$S_t = \alpha_1 + (1-\beta_1)S_{t-1} + \beta_1 F_{t-1} + \varepsilon_t$					$F_t = \alpha_2 + \beta_2 S_{t-1} + (1-\beta_2)F_{t-1} + \mu_t$				
系数	系数值	标准差	t 值	Prob.	系数	系数值	标准差	t 值	Prob.
β_1	0.032	0.100	0.316	0.753	β_2	0.084	0.076	1.105	0.275
α_1	−0.065	0.203	−0.323	0.748	α_2	0.172	0.155	1.114	0.271
$\beta_1/(\beta_1+\beta_2)=0.28$									

(四)结论与建议

1. 结论

在页岩油革命、中国经济保持中高速增长、中国原油对外依存度突破 70％和上海原油期货成功上市的背景下,运用 VAR 模型研究 2012 年 1 月至 2019 年 9 月和 2000 年 1 月至 2008 年 7 月两个时间段国际原油价格的驱动因素,并考察了中国需求和美国原油供给对国际油价的影响,此外,还用 VAR 和 GS 模型考察了上海原油期货市场的运行情况,通过理论分析和实证研究,得出如下结论:

其一,国际油价变动是由多种因素共同造成的,各影响因素对油价变动的贡献率和影响力随时间不断变化。脉冲响应表明,中国原油需求对国际油价有显著的正向冲击,实际美元指数和世界石油库存对国际油价有显著的负向冲击,投机因素短期时间内放大了油价的波动幅度,但对油价变动的贡献率不大,美国原油供给对国际油价有显著的负向冲击,美国原油大幅增产对油价上涨起到了一定的抑制作用。

其二,驱动国际原油价格变动的主导因素在两个样本期间发生了明显变化,由金融端向供需端转移。2000年1月至2008年7月,实际美元指数是国际油价变动的主要影响因素,对油价变动贡献率高达21.24%,其次是中国原油需求,金融投机和世界石油库存对国际油价变动的贡献率较小。而2012年1月至2019年9月,中国原油需求和世界石油库存是国际油价变动的主要影响因素,二者对国际油价变动的贡献率高达35%左右,投机和实际美元指数对油价变动的贡献率只有5%左右。此外,还发现在样本期间内中国原油需求对油价变动的贡献率正逐渐增加。

其三,上海原油期货价格的走势与布伦特、WTI原油期货价格的走势高度相关,其中与布伦特原油期货价格的相关性最高;布伦特与WTI原油期货价格收益率对上海原油期货价格收益率有显著的正向冲击作用,布伦特与WTI原油期货价格收益率之间存在对称的均值溢出效应;格兰杰因果检验表明,布伦特和WTI原油期货市场相互影响,而上海原油期货市场目前主要还是处于"受价"状态;上海原油期货价格对胜利原油现货价格的引导系数在统计学意义上不显著,说明上海原油期货市场还不具备价格发现功能,这可能与上海原油期货市场运行时间较短以及国内原油现货市场不发达有关。

2. 对策建议

根据国际原油价格驱动因素和上海原油期货市场运行的研究结果,本书提出如下建议:

其一,深化能源结构调整,鼓励技术创新提高能源利用效率。目前,我国原油进口依存度已超过70%,能源安全形势较为严峻,为保障我国未来的能源安全,鼓励支持光伏、风电等新能源发展,支持电动汽车产业发展以降低燃料油用量,支持可燃冰开采技术创新,加快推动可燃冰开采的商业化进程,培育壮大天然气消费市场,部分替代原油消费,多措并举降低我国原油对外依存度;完善我国的石油储备设施,加强原油储备管理工作,建立石油库存定期报告制度。设施完善的石油储备设施,有利于提高我国石油储备规模,增强我国抵御国际油价短期波动风险的能力。

其二,加速资本市场开放,广泛吸引国内外产业资本和金融资本参与上海原油期货市场,以提高上海原油期货市场流动性。迪拜和阿曼原油作为中东地区的基准原油,交易流动性远逊于 WTI 和布伦特基准原油,原因在于产业资本对迪拜和阿曼原油定价的影响太大,金融资本参与度较低,不能提供足够的流动性支持,导致无法发挥或实现价格发现和套期保值功能,因而无法成为具有全球影响力的基准原油期货。因此我国应该尽快把上海原油期货做成一个高流动性的期货合约,这就要求我国要加大国内金融市场对外开放程度,为境外投资者提供便利的投资渠道和富有吸引力的人民币计价金融资产,以吸引国外机构投资者参与上海原油期货市场交易。

其三,深化石油市场改革,促进我国原油现货市场建设。实证研究表明上海原油期货价格还无法充分发挥引导现货市场价格的功能,这与我国没有完备的现货市场有一定关系,当前我国原油生产贸易主要集中在"三桶油"三大企业中,其他民营企业大多在一定程度上依赖于这几家公司,这限制了原油现货市场的形成,使得现货市场流动性较差,降低了石油企业参与上海原油期货市场的积极性,这与上海原油期货交易的统计情况相符,产业资本参与度较低,因此我国应逐步放宽石油行业限制,加快建立发达的现货市场,为上海期货市场的发展提供良好的现货基础,促进期货市场的发展。

第五章　国际煤炭贸易与定价机制

一、国际煤炭资源与消费

(一)全球煤炭资源地区分布

煤炭是世界储量最丰富、分布最广泛、使用最经济的能源资源之一。根据世界能源委员会的数据,截至 2013 年,全球已探明煤炭可采储量约8 915 亿吨,主要分布在亚太地区、北美和欧洲及欧亚大陆,三地合计储量占全球可采储量的 95% 其中,亚太地区占比 32%,北美地区占比 28%,欧洲及欧亚大陆占比 35%。从国别来看,煤炭资源储藏最丰富的国家为美国、俄罗斯、中国、印度、澳大利亚和南非,上述 6 国的煤炭储藏占比约75%。其中美国、俄罗斯、中国和印度的占比均超过全世界总储藏的10%。

作为世界能源体系中的重要一极,近几十年来,世界煤炭生产始终保持快速增长。2013 年全球煤炭产量 78.2 亿吨,相比 1990 年增长了67.3%,其中北美煤炭产量 9.78 亿吨,占比 12.5%;亚太煤炭产量 53.4亿吨,占比 68.3%;欧洲及欧亚大陆煤炭产量 12.2 亿吨,占比 15.6%。分国别来看,中国煤炭产量 36.8 亿吨,占比 47.1%;美国煤炭产量 9.04亿吨,占比 11.6%;欧盟煤炭产量 5.42 亿吨,占比 6.94%;俄罗斯煤炭产量 3.47 亿吨,占比 4.44%;印度煤炭产量 6.13 亿吨,占比 7.84%;澳大利亚煤炭产量 4.78 亿吨,占比 6.11%;印度尼西亚煤炭产量 4.89 亿吨,占比 6.25%;南非煤炭产量 2.56 亿吨,占比 3.27%。

（二）全球煤炭的供需分布

作为第一次工业革命的主力能源,煤炭虽然已完成其历史使命,但由于储备丰富和使用经济的特征,在能源多样化的今天,其依然具备顽强的生命力,尤其是在以中印为首的发展中国家的能源结构中,煤炭依然是其最主要的能源需求来源。2013 年,全球共消费煤炭 38.3 亿吨油当量,占一次能源消费总量的 30.1%。其中,煤炭为中国提供了 67.5%的能源需求,为印度提供了 54.51%的能源需求。中国在全球的煤炭生产和消费中都占据着"半壁江山"。

从煤炭生产端看,欧美地区近年来对传统能源的依赖逐步降低,也带动煤炭产量占比持续回落,而亚太地区在全球的煤炭产量占比持续提升至 77%(2020 年)。当前中国为煤炭产量第一大国,占到全球产量的五成(2020 年数据)。印度尼西亚和印度位列第二、第三,分别占比 8.7%和7.9%。

从消费结构看,2020 年主要煤炭消费集中在中国、印度、美国、日本等。其中,我国的煤炭消费量占到全球的 54.3%,而印度随着工业经济的发展,已经成为煤炭第二大消费国,2020 年占比达到 11.6%。

由于消费需求较大,亚太地区也是主要的煤炭进口地区。我国依然是进口量最大的国家,2020 年占到全球贸易总量的 20.8%。印度也是煤炭进口大国,除此之外,日本和韩国的煤炭进口依赖度达到 100%,2020年分别位列第二和第四。

（三）2020—2021 年煤炭价格走势回顾

2021 年由于煤炭短缺,煤炭价格走出过山车行情(见图 5-1)。动力煤现货从年初 500 元/吨左右飙升到 2 000 元/吨以上。放眼海外,许多国家和地区也都出现了能源短缺的现象,比如欧洲"缺气"、印度"缺煤",国际煤炭价格也迅速飙升,澳洲动力煤价格最高为 250 美元/吨。

2021 年 10 月 19—31 日,国家发改委累计发声、发文 20 次。随着一系列煤炭保供稳价政策推出,国内煤炭产量明显增加,煤炭现货价格快速下降,电厂存煤水平迅速提升。根据 10 月 31 日国家发改委数据显示,全国煤炭产量明显增加。10 月中下旬以来,全国煤炭日均产量连续数日保持在 1 150 万吨以上,环比增加了近 110 万吨,创近年来日产量峰值。同时,煤炭现货价格快速下降。最新数据显示,港口 5 500K 动力煤平仓价已降至 1 300 元/吨以下,坑口 5 500K 动力煤价格已降至 1 000 元/吨,短期内下跌近千元。

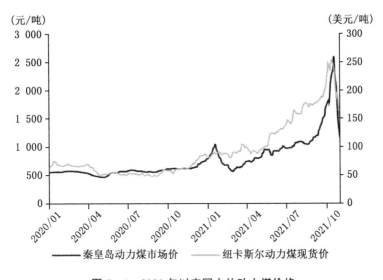

图 5—1　2020 年以来国内外动力煤价格

二、国际煤炭贸易格局及变化趋势

(一)国际煤炭贸易格局

1. 全球煤炭进出口情况

国际煤炭流向主要是从煤炭富余地向煤炭紧缺地转移,大西洋的欧洲地区和太平洋的亚太地区是世界煤炭进口的主要区域,其中,大西洋欧洲地区的煤炭进口主要来自邻近的美洲和欧亚大陆,太平洋亚太地区的煤炭进口则主要来自亚太当地的一些产煤大国(如印度尼西亚、澳大利亚),非洲的南非对两大区域的出口则基本相当。全球动力煤主要出口国分别是:印度尼西亚(41.15%),澳大利亚(17.7%),俄罗斯(11.48%),哥伦比亚(7.1%),南非(7%),其他(10.6%)。全球焦煤主要出口国分别是:澳大利亚(51.16%),美国(19.93%),俄罗斯(7.31%),印度尼西亚(0.37%),其他(20.23%)。全球焦煤主要进口国分别是:中国(25.06%),日本(17.94%),印度(12.62%),韩国(10.3%),其他(27.1%)。

2. 欧盟煤炭进出口情况

欧盟是大西洋地区煤炭进口最重要的经济体,21世纪以来,欧盟煤炭进口持续增加,并于2007年达到历史最高水平,随后在次贷危机的影响下快速下滑。欧盟煤炭进口以动力煤为主,动力煤进口在进口总量中所占的比重一直在七成以上。欧盟动力煤进口主要来自俄罗斯、南非、哥伦比亚三地。欧盟从这三个国家进口的动力煤在总进口中所占的比重始终高于50%。此外,澳大利亚、印度尼西亚、美国、波兰、委内瑞拉等地也是欧盟进口动力煤的主要来源国。欧盟炼焦煤进口主要来自美国、澳大利亚两地。欧盟从这两个国家进口的炼焦煤在总进口中所占的比重始终高于50%。此外,哥伦比亚、印度尼西亚、俄罗斯、南非、加拿大等地也是欧盟进口炼焦煤的主要来源国。

3. 日本煤炭进出口情况

虽然煤炭在日本一次能源消费中占比一直比较小,但这不影响日本煤炭进口量长期保持全球第一的位置(自2012年被中国超越)。至2013年,日本煤炭进口量1.96亿吨,占全球煤炭贸易量的14.65%。此外,日本煤炭的进口结构也是以动力煤为主,自福岛核事故后,日本动力煤进口占比保持七成以上。

日本动力煤进口主要来自澳大利亚。日本从澳大利亚进口的动力煤在总进口中所占的比重从未低于50%,2009年这一比重达到最高的

73%。此外,印度尼西亚、俄罗斯、南非、美国、加拿大、中国等地也是日本进口动力煤的主要来源国。从趋势上看,日本动力煤进口越来越倚重澳大利亚。日本炼焦煤进口主要来自澳大利亚、印度尼西亚两地。日本从这两个国家进口的炼焦煤在总进口中所占的比重从未低于70%,2009年这一比重达到最高的85%。此外,加拿大、中国、美国、俄罗斯、南非等地也是日本进口炼焦煤的主要来源国。从趋势上看,日本炼焦煤进口越来越倚重印度尼西亚,对澳大利亚和加拿大的依赖也有小幅上升。

4. 中国煤炭进出口情况

煤炭行业作为我国占主导地位的一级能源,行业收入规模一度占到我国 GDP 的 6.5%;此外,依靠煤炭发电的火电发电一度占到全国总发电量的八成以上。处于产业链最上游的基础能源,包括煤炭价格在内的行业变动都会对国民经济产生重要影响,因此,有必要了解我国的这第一大能源行业——煤炭!

国家统计局发布数据显示:2020 年全国原煤产量 39 亿吨,同比增长1.4%,原煤生产增速有所回落。数据显示,"十三五"期间,全国累计退出煤矿 5 500 处、退出落后煤炭产能 10 亿吨/年以上;2020 年全国 30 万吨/年以下煤矿数量及产能较 2018 年下降均超 40%。在淘汰落后产能的同时,全国煤炭供给质量显著提高,截至 2020 年底,全国煤矿数量减少到4 700 处,全国煤矿平均单井规模由每年 35 万吨增加到每年 110 万吨,增长 214.3%。

2009 年在 4 万亿元投资及山西煤炭资源整合的背景下,我国快速介入国际煤炭市场,并于 2012 年荣登榜首,至 2014 年我国进口煤炭 2.91亿吨,其中,动力煤 1.12 亿吨、炼焦煤 6 244 万吨、无烟煤 3 036 万吨、褐煤 6 359 万吨。2015 年,在我国国内煤炭价格下挫及进口关税重启的影响下,我国进口煤规模快速萎缩,2015 年 1—3 月,我国进口煤炭 4 907 万吨,同比下降 41.5%。我国动力煤进口主要来自印度尼西亚和澳大利亚。两国的动力煤在总进口中所占的比重近 80%。此外,俄罗斯、南非等地也是我国进口动力煤的主要来源国。从趋势上看,我国动力煤进口越来越倚重澳大利亚,印度尼西亚在自身消费需求上升及我国进口煤质量的要求下,其在我国动力煤进口中的地位有所下降。进入 2015 年,由于我国国内煤炭价格的持续低位,煤炭进口受压情况越来越严重,至 3 月,我国动力煤进口 1 736 万吨,同比下跌 46%。

我国炼焦煤进口主要来自澳大利亚、蒙古国两地。我国从这两个国家进口的炼焦煤在总进口中所占的比重近 70%。此外,加拿大、美国、俄罗斯等地也是我国进口炼焦煤的主要来源国。从趋势上看,我国炼焦煤进口越来越倚重澳大利亚,蒙古国由于其运输及国内政策的影响,对我国的出口变化较大。

2020 年全国原煤进口 3.04 亿吨,同比增长 1.5%,创 2014 年以来新高;原煤出口 319 万吨,同比下降 47.1%。逐月来看,2020 年我国煤炭进口量呈现先涨后跌又回升态势:1—4 月进口量同比显著上涨,5—11 月全国进口煤炭同比大降,其中 10 月的同比跌幅高达 46.56%;进入 12 月,煤炭进口量大幅回升,同比暴增 1 309.63% 至 3 907.5 万吨。12 月进口煤激增的主要原因是为缓解国内电煤供应压力,煤炭进口政策有所放松。

(二)2021 年全球煤炭供需为何突然如此紧张

1. 全球经济恢复形成共振,加剧供需矛盾

从短期角度看,全球需求端从新冠肺炎疫情中复苏,带动了制造业和电力耗能需求的迅速增长,而受疫情和反常气候影响,主要出口地的煤炭供应却增长不足。

(1)中国煤炭的供需矛盾。我国 2021 年煤炭需求明显高于历史同期,其中工业用电的快速增长和火电占比的上行是主要原因。我国作为煤炭生产大国,2021 年以来的安全检查和双碳目标等使得煤炭生产受限。自 2016 年启动煤炭化解过剩产能工作以来,已淘汰落后煤矿 5 500 处左右,退出落后产能 10 亿吨/年以上,远超此前退出产能 8 亿吨/年的规划目标。受 2020 年煤价整体下行影响,煤炭全行业营收、利润双降。2020 年全国规模以上煤炭企业实现营业收入 20 001.9 亿元,同比下降

8.4％；实现利润总额 2 222.7 亿元，同比下降 21.1％。突如其来的新冠肺炎疫情对投资行业形成了较大冲击，全国煤炭采选业固定资产投资大幅下降。2020 年，煤炭开采和洗选业固定资产投资同比下降 0.7％，其中民间投资同比下降 15.4％。

2020 年全国原煤进口 3.04 亿吨，同比增长 1.5％，创 2014 年以来新高。2021 年三季度我国煤炭进口量大幅增长，截至 9 月进口同比已上行至 76％，成为全球煤价上行的重要推动力量。

(2)印度遭遇严重的缺煤危机。据印度中央电力管理局数据，到 9 月末印度燃煤发电厂的平均煤炭库存仅剩 4 天，为近年来的最低水平，远低于印度官方建议的 14 天。电力短缺主要表现为停电、轮流停电以及输电系统持续低频等。首先，印度工业经济加速复苏，带动电力和能源需求明显增长。随着当地疫情的缓和，印度下半年以来经济快速回暖，尤其是高能耗的制造业生产明显提速。7 月和 8 月，印度的用电量同比增速快速升至 10.6％和 17.1％。其次，用电需求增加的同时，其他能源发电量却在下滑，进一步加剧了煤炭的需求压力。燃煤发电是印度最主要的发电方式，根据印度煤炭部统计，2021 年 4－8 月印度总发电量同比增长 15.4％，而天然气发电(－27.3％)、水电(－3.8％)、核电等主要能源的电力供应反而同比下滑，拉动燃煤发电的增速达到 23.4％，形成主要支撑。截至 8 月，2021 财年燃煤发电量占整体发电量的比重升至 69.7％，显著超过 2020 年同期的 65％。在需求大幅增加的同时，当地煤炭供给的提升势头却没有那么强劲。在国内供需持续趋紧下，印度本可以寄希望于煤炭进口缓解压力，印度煤炭进口依赖度达到 20％～30％水平，而下半年以来印度煤炭进口，尤其是电力公司的煤炭进口反而出现大幅收缩，价格上涨明显抑制了印度煤炭进口意愿，若海外煤炭价格回归，那么印度煤炭进口的修复也有望缓解库存紧张问题。

2. 天然气的紧缺也使得煤炭的替代需求上升

当前全球都面临着煤炭紧缺的问题。其实不只是煤炭，包括天然气和原油都出现供需偏紧的情况。当前欧洲缺气的问题也非常严重，作为替代能源,天然气的短缺迫使发达国家重新使用煤炭发电。所以尽管煤炭价格明显上涨,欧洲的进口动力依然偏强;日本的煤炭进口也在9月创出历史同期新高,同比2020年增长19%。

3. 主要出口国产出受到了极端天气和疫情的扰动

全球煤炭出口则主要集中在澳大利亚、印度尼西亚和俄罗斯。2020年这三个国家就提供了全球74%的煤炭出口份额。其中,俄罗斯持续提供出口增量,而印度尼西亚和澳大利亚在2018年以来出口量出现回落。比如印度尼西亚气象气候与地球物理理事会数据显示,煤炭枢纽加里曼丹部分地区9月降水量是正常时期的两倍,这导致印度尼西亚煤炭增产依然受阻。另一出口大国俄罗斯的生产也并不乐观,受4月的新一轮疫情影响,俄罗斯二、三季度产煤量相比2018、2019年有所回落。此外,全球运力的紧张也对煤炭扩大出口起到抑制作用。

4. 主要国家的能源转型放大了煤炭供需的波动

从中长期来看,全球气候变暖以及气候问题倒逼的世界能源转型,明显加剧了能源供需的波动,将成为长期影响能源价格的重要因素。这是由于相对传统火电来说,新能源当前仍在发展过程中且供给稳定性并不足,容易受到天气等不可控因素影响,也就意味着在用电需求出现明显波动时,火电仍是最主要的补充能源。但随着美国、欧洲包括一些新兴市场国家能源转型升级的深入,煤炭这类传统能源的投资以及库存都趋于回落,整体系统抵御短期供需危机的能力更为脆弱。

众所周知,煤炭供应紧张、煤价过高对国计民生发展弊大于利。2021年下半年以来保供政策的不断加码,再加上国家发改委大力推动电热企业长协合同全面覆盖,发电供热等事关民生的用煤需求已有较强保障。煤炭价格过高、过快上涨存在非理性的成分,本轮政策密集推出的目标更多在于挤出当前煤炭市场中的恶意投机炒作带来的水分,让价格更加贴近供需关系,而非简单地让价格降到某个区间。

三、我国煤炭的定价机制

（一）供需关系定价

煤炭价格以市场化定价为主,主要由煤炭供需决定。煤炭长期供给取决于煤炭产能,但短期实际产量受超产、非法生产、不合规生产、政策性限产等影响较大,或大幅度偏离核准产能,同时进口政策的变化对煤炭供给产生一定影响。煤炭需求与宏观经济增速相关性较大,短期内存在季节性波动。

1. 长期供需的影响因素

煤炭作为基础性能源,其长期需求与宏观经济密切相关,宏观经济快速增长带动煤炭需求攀升,而新建产能释放存在一定的滞后,因此拉动煤炭价格不断上升。长期供给主要由产能决定,2006 年开始伴随着大规模的煤矿投资,产能规模(包括在建)迅速上升,在 3～5 年的建设周期后,新建产能逐步投产,供给上升。2013 年及以后需求增速下滑,而供给却达到历史高值且仍不断释放,供需格局发生逆转,煤炭价格下行。未来宏观经济在较长一段时间内都将在"L"型底部,预计煤炭需求变化不大。供给方面,我国符合安全生产条件的"合法合规"的在产产能略小于总需求,但考虑到存在较大规模的超产能力、不符合安全生产条件的煤矿以及未批先建的煤矿等,煤炭的潜在供给能力很大,此外,尚有较大规模的在建产能,因此,长期来看我国煤炭产能过剩较为严重。

2. 短期供需的影响因素

短期需求对供需整体影响不大,多为阶段性影响,如:煤炭需求有一定的季节性,夏季高温时期(5—8 月)和冬季采暖时期(11—次年 2 月)为煤炭需求旺季;电力占煤炭需求的 50% 以上,由于水电、风电等清洁能源优先上网,对火电需求形成挤占,而水电、风电的发电量受天气影响较大,导致火电的需求也会因天气而有所波动。

供给方面,煤矿产量释放的短期扰动因素较多,包括:

(1)超产、违法违规生产:由于实际生产能力往往高于设计生产能力、部分煤矿"批小建大"、部分煤矿未批先建等原因,2016 年之前煤炭产量远大于核准产能,行业景气度较高时,企业盈利较好,因此超产、未批先产的动力很强,而景气度较低时,企业更有动力通过对优质产能进行超产减少吨煤固定成本,因此,在监管宽松时,产量超过核准产能向上扩张的弹性很大。2016 年前煤炭价格持续下跌除了受合法产能持续扩张影响外,超产、违法违规生产也起到了推波助澜的作用。

(2)政策性限产:如 2016 年 4—11 月,为控制产量,发改委要求煤矿按"276 个工作日"减量生产。此外,受国家大型会议召开的影响,部分地区煤矿生产会受到限制,最明显的为河北地区。

(3)安全生产检查:每年安监局均会组织煤炭生产安全检查,安全检查的同时,也对违规生产形成了监督,但每年执行的松紧度有所差异,2016 年以来的两次大规模安全检查执行严格,抑制了产量的释放,其对 2017 年上半年煤价居高不下起了举足轻重的作用。

(4)运输受限、天气恶劣等的影响:由于恶劣天气的影响,导致煤矿开采困难(较长时间的大雨或暴雨对煤炭开采有所影响)、煤炭运输受阻(汽运受天气影响最大),从而导致短时间内煤炭供给紧张。此外,铁路检修、港口运输管制等也对煤炭供应产生或多或少的影响,但影响有限。

(5)进出口政策:我国煤炭出口量很少,几乎不影响煤炭的整体需求,但煤炭进口量较大,每年约有 2 亿~3 亿吨,约占消费量的 5%~7%,因此进口政策的变化对煤炭供给形成一定的影响。2016 年以来,国家陆续出台了"严格控制低热值煤、高硫煤等劣质煤进口""全面禁止进口朝鲜煤炭"等政策,其中禁止进口朝鲜煤炭对我国的无烟煤供给量影响较大(约为 10%)。

3. 政策的影响

煤炭作为我国最重要的基础性能源,事关国计民生,因此受政策调控影响很大,主要集中在供给端,目前政策对供给的调控手段包括产能退出、控制新增产能、减量化生产等。此外,在价格过高时期,发改委通过直接约谈大型煤炭企业以控制煤价,如 2017 年 6 月发改委在召开的煤矿产能核定工作专题会上,要求动力煤成交价格不得超过 570 元/吨的绿色空间上限,如超过上限,企业再有涨价行为,必须提前 3～5 天与国家发改委沟通,否则,发改委将约谈相关责任企业。

(二)长协合同定价

基础性的大宗原料物资价格波动频繁,为减少价格波动带来的影响,上下游往往通过长协合同确定采购量与长协价或长协价的制定机制,此类产品如铁矿石、煤炭、天然气等,通过"长协合同"制定的"长协价"或一段时间内保持不变,或在某一固定价格的基础上根据现货价格的变化再做出相应调整,以上定价方式都将影响市场平均交易价格。

1. 1993—2012 年开始试点

国内煤电企业签订长协合同的做法最早可追溯到 1993 年。1993—2012 间,国家为确保电价稳定,设定了国有大型电厂的电煤价格,并制定价格双轨制,即在价格调控下分为重点电煤合同价格和市场煤价格。在煤炭供应紧张、电价机制不完善的格局下,重点电煤价格低于市场煤 200 元/吨左右,极大地保护了发电企业利益。但煤炭企业不情愿履行重点合约,在煤炭供应紧张时,重点电煤合同兑现率往往较低。

2. 2012—2016 年探索阶段

2012 年起,随着国内经济走向疲弱,国内煤价大幅下滑,市场煤价格跌至与重点电煤价格相近的水平,成为煤价改革、取消重点电煤的好时机。2012 年发改委发布《关于深化电煤市场化改革的指导意见》,决定自 2013 年起,取消重点合同,取消电煤价格双轨制;煤炭企业和电力企业自主衔接签订合同,自主协商确定价格,鼓励双方签订中长期合同。2013—2015 年间,煤炭价格处于下行通道中,长协合同无法执行年初价格,年内神华集团甚至一个月调整几次。因此,2016 年之前由于缺乏科学的长协定价机制,煤炭长协价格并未实际严格执行。

3. 2016 年以来逐步规范

2016 年以来,随着供给侧改革的进行,煤价重回上升通道,煤炭企业处于优势地位,而电厂受成本端煤价上涨影响,亏损范围逐步扩大。2016 年 12 月起,按照发改委的规定,以 535 元/吨为基准价,煤电企业按照定价机制沟通协商确定每月的长协价。2016 年 12 月起,长协价有了较明确的制定机制,且履约率较高。大型煤炭企业将长协价分为年度长协价和月度长协价,其中年度长协价每月变化,即在 535 元/吨基准价的基础上根据上月的煤炭价格指数进行调整,而月度长协价直接在现货价基础上下调一定幅度,下调幅度随行情变化,多为 10~20 元/吨。从神华集团、中煤集团等中央企业长协价执行情况来看,长协价分为年度长协价和月度长协价,具体来看:

(1)年度长协价:每月变化,即在 535 元/吨基准价的基础上根据上个月的煤炭价格指数进行调整,具体公式为:年度长协价格=535×50%+上个月月底的煤炭价格指数×50%。其中,上个月的煤炭价格指数多为两个价格指数的平均值,但各家煤炭企业选取的参照指数略有不同,如神华选用环渤海动力煤价格指数和 CCTD 秦皇岛煤炭价格,而潞安集团采用环渤海动力煤指数和太原煤炭交易中心指数,陕煤化集团采用环渤海动力煤指数和陕西煤炭价格指数。

(2)月度长协价:直接在现货价基础上下调一定幅度,具体下调幅度随行情变化,多为 10~20 元/吨;在供给严重不足时,甚至与现货价相同(此时长协优势在于至少能保证一定的煤炭供给)。根据汾渭能源统计,目前煤电交易中,年度长协约占 35%的份额,月度长协约占 40%的份额,现货约占 25%的份额。

本次政策层面极大地推进了长协合同的签订并统一长协价的制定规则,主要为抑制煤炭价格的过快上涨,减轻下游电力行业的成本控制压力(以及促进市场供需平衡和行业健康协调发展)。2017 年以来,发改委对煤炭企业履约率提出严格的要求,目前国内煤炭企业对长协合同的整体履约情况较好,基本达到发改委要求的长协合同量季度履约率在80％以上,半年度履约率在90％以上。从实际效果来看,长协价对稳定现货价格(指长协合同以外的销量的价格)作用有限,现货价格的高低仍主要取决于供需及其他市场化因素;但长协价对抑制市场平均煤价的上涨起到一定的作用,煤炭采购量中长协合同占比较高的电厂也将从中受益。在市场价格严重偏离政策意图时,发改委可以通过行政手段控制月度长协价,那么市场上将有约75％(年度长协＋月度长协)的煤炭交易受到价格管制,对于短期内市场平均煤价的上涨起到一定平抑作用。

(三)煤炭价格的先行指标研究

煤炭价格的影响因素可以分为长期和短期。长期来看,决定煤炭价格的根本因素在于煤炭市场的供需关系,如煤炭产能的变化、下游需求的变化等,传导至煤价变化上一般要数月时间甚至1年以上。短期内,市场上一些煤炭相关的指标变化将对煤炭价格产生影响,例如煤炭库存(包含港口库存、电厂库存)、船舶数量、海运费等因素,传导期一般在1个月以内。此外,动力煤期货自2013年9月上市以来,对煤炭现货价格形成一定影响。

短期内,影响煤炭价格的基本逻辑是:当下游需求好转时,下游用户需要进行补库存,会派船北上拉煤,随着派船数量的上升,船东船期趋紧,海运费开始上涨;且随着船舶数量的增多,港口装运加快,港口库存开始下降,贸易商囤货惜售意愿增强,导致港口煤炭价格上涨。当下游需求转弱时,下游用户库存饱满,采购需求下降,派船数量下降,船东船期宽松,海运费将会下降;而随着派船数量减少,港口装运减慢,港口库存开始上升。此时港口会通知贸易商停止发货,并采取疏港措施,督促贸易商降价销售给下游。根据以上分析推测,如果按照煤炭价格先行指示作用的时间先后顺序,依次是电厂库存、船舶数量、海运费/港口库存、现货价格(期货价格)。

1. 电厂库存与煤价的关系

众所周知,火电发电企业是煤炭的主要需求方,当火电企业库存大幅下降后必然出现补库存,而一旦国内主要火力发电集团集中补库存时,受供需关系的影响,煤炭价格往往会出现波动。由于库存天数＝电厂库存/日耗量,在一定日耗量水平下,电厂库存及库存天数呈现出同方向变化。因此,在分析中一般将电厂库存天数的变化作为电厂库存变化的评价指标。2014—2015 年间煤价下行时,电厂库存水平较高且波动幅度较大,先行指示作用不强;2016 年以来,随着煤价步入上行区间,库存水平波动趋于缓和,先行指示作用开始凸显。整体来看,六大电厂库存可用天数基本在 15～30 天之间,其中,18～25 天属于相对正常区间,当可用天数低于 18 天时,电厂库存相对不足,价格短期存在上涨压力;当库存天数大于25 天时,库存相对充裕,价格短期存在下跌压力。该指标的先行作用一般在 3 周左右。

2. 船舶数量与煤炭价格的关系

根据前面的分析,船舶数量优先于海运费和库存的上涨。事实上,船舶数量增加初期,其数量变化并不明显,只有当船舶数量上升趋势形成以后,市场参与者才会发现需求量明显回升。因此,使用该指标时,一方面需观察船舶数量的变化是否形成趋势;另一方面,需结合其他煤炭先行指标来综合做出判断,以尽量避免煤炭供需之外的因素对判断形成干扰。港口锚地船舶数量历年波动较大,从较长一段时间来看,其与煤炭价格的走势大致相近,但从短期来看,先行指示作用不明显。例如 2015 年年末,船舶数量突然呈现大幅增长,但煤炭价格仍然维持低迷态势,两个指标出现明显背离,其原因主要是期间航运市场运力不足,而并非煤炭需求激增。因此,该指标受到天气、运力等干扰因素的影响较大。

3. 海运煤炭运价指数与煤价的关系

海运煤炭运价指数反映沿海煤炭运输市场在不同时期的运力、运量等因素综合变动对运价的影响。该指数与煤炭价格的走势整体吻合度较高。从短期来看,海运煤炭运价指数反应较灵活,对煤炭价格具有较好的先行指示作用,先行期约 1 周。运费方面,"三西"地区煤炭外运的运费成本较高,而新疆地区由于交通条件不发达,煤炭外运困难(即外运成本极高),区域内煤价相对较低。煤质方面,例如贵州省煤炭含硫量较高,尽管贵州及周边地区的煤炭需求量很高,但该地区价格仍低于安徽、山东等地区;河南义马地区的动力煤发热量较低、煤质较差,相比东部其他省份价格略低。

大秦铁路是自山西省大同至河北省秦皇岛市,全长 653 千米,是"西煤东运"的能源大通道,是中国第一条单元电气化重载运煤专线,是山西、陕西、内蒙古西部煤炭外运的主通道。承担着全国四大电网、十大钢铁公司和 6 000 多家工矿企业的生产用煤和出口煤炭运输任务,煤运量占全国铁路总煤炭运量的近 1/7,用户群辐射到 15 个国家和地区,26 个省、市、自治区。随着煤炭行业景气度的提升,煤炭价格的上涨,大秦铁路 2017 年累计运输煤炭 6.186 8 亿吨(同比增长 29.5%),煤炭运输占全部货物运输比重的 74.69%,因此,大秦铁路的运输情况能够基本反映煤炭行业的景气情况。统计大秦铁路 2014 年以来的日均运输数据发现,日均运输量与煤炭价格大致走势非常相近,大秦铁路的日均运输量滞后煤炭市场景气度 3—6 个月,可以作为煤炭行业复苏或景气度回升的佐证;大秦铁路的日均运输量在 120 万吨(含)以上,对应的是煤炭市场的景气阶段;大秦铁路的日均运输量低于 95 万吨(含),对应的是煤炭市场的低迷阶段;当大秦铁路的日均运输量从高位 120 万吨下降并低于日均 100 万吨时,意味着煤炭市场景气度下降;当日均运输车从日均 80 万吨底部重新上升到日均 100 万吨,意味着煤炭市场景气度回升。

4. 港口库存与煤价的关系

首先,以秦皇岛港口库存为例对港口库存与煤价的关系进行分析。2015 年底之前秦皇岛港口库存一直维持在较高水平,多数时间在 600 万吨以上,最高时候超过 800 万吨。在此期间煤炭价格一路下跌,煤炭市场持续低迷。而自 2016 年年初起,港口库存整体水平有所下降,年末达到最低点 300 万吨以下;与此同时,煤炭价格在煤炭供给侧改革的作用下,一路呈上涨趋势,且于 2016 年年末达到区间最高水平。因此,港口库存对煤价存在较好的先行指示作用。结合业内经验,秦皇岛港口库存的合理水平在 600 万吨左右,当库存水平高于 600 万吨时,煤价存在下跌压力;而当库存水平低于 600 万吨,尤其低于 300 万吨时,煤价存在上涨压力。从先行期来看,秦皇岛港库存对煤炭价格的先行期约在 1 周左右。此外,我们还对环渤海四港库存与煤炭价格的关系做了分析,发现其同样对煤炭价格具有先行指示作用,且先行期也在 1 周左右,与秦皇岛港口库存的结论保持一致。

其次,广州港动力煤库存也是关注煤炭库存和价格走向的重要数据。一般情况下,广州港四大库存基地合计的库存量介于 200 万~500 万吨之间。高于或接近 500 万吨意味着库存压力较大,对煤炭中短期价格有一定影响,当煤炭库存接近或触及 200 万吨时,或支持煤炭价格上涨。值得注意的是,广州港库存有一定先行参考意义,其在 2015 年 2 月上旬就首先接近 200 万吨的预警线,随后在 2016 年 2 月中旬、2017 年 1 月中旬两次接近或触及 200 万吨预警线,之后煤炭价格都出现了一定程度的上涨。

5. 货船比与煤价的关系

港口货船比是 CCTD 中国煤炭市场网使用的一项数据指标,即环渤海地区四个主要煤炭发运港口(秦皇岛、黄骅、曹妃甸、国投京唐港)的每日库存总量与同期四港锚地船舶数量的比值。根据中国煤炭市场网的分析,环渤海四港货船比的合理区间为 6~8,当货船比大于 8 时,市场表现为供大于求、煤价承压;货船比小于 6 时,市场表现为供不应求、煤价受托。假设港口锚地船舶平均载重为 3 万~4 万吨,那么该指标反映了港口合理库存量为同一时间港口所有船舶载重量的 2~3 倍。2015 年煤炭价格持续下跌过程中,货船比波动幅度很大,且基本维持在 20 以上,最高值甚至达到 80;而 2016 年之后该指标基本在[5,20]的区间内小幅震荡,货船比指标对煤炭价格的先行指示作用并不明显。

（四）动力煤期货价格与现货价格的关系

我们以郑州商品交易所动力煤合约期货价格为例,对动力煤期货价格与煤价的关系进行分析。郑州商品交易所动力煤期货于 2013 年 9 月份正式上市,其交割结算价以秦皇岛港 5 500 千卡/千克动力煤价格为基准,以[4 800,5 300]、[5 300,6 000]等不同热量区间作为替代品,并规定不同热量区间的升贴水计算方式。期货价格对于煤炭价格的先行指示作用不明显。在煤炭价格下行时,动力煤期货价格较现货价格下跌幅度更大;但在价格上行时,期货价格上涨幅度往往不及现货价格。如 2016 年以来,动力煤期货价格多数时间处于贴水状态。这反映了动力煤期货投资者整体呈现出较为保守的特征。由于动力煤期货反应的是未来一段时间内的煤炭现货价格,若当前煤炭价格持续下跌,投资者对于未来往往较为悲观,反映在当前期货价格上则是下跌幅度更大;而若当前煤炭价格持续上涨,投资者对于煤炭价格的上涨预期往往不足,反映在当前期货价格上则为上涨幅度不及现货价格。

四、我国煤炭价格种类及比较

（一）不同煤炭报价口径及常用价格比较

目前,煤炭市场上买卖双方根据煤炭销售中交割地点的不同,主要有三种类型的报价,即坑口价、车板价、平仓价。

1. 坑口价

煤炭坑口价也称出厂价,是指煤炭从地下采集到坑道口,买卖双方在坑口直接进行交易的价格。日常披露的坑口价多为含增值税的价格,计算公式为:煤炭坑口价＝煤炭完全成本＋利润＋各项基金＋资源税＋增值税＋地方政府收费。其中,煤炭资源税由煤炭企业缴纳,地方财政征收,2014 年煤炭资源税改革,自 2014 年 12 月 1 日起煤炭资源税计量方法从以量计征改为以价征收,公式为:应纳税额＝应税煤炭销售额×适用税率,煤炭资源税税率幅度为 2％～10％(目前,山西煤炭资源税税率为8％)。

2. 车板价

煤炭车板价是指在火车已装载煤炭、在出发前除火车运费以外的一切在火车站发生的费用。计算公式为:车板价＝坑口价＋汽车短途运费＋站台费＋地方煤运收费＋代发费＋税费。其中,汽车运费是指从煤矿把煤炭经过短途运输到达火车站的价格,根据煤矿与火车站之间距离的不同,运费约 15～50 元/吨·千米。站台费可以理解为铁路杂费,指煤炭运到铁路发运站等待装车需要缴纳的各项费用,各地的收费标准有所不同,如内蒙古地区火车站台费为 15 元/吨。

3. 平仓价

煤炭平仓价(FOB)是指煤炭运到中转港口并装货到船(即越过船舷)的价格,包含上船之前的所有费用(港杂费及堆存费等),但不包括其后的相关费用(海运费等),可以理解为卖方承担的之前陆地运输及装船费用等后形成的价格。其中,港杂费为各个港口收取,包括场地费和装卸费等;堆存费指的是煤炭买卖双方未能及时将到港货物完成装卸,到港煤炭在港口堆放时间超出港区所规定堆放时间而产生的费用。例如,2017 年4 月 1 日起,秦皇岛港港杂费上调为 23.5 元/吨(之前为 22.5 元/吨),1～10 天内免堆存费,11～20 天堆存费为 0.2 元/吨·天,超过 20 天按照 0.3元/吨·天收取;而曹妃甸港口的港杂费上调为 14.5 元/吨(之前为 13.5元/吨)。需要注意的是:

(1)对于动力煤和无烟煤来说,市场上披露的坑口价和车板价的价格差异符合以上定义,价差基本在 30～50 元/吨。

(2)对于炼焦煤来说,市场上披露的坑口价一般指的是原煤价格,而车板价则为洗选之后的精煤价格,两个价格之间差异较大。例如,2017年 8 月 15 日,柳林 4#焦煤的坑口含税价为 820 元/吨,而车板含税价则为 1 345 元/吨,价差达到 525 元/吨。

(二)煤炭价格指数及比较

目前,市场上的煤炭价格指数主要分为产地、中转地及消费地三类价格指数。其中,中转地价格指数即港口价格指数,代表性指数为环渤海价格指数(以 5 500 大卡为代表)、CCI 指数、CCTD 指数,该类价格指数使用最为普遍;产地价格指数主要为"三西"地区各自的煤炭交易中心发布的价格指数;消费地价格指数的代表为全国电煤价格指数。

1. 中转地煤炭价格指数

目前,市场上常用的中转地煤炭价格指数主要有三个,分别是环渤海价格指数(以 5 500 大卡为代表)、CCI 指数、CCTD 指数。三个指数在发布机构、编制方法、统计样本、价格口径等方面存在一些差异,导致指数波动及指数值存在不同。

(1)三个指数的样本编制范围均为环渤海六大港口。港口价格指数属于中转地价格指数,连接煤炭生产地和消费地,且环渤海六大港口每年下水量在 6 亿吨左右,占全国煤炭成交量的近 20%,相对于区域性煤炭价格指数(如陕西煤炭价格指数)以及消费地价格指数来说,更具有煤价代表性。

(2)CCI 指数的波动性最大,对于短期煤炭市场供求关系反应敏感。该指数的样本容量较小,主要体现环渤海港口中煤炭的零散现货交易,该部分交易对价格的敏感性较高;且该指数在采集过程中主要依赖市场信息员的口述报价来确定最终价格,存在一定的误差,因而波动较大。

(3)环渤海动力煤价格指数的波动性最小,对于长协合同占比较高的企业,该价格更能反映企业平均售价水平。该指数为目前煤炭市场最常用的价格指数,被称作"煤炭价格风向标"。该指数报价企业有 89 家,包括煤炭企业、电力企业、贸易商等,其中,神华、中煤、同煤、伊泰四大煤企的销量占到北方港口下水煤销售的 70% 左右,且多以长协价销售。煤价上涨时,由于长协价一般低于现货价,因而该指数低于现货价格;煤价下降时,长协价一般高于或与现货价持平,因而该指数高于现货价。整体来看,环渤海动力煤价格指数较其他两个现货价格指数更稳定,波动性较小。

(4)CCTD 煤炭价格指数与 CCI 指数走势较为接近,但相对缓和,所反映的煤炭价格较为综合。CCTD 秦皇岛煤炭价格指数反映环渤海六大港口主流品种动力煤的现货平仓交货价,该指数由中国煤炭运销协会编制,但具体样本编制范围及编制方法未公布。从价格走势来看,该指数走势介于环渤海价格指数和 CCI 指数之间,且与 CCI 指数的走势更为接近,但相对较缓和,推测其样本中兼有长协交易及现货交易,且以现货价居多,能较为综合地反映煤炭市场价格走势(见表 5—1)。

表 5—1　　　　　　　三个指数各方面的对比及优劣势情况

价格指数	起始时间及发布频率	编制单位	指数编制范围	包含交易模式
环渤海动力煤价格指数	2010 年 10 月 13 日开始,每周三 15 点发布(上周三至本周二)	秦皇岛海运煤炭交易市场有限公司	环渤海港口动力煤离岸平仓价	长协交易居多,少量大宗交易和零散交易
CCI 指数	上一周成交港口平仓价,周一上午 10 点发布	中国煤炭运销协会	秦皇岛港及周边港口主流品种动力煤现货平仓价	兼有零散现货交易、大宗现货交易和长协交易
CCTD 指数	2015 年 8 月 3 日开始每日发布	山西汾渭能源咨询有限公司	环渤海港口动力煤离岸平仓价	零散现货交易

2. 生产地煤炭价格指数

目前,产地价格指数主要为"三西"地区各自的煤炭交易中心发布的价格指数,从相对价格和实际价格的角度来看,太原煤炭交易价格指数和陕西煤炭价格指数将基期价格设为 100 点,因而指数反映的为煤炭相对价格;而鄂尔多斯动力煤价格指数在编制时并未选取基期,反映的是煤炭实际价格。

3. 消费地价格指数主要为全国电煤价格指数

电煤价格指数尽管也选取了基期,但基期价格为当月的实际价格,之后根据月度实际价格的变化进行后续指数的调整,因而也认为该指数反应的是煤炭实际价格。电煤价格指数在反映全国及各省电煤到厂价(热值为 5 000 大卡)方面,具备较好的参考性。

(三)煤炭指标对价格的影响

1. 动力煤主要关注指标及对煤价的影响

动力煤按照煤化程度,主要分为褐煤、长焰煤、不粘煤、弱粘煤、中粘煤、气煤、贫煤等。在实际的动力煤买卖合同中,煤炭结算价格＝基准价格＋质量调整价＋其他因素调整价。其中,基准价由发热量(Qnet,ar)来决定,而质量调整价则是由一系列煤炭指标决定,包括水分(Mar)、全硫分(St,ar)、挥发分(Var)、灰分(Aar)、灰熔点(ST)等。即动力煤定价是以热量为基准,然后在各指标基础上进行调整得到最终价格,而通常不以细分煤种来定价。主要动力煤指标定义及调整如下:

(1)发热量的定义及升贴水调整。煤炭发热量是指单位质量的煤燃烧后产生的热量,热量单位为千卡每千克(kcal/kg),动力煤交割的发热量指标为收到基低位发热量,其定义为在空气中大气压条件下燃烧后所产生的热量,扣除煤中水分汽化带走的汽化热,剩下的可实际使用的热量。对于不同发热量的煤炭价格,行业内通常的做法是设立几个主要基准热值,在一定热值区间内,按照统一的单位热值定价的方式,如 1 卡0～1 元;而不同热值区间的单位定价通常会有一定的差异,热值越高,单位热值定价越高,反之则越低。

下面以太原煤炭价格指数和动力煤期货价格的制定为例进行说明。太原煤炭价格指数(CTPI-2.0,2016 年 7 月发布)将下水煤发热量分为4 500 大卡、5 000 大卡、5 500 大卡三个基准,并将指标分成[4 200,4 800)、[4 800,5 300)、[5 300,5 800)三个区间,发热量在各范围区间内以 100kcal/kg 进行升贴。[4 200,4 800)区间内,热量每偏离 4 500 大卡100kcal/kg,升贴值为 6.8 元/吨;[4 800,5 300)区间内,热量每偏离5 000 大卡 100kcal/kg,升贴值为 7 元/吨;[5 300,5 800)区间内,热量每偏离 5 500 大卡 100kcal/kg,升贴值为 7.2 元/吨。需注意的是,这里的单位升贴值并非一成不变,而是跟煤炭行业景气度紧密相关。当行业景气度较高时,单位升贴值较高;而当行业景气度低迷时,单位升贴值较低。

(2)全水的定义及调整。煤的全水是指包括煤内在水和外在水的全部水分。煤炭热量值与水分含量成反比,即煤炭发热量越高,水分含量越低。由于煤炭的基准报价为基低位热值的报价,即未考虑全水对热值产生负面影响的报价,因此煤炭销售时要根据基准全水进行调节。买卖合同一般规定基准水分(如 8%),若超过这一基准水分就要折成吨位,简而言之,即需要在所售的煤炭吨数中扣除超出基准水分的吨数。

计算公式为:

$$煤炭水分扣重 = 售煤吨数 \times \frac{1-(1-实际水分百分比)}{1-合同约定水分上限百分比}$$

例如,售煤吨数 100 万吨,基准水分 8%,实际水分 10%,那么煤炭水分扣重 $=100\times[1-(1-10\%)/(1-8\%)]=100\times(1-0.9/0.92)=100\times(1-0.978)=2.2$(万吨),即实际可结算的煤炭吨数为 97.8 吨。

(3)全硫的定义及升贴水调整。煤炭的全硫指标一般指干燥基全硫。干燥基,又称干基,以假想无水状态的煤为基准;而全硫是指煤中无机硫和有机硫的总和。煤炭交易中一般对硫分制定一个基准指标,每增减一定幅度,则进行相应升贴水;但若超出范围太大,则直接拒收货物。

例如,太原煤炭价格指数对于下水动力煤现货质量升贴水标准中,4 500 大卡、5 000 大卡、5 500 大卡三个基准发热量下的煤炭硫分基准指标分别为 1.81%~2%、0.81%~1%、0.5%,并在硫分范围区间内以 0.01% 幅度进行升贴,其中当硫分低于基准指标时,进行适当升值或不变;当硫分指标超出基准指标时,超出值越大,单位幅度贴值越大。如 4 500 大卡,硫分在 0.51%~0.8% 之间,每相差 0.01% 的硫分可升水 0.5 元/吨,则硫分为 0.8% 的煤,可较基准升水 50~60 元/吨。

(4)其他指标的处理方式。除上述常用指标外,挥发分、灰分、灰熔点等也是动力煤企业在交易中涉及的煤炭指标。其中,灰分是指煤完全燃烧后剩下的残渣。一般来说,灰分高,说明煤中可燃成分较低、发热量低;灰分过高会导致着火延迟,火焰温度降低,形成大量高温炉渣,并加大对锅炉设备及排灰系统的磨损程度。挥发分是指煤中有机物和部分矿物质加热分解后的产物。一般来说,煤炭变质程度越高,挥发分就越低,该指标是表征煤变质程度最常用的指标。电厂对煤炭挥发分要求主要取决于其锅炉设计,过高或过低均不利。挥发分过高,尽管使得煤易于着火,但容易爆燃;过低则使得着火温度高,从而使着火点推迟。灰熔点是固体燃料中的灰分达到一定温度以后,发生变形、软化和熔融时的温度。针对以上指标,动力煤实际买卖合同中一般有两种处理方式:一种与硫分类似,即制定一个基准指标,每增减一定幅度,则进行相应升贴水;另一种是这几项指标只规定接受范围并不计入结算,超出接受范围的直接拒收货物。

2. 炼焦煤主要关注指标

炼焦煤根据煤化程度,可分为气煤、1/3焦煤、肥煤、焦煤、瘦煤等,此外,还有介于两个煤种之间的气肥煤、贫瘦煤等。其中,焦煤和肥煤为炼焦用的骨架煤,其他为炼焦配煤。炼焦煤定价时主要关注的煤质指标为灰分、硫分、挥发分、粘结指数(G 值)、胶质层最大厚度(Y 值)等。其中,粘结指数(G 值)和胶质层最大厚度(Y 值)分别为炼焦煤粘结性和结焦性的衡量指标。其中,粘结性是指煤在干馏过程中,由于煤中有机质分解,熔融而使煤粒能够相互粘结成块的性能,而结焦性是指煤在干馏时能炼出适合高炉用的有足够强度的冶金焦炭的性能。煤的粘结性是评价烟煤能否用于炼焦的主要依据。

大连商品交易所对焦煤期货标准品的交割规则为:灰分(Ad)范围[10.0％,11.5％],硫分(St,d)范围[1.1％,1.4％],挥发分(Vdaf)范围[16％,28％],粘结指数(G)范围为入库≥75,出库＞65;胶质层最大厚度(Y)范围≤25.0mm。替代品的允许范围及升贴水标准为,当 9.0％≤灰分(Ad)＜10.0％时,每降低 0.1％,升价 2 元/吨;当灰分(Ad)＜9.0％时,以 9.0％计价。当 0.80％≤硫分(St,d)＜1.10％时,每降低 0.01％,

升价 1 元/吨;当硫分(St,d)<0.80%时,以 0.80%计价。胶质层最大厚度(Y)>25.0mm 时,不进行升贴。水分≤8.0%,>8.0%时,需要扣重。

3. 无烟煤主要关注指标

无烟煤的主要特征是挥发分低(普遍在 10%以下)、固定碳高,是三大煤种中挥发分最低的煤种。根据粒度大小,无烟煤一般可分为大块(50~100mm)、中块(25~50mm)、小块(13~25mm)、混中块(13~70mm)等,其中无烟煤中块(25~50mm)在市场上较受欢迎。实际报价中常见的无烟块煤为 55mm 和 22mm,分别称作中块和小块。无烟煤定价时主要在粒度为基准指标的基础上,关注灰分、硫分、挥发分、空气干燥基固定碳(Fcad)等质量指标。其中,固定碳是在煤受热分解出挥发分后剩余的焦渣中,扣除灰分后的部分,是煤中不挥发的固体可燃物。公式为:Fcad=100-(Mad+Aad+Vad)(分别为水分、灰分、挥发分)。该指标是表征煤的变质程度的一个指标,随变质程度的增大而增大。且一般来说,固定碳含量越高,煤炭发热量越高。适于炼焦的煤炭,固定碳一般在 69%~78%,而适于生产无烟煤滤料的无烟煤要求固定碳大于 80%。

太原煤炭价格指数中对于无烟煤的指标分类中,主要按照常见粒度大小分为中块(25~80mm)、小块(13~25mm)两种类型,并对灰分和硫分设置升贴水范围。其中,挥发分基准范围为[6%,10%];灰分基准范围为[13%,14%],允许升贴范围为[9%,17%];硫分基准范围为[0.5%,0.8%],允许升贴水范围为[0.5%,2%]。对于中块无烟煤,灰分每增减1%,升贴值为 8 元/吨;硫分每增减 1%,升贴值为 8 元/吨(小于 0.5%的统一升值 8 元/吨)。而小块无烟煤的灰分、硫分单位升贴值均为 7 元/吨,略小于中块无烟煤。该指数在升贴中未将固定碳指标考虑在内。但在实际交易中这一指标同样重要。例如,贵州无烟煤(粒度 15~25mm)的某份购销合同中,对于各项煤炭指标的基准要求为:干燥基灰分≤16%,干燥基全硫≤1.0%,5%≤干燥基挥发分≤8%,空气干燥基固定碳≥76%,全水≤6%等。

（四）不同煤种的价格比较

1. 炼焦煤细分品种的价格比较

我们以山西地区的炼焦煤为代表，对炼焦煤细分品种的价格进行比较（以下煤价均为含税车板价）。根据比较结果，炼焦煤细分煤种的价格关系为：主焦煤＞肥煤＞1/3焦煤＞瘦煤＞气煤。其中，主焦煤和肥煤作为骨架煤，在炼焦煤品种中价格最高，且主焦煤价格略高于肥煤价格；但在炼焦煤供给紧张，价格处于较高点时，两种煤的价格基本趋同。炼焦配煤中，1/3焦煤的价格最高，其次是瘦煤，而气煤的价格最低。实际上，气煤粘结性弱于气肥煤、肥煤、1/3焦煤和焦煤等，在实际炼焦配煤使用中比例较少，更多用作动力煤发电。

2. 无烟煤与喷吹煤的价格比较

以山西省两个代表性产煤区晋城和阳泉为例，对无烟煤的价格进行比较（以下煤价均为含税车板价）。

（1）无烟煤中块价格高于无烟煤小块价格。两者价格差均在100元/吨以内，且无烟煤价格越低价差越小。2016年5月，无烟煤价格达到近年最低值时，两者价差达到最小值20元/吨。

（2）晋城无烟煤块煤价格略高于阳泉无烟煤块煤价格。两地无烟煤块煤价差约在50～70元/吨，从煤炭指标来看，晋城无烟煤的硫分为0.3%，而阳泉无烟煤硫分达1%，其价差或主要源于硫分差异。

（3）无烟煤中块、小块的价格均高于喷吹煤价格。阳泉煤业集团为业内第一家采用无烟煤制作喷吹煤的企业，将喷吹煤部分代替焦炭用于下游的高炉炼铁。但从价格来看，多数时间无烟煤中块、小块的价格均高于喷吹煤；但在特殊时间段，如2016年下半年至2017年一季度期间，由于炼焦煤及下游焦炭价格上涨幅度较大，具有焦炭替代作用的喷吹煤价格同步大幅上涨，阶段性超过无烟煤中块的价格。

（4）阳泉地区喷吹无烟煤与长治地区喷吹煤的价格走势基本一致。

长治地区的喷吹煤以潞安集团为代表,主要采用贫煤制作喷吹煤。从价格走势来看,2013—2015年间,煤炭价格持续下跌的过程中,阳泉地区喷吹无烟煤价格略高于长治地区喷吹煤价格;但自2016年以来两者走势基本一致,价差相差不大。这说明市场对于以无烟煤和烟煤两种技术制作的喷吹煤的接受度基本一致。

(五)动力煤、炼焦煤与无烟煤的整体价格比较

三大煤种中,炼焦煤、无烟煤的价格一般高于动力煤。由于各煤种的市场供给、对应的下游行业及需求不同,因此,三大煤种的价格大小关系本质上是综合细分市场供需格局以及与下游行业利润分割的产物。

(1)三大煤种的价格走势整体一致,但波动幅度差异较大。其走势基本一致体现出其作为煤炭属性的相似性,而波动幅度的差异性体现各细分煤种的供需格局情况。

(2)炼焦煤与无烟煤价格的大小关系并非一成不变,本质上受各自细分市场的供需格局的影响。2013—2015年间,主焦煤价格与无烟煤中块价格水平相近,且无烟煤中块价格曾一度超过主焦煤价格。而2016年以来,随着炼焦煤价格上涨幅度远高于无烟煤价格,炼焦煤与无烟煤的价差开始扩大;2017年以来,随着无烟煤价格恢复上涨,这一价差开始缩小,目前炼焦煤价格仍高于无烟煤价格。因此,炼焦煤价格与无烟煤价格的大小关系并非一成不变,本质上受各自细分市场的供需格局的影响。

(六)全国各区域煤炭价格比较(以动力煤为例)

由于各区域的煤炭供需格局不同,煤炭价格呈现一定的区域差异性,下文将以动力煤为例对各区域间的煤炭价格做出比较。为分析方便,先忽略硫分、灰分、挥发分等煤炭指标对煤价的影响,仅考虑同一发热量的情况下,对各区域的煤炭价格进行比较。此外,省内各区域煤炭资源或有所不同,各地经济发展程度亦存在差异,导致省内各区域煤价无法完全保持一致,但这里为简化分析选取的是各省代表性的动力煤品种。选取的

产煤区有"三西"地区(山西、陕西、内蒙古)、新疆、东北、东中部省份(河南、河北、山东、安徽)、贵州等地区。

1. "三西"和新疆地区煤炭价格比较

我们以大同南郊弱粘煤(Q5 500,坑口价)、鄂尔多斯伊金霍勒旗原煤(Q5 500,坑口价)、榆林烟煤末(Q5 500,坑口价)、乌鲁木齐长焰煤(Q5 500,坑口价)分别作为晋北、蒙西、陕北和新疆地区的煤炭价格代表,对"三西"和新疆地区的煤炭价格进行比较分析。

整体来看,"三西"和新疆地区的煤炭价格大小关系为:晋北>陕北、蒙西>新疆,且新疆地区价格波动很小。其中,晋北地区的煤炭价格较陕北、蒙西高约80~90元/吨(为使各比较结果具有可比性,价差均为5 500大卡的动力煤价差),而新疆地区价格最低,较陕北、蒙西低约150元/吨。此外,地区之间的煤炭价差随时间变化呈现一定波动,中长期来看,煤价高时价差往往较大;煤价低时价差相对较小;煤价处于中等水平时,价差与理论值接近。短期内价差也会有波动,主要受区域短期内的供需影响。

2. 河北、河南、山东、安徽地区煤炭价格比较

选取邢台烟煤末(Q4 500,车板价)、义马长焰煤(Q4 500,车板价)、枣庄混煤(Q4 400,车板价)以及宿州动力煤(Q4 500,车板价)分别作为河北、河南、山东和安徽地区的煤炭价格代表,对四个地区的煤炭价格进行比较分析。整体来看,四个地区的煤炭价格大小关系为:山东、安徽>河北>河南。价差方面,山东、安徽地区煤炭价格较河北地区高约40~50元/吨,较河南地区高约70~80元/吨。此外,各地区之间的价差波动较大,主要受短期内区域性供需格局及其他因素变化的影响。

3. 贵州地区的煤炭价格与其他地区比较

贵州作为除"三西"地区和新疆之外的唯一煤炭净调出省份,其所产煤炭中70%以上供省内使用,其余部分主要销往云南、四川、广西等省份。由于以上消费地区距离"三西"地区较远,因而来自贵州的煤炭具备明显的运费优势,形成几乎排他性的外部煤炭供应。

整体来看煤炭价格关系为:"三西"地区<贵州<安徽。具体来看,在热量为 6 000 大卡时,贵州六盘水混煤价格显著高于大同动力煤价格,但整体低于淮南动力煤价格,或主要归因于贵州六盘水混煤硫分略高于淮南动力煤,应有一定的贴值。同样在热量为 5 000 大卡时,贵州织金贫瘦煤价格仍小于淮南动力煤价格,但两煤种之间硫分相差较大,前者硫分高达 3%。进一步比较发现,贵州煤炭价格低于河北地区,与河南地区相近。价差方面,贵州地区煤炭价格较安徽低约 40~50 元/吨,与河北地区相近,较山西地区高约 90~120 元/吨。

4. 东北地区的煤炭价格与其他地区比较

东北地区为煤炭净调入地区,由于地理位置的原因,其煤炭外部供给基本依赖蒙东地区。为比较东北煤炭价格与其他地区的价格关系,选取 Q5 500 和 Q4 000 两种热量的煤价,当热量为 5 500 时,东北地区、蒙西、山西分别选取的价格为黑龙江双鸭山长焰煤(Q5 500)坑口价、海拉尔长焰煤(Q5 500)坑口价、大同南郊弱粘煤(Q5 500)坑口价;当热量为 4 000 时,东北地区、蒙西、河北分别选取的价格为辽宁阜新洗末煤(Q4 000)坑口价、呼伦贝尔海拉尔褐煤(Q4 200)坑口价、开滦动力煤(Q4 000)坑口价。东北地区的煤价高于蒙东和山西地区,其中,较蒙东地区高约 80~100 元/吨,较晋北地区高约 50~60 元/吨。

5. 全国各区域煤炭价格比较

(1)各区域的煤炭价格比较结果为,华东(山东、安徽)>华北、华中、西南、东北(河北、贵州>河南、东北)>"三西"地区(晋北>蒙东>陕北、蒙西)>新疆地区。

(2)地区之间的煤炭价格差异本质上源于区域内的供需格局,具体表现在运费差异、煤质差异等。煤炭价格本质上由供需决定,整体来看,煤炭净调入省份(东中部产煤省、东北地区等)的煤炭价格要高于煤炭净调出省("三西"地区、新疆地区,但贵州地区除外)。

(3)以上比较的仅仅是各区域的动力煤品种,实际上,各区域在优势煤种上存在较大差异,比较结果存在一定局限性。例如山东、河北省内除动力煤之外,炼焦煤资源较丰富;河南省内,平顶山地区的炼焦煤和永城地区的无烟煤品种较丰富,而作为样本的义马地区的动力煤煤质较差;安徽省内,淮南地区以动力煤为主,淮北地区有较丰富的炼焦煤品种;贵州省内无烟煤资源量占全国的 20%,仅次于山西省。从煤质来看,炼焦煤、无烟煤要优于动力煤,因而简单比较其动力煤价格有一定局限性。

6. 国内外煤炭价差

人民币贬值在一定程度上收窄了国内外煤炭的价差,对国内煤炭企业有利。2015 年煤炭价格加速下跌时,国内外煤炭价差在快速缩小,到2015 年下半年价差为负,即国外到岸价格高于国内价格。到 2017 年三季度,煤炭价格一路走高,国内外价差快速扩大,一度超过 150 元/吨。在国内环保严监管、减产保价的趋势下,国内外价差或将保持在 50 元/吨以上的空间,受人民币贬值影响,从国外进口的煤炭以美元计价,导致进口煤炭价格换算成人民币后,出现不同程度的"涨价",因此,人民币贬值收窄进口与国内煤炭的价差,有利于国内煤炭企业的"保价"和煤炭销售。

五、我国煤炭行业的消费结构

(一)煤炭行业的消费结构

煤炭行业收入以及占我国 GDP 比重从 2000 年开始快速上升,到 2011年煤炭行业收入达到 3.25 万亿元,占同期 GDP 比重的 6.5%,随后,伴随我国产业结构的调整以及煤炭行业景气度的回落,煤炭价格在 2012—2016 年出现了快速下降,占 GDP 比重也出现了快速下滑,随着供给侧改革的推进以及煤炭行业兼并重组行业集中度的提升,煤炭行业收入在 2017 年的2.55 万亿元附近止跌回升,但所占 GDP 比重基本保持不变,在 3% 左右。预计,今后一段时间内煤炭行业收入占 GDP 比重将稳定在 3% 左右。

我国是"富煤、贫油、少气"的国家,这也就决定了煤炭将在一次性能源生产和消费中占据主导地位。我国是当今世界上第一产煤大国,煤炭产量占全世界的35%以上。我国也是世界煤炭消费量最大的国家,煤炭一直是我国的主要能源和重要原料,在一次能源生产和消费构成中煤炭始终占一半以上。国家能源局曾表示,2018年煤炭消费占能源消费总量的比重目标为下降到59%,到2020年,全国煤炭占能源消费总量比重下降到58%以下,这比重仍然占据整个能源消费的绝对大头。

从煤炭消费结构看,包括电力、冶金、化工和建材四大行业的煤炭消费量约占总消费量的70%左右,其中,电力行业煤炭消费量(动力煤)占总消费量的40%以上,可以看出,电力仍然占煤炭消费量的绝对份额。2008年以来,我国的能源结构发生了较大的调整,清洁能源和可再生能源的比例逐步提升,传统的化石能源比例逐渐下降,但煤炭仍然是我国主导的能源,而作为二次能源的主导能源电力仍然以火电为主,而火电主要的能源就是煤炭(动力煤)。在我国的电力结构中,火电占据大头,保持在70%以上,煤炭贡献了我国至少65%以上的发电量,煤炭在我国能源结构中的主导地位长期不会改变。基于国内的巨大市场需求,电力行业仍将保持稳定增长,这也必然导致在中长期内发电企业对煤炭的依赖局面不会改变。在供给侧改革以及行业整合后,煤炭价格将维持中高位,大型煤炭企业盈利情况保持乐观。

(二)煤炭与下游主要行业的毛利率变动

(1)煤炭—火电行业毛利率情况。煤炭价格的上涨,直接反映在煤炭行业的毛利率水平的上涨,对下游行业影响比较大,其中对火电行业的冲击最为直接(注:发电行业当季毛利率数据来自火力发电上市公司毛利率的算术平均值)。2008—2015年,煤炭行业毛利率见顶后就一路下滑,到2015年见底,在15%左右;2016年供给侧改革的推进,煤炭行业毛利率快速反弹,目前处于历史高位,达到30%左右。与煤炭行业毛利率走势呈现负相关性的火电行业,受益于煤炭价格的单边下行,火电行业的毛利率水平在2011—2015年呈现快速上升态势,一度接近35%的历史最高水平;从2016年开始火电行业毛利率水平快速回落,目前处于历史低位,在 15％左右。煤炭价格若维持高位,对火电企业利润影响较大,相关火电上市公司的盈利情况不容乐观。

2021 年,由于国际、国内环境导致火电企业燃料成本大涨,而作为央企的五大发电集团又承担着保供的责任。于是,在罕见的电量短缺的情形下,我国 47％的煤电装机贡献了 60％的电量。用高价的煤发更多的电直接导致了以燃煤发电为主的老牌发电央企 2020 年净利大幅下滑,甚至出现了大额亏损。

(2)煤—焦—钢销售毛利率变动情况(上市公司毛利率的算术平均值)。焦炭、钢铁企业作为煤炭的下游行业,受煤炭行业毛利率(价格)波动影响不大。分三个阶段来看:

第一阶段:2001—2009 年。煤炭行业毛利率水平维持高位,焦炭、钢铁行业毛利率水平震荡下行,其中,焦炭毛利率水平下滑非常明显,从 2001 年的 35％下滑到 2009 年一季度的－0.88％,钢铁毛利率同期从 15％下滑到－8.79％。

第二阶段:2010—2015 年。煤炭价格加速下跌,毛利率水平从 30％左右一路下降到 2015 年的 15％左右,同期,焦炭、钢铁的毛利率从 2009 年的极端行情中走出,维持在 6％～10％水平;这一阶段焦炭与钢铁的毛利率走势非常接近,钢铁的毛利率略低于焦炭的毛利率。

第三阶段:2016 年至今。煤炭、焦炭以及钢铁毛利率水平在 2015 年底均出现了探底,随后,在供给侧改革的推动下,毛利率水平上涨;目前煤炭的毛利率维持在历史高位,达到 30％左右,焦炭和钢铁的毛利率维持在 15％左右。

从以上分析得知,焦炭、钢铁的毛利率水平受煤炭影响不大,目前,钢铁的毛利率水平已达到 15％的历史较好水平(钢铁企业盈利水平达到历史较好水平),焦炭的毛利率水平则很难再恢复到 30％左右的历史较好水平(焦炭企业的盈利情况一般)。需要注意的是,焦炭行业的上游是煤炭生产企业,下游是钢铁企业,上下游基本是大型企业,使得焦炭行业(企业)的议价能力较弱,由此导致焦炭行业毛利率水平较低。

第六章 煤电冲突背景下的动力煤价格与发电企业利润影响因素实证分析

一、研究背景与研究意义

（一）研究背景

煤炭是世界上最重要的化石能源之一，也是目前我国储存量与开采量最大的化石能源，煤炭的开采消费对我国经济有着极其重要的影响。当前，我国煤炭种类可大致分为动力煤与炼焦煤两种，其中火力发电厂用于生产电力所消耗的动力煤约占我国所有煤炭消耗量的三成，因此，动力煤的产量与价格不仅影响着煤炭行业的经营发展，同时也决定了其下游火力发电行业的生产经营。

我国煤炭市场的发展主要可分为两个阶段，在1992年之前，国家对煤炭的生产销售进行统一调配，国家有关部门决定煤炭价格，煤炭价格在计划经济体制下由政府所决定，而在1992年，政府决定对计划经济下煤炭价格体制进行改革，在部分矿务局进行煤炭市场化改革试点，从此开始了我国煤炭市场化改革并在此后改革不断深化。自20世纪90年代煤炭市场化改革以来，用于发电的动力煤即电煤作为我国重要的能源产品，政府对于动力煤的市场化改革日益深化，并在动力煤市场化改革过程中不断完善相关的运行机制。2002年开始，火力发电所用的动力煤即电煤的指导价格被政府所取消，不再出现，并对火力发电所用的动力煤即电煤实行市场化定价，由市场机制决定电煤的价格，取消政府的行政干涉，动力煤的市场化运行机制基本已经建立，动力煤价格在该机制下做波浪状起伏状态。在煤炭市场大力推进市场化改革的背景之下,电煤价格波动呈现出周期短、幅度大等特点。以 2013 年 5 月 17 日至 2021 年 1 月 1 日太原动力煤交易价格指数周度数据为例(见图 6—1,以 2013 年 5 月 11 为基期,基数为 100),动力煤价格在 2013 年 5 月至 2016 年 3 月呈明显的下降趋势,随后至 2017 年年初时反弹迅速,由最低点 54 飞速上升至最高点 129,此后在 120 点附近高点震荡。

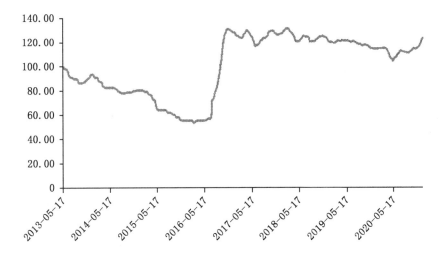

数据来源:Wind 金融数据库。

图 6—1　太原动力煤价格指数

与煤炭的高度市场化相反的是,我国电力市场化改革进展并没有预计中那样进展顺利。2002 年国务院印发《电力体制改革方案》,目的在于将电网企业与发电企业分开,并对两者进行重组,但上网电力价格由发改委统一规定。在此背景下,火力发电企业的上网电价仍主要由政府调控,上网电价的变化呈现出波动幅度小、变化周期长等特点,因此火力发电企业在面对高度市场化波动的电煤价格时,无法有效地将上游发电成本传导至下游的上网电价,当出现电煤价格过高时,发电企业大多出现利益严重受损的情况,具体表现为生产经营所产生的利润下降,部分企业甚至出现入不敷出的情形,发电企业生产经营被动力煤价格严重影响,"煤电冲突"在此背景下产生。

在煤炭冲突的现实背景下,2015年我国推进新一轮电力市场化改革,目的在于解绑上网电价的行政管控,进一步加强在输配电环节的监管,同时建立电力现货市场试点等。但电力市场化并非一蹴而就,截至目前,电力市场化仍在缓慢进行中,煤电矛盾依旧存在。因此本书拟从市场化机制下电煤价格的影响因素进行分析,进而分析电煤价格变动对发电企业利润的影响,并以国外成熟的电力市场为例,检验电力市场化改革是否能够有效解决煤电冲突。

(二)研究意义

动力煤是我国关键的大宗能源商品之一,动力煤价格在市场化机制运行下的剧烈波动势必对我国能源产业造成冲击,而其作为下游发电产业最为关键的生产原材料,在"煤电冲突"背景下,动力煤价格的剧烈波动严重影响着火力发电企业的日常生产经营,其影响需要被重视。因此本书拟从动力煤的供需关系、航运费用等方面出发,研究动力煤价格的影响因素,一方面探究煤炭市场化改革是否有效,另一方面通过分析出影响动力煤价格的关键因素,为下游发电企业做出相应的调控应对措施提供依据。

随着当前世界形势的不断复杂变化以及我国国民经济的高速健康发展,现代社会对电力供应的稳定性需求量越来越高,截至2018年,以煤炭或者天然气为生产原材料的火电,其电力生产总量在我国所有的电力能源生产量中占比约七成,其中以煤炭为生产原材料的煤电在我国所有电力生产量中占比67%,在以煤炭或者天然气为生产原材料的火电占比93%,燃煤发电在我国电力生产结构中占据最重要的地位(见图6—2),因此以火力发电为主的发电企业其生产经营不仅关系到发电行业自身的健康发展,与国民经济的健康发展也息息相关。因此本书拟对影响发电企业的利润的因素进行实证分析,研究分析出有关结论,为政府制定有关政策和相关行业从事者生产经营提供建议与参考,具备一定的现实意义。

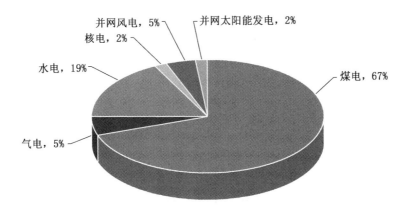

并网风电，5%　　　　　并网太阳能发电，2%

核电，2%

水电，19%

煤电，67%

气电，5%

数据来源：中国电力企业联合会。

图6—2　我国发电产业结构

推进电力市场化改革是缓解煤电矛盾的必经之路，上网电价的行政管控被有序放开，使发电企业可以通过调整上网电价来消化成本端动力煤价格剧烈波动时对其产生的不利冲击。

二、国内外研究动态

当前煤炭市场高度市场化运行，动力煤价格波动剧烈，但电力市场化改革仍在进行之中，上网电价被政府严格管控，发电成本与上网电价之间的矛盾尖锐。因此本书查阅国内外相关文献资料，从发电企业经营效益、煤炭价格影响因素、动力煤价格波动对发电企业利润的影响等相关方面进行分析研究。

（一）煤炭价格波动研究

从政策角度而言，Wang Xiaofei（2019）对中国煤炭减产政策对煤炭价格的影响进行分析，研究表明不同的减产政策对煤炭价格产生不同的影响，但总体而言减产政策推动了煤炭价格的提高。张言方（2014）研究表明我国政府实施直接定价政策会对煤炭价格波动产生抑制作用,且与市场供需关系的调节作用相比,产量控制政策短期内并不会造成煤炭价格快速上升。郑锐锋(2019)研究表明我国近年来的去产能政策使得长期处于低位运行的动力煤价格得以回暖。聂锐等(2019)将小布什、奥巴马政府时期与特朗普政府时期美国能源政策对中国煤炭价格的影响进行对比,认为美国增加煤炭税收会对中国煤炭企业的生存空间造成挤压,加剧生产矛盾。从国内外能源产品的联动性角度出发,吕靖烨等(2020)对目前国内外煤炭市场上具有代表性的 4 个动力煤产品构建 VAR 模型,研究发现国际煤炭价格波动对中国煤炭价格波动具有一定的引导效应,反之引导效应并不明显,中国煤炭市场在国际煤炭市场上话语权较低。孙仁金(2020)等对中国原油、天然气、煤价指数进行定量的计量分析,计量分析结果表明三种主要的化石能源价格之间存在长期均衡关系。Krzemien(2015)等通过回归神经网络法对欧洲热煤价格进行预测,发现影响欧洲热煤价格现货的关键因素在国际原油价格。Jonathan A. Batten(2019)等通用 VAR 模型对全球热煤市场进行分析,发现澳大利亚煤炭市场仍是制定世界煤炭价格的主导力量。

从煤炭的供需关系、运输成本等角度出发,刘原奇(2020)对环渤海动力煤现货价格进行分析,认为港口库存、电厂库存、海运价格与动力煤价格具有很大程度的相关性。刘阳(2014)认为我国煤炭市场化机制并不完善,供需关系不能完全反映煤炭价格。陈梦(2017)等发现由季节因素引起的电厂需求变化引导着未来一段时间电煤价格走势。乔占俊(2016)等通过 VAR 模型对中国电煤价格、电煤需求、国内生产总值、火力发电量、电力价格进行分析,认为 GDP 的增加是电煤需求量增加的前提,而火力发电量则直接影响电煤的需求,但电煤价格的增加则在一定程度上抑制了下游行业对电煤的需求。程婉静(2019)等从铁运运输因素出发,研究其对动力煤期货价格的影响,研究表明铁路运输能力长期影响动力煤期货价格,可作为重要依据对动力煤期货价格进行预测。刘苇(2017)将动力煤价格、动力煤供需、供需缺口、社会库存等多个变量建立计量分析模型,研究表明动力煤价格、动力煤供需、供需缺口、社会库存之间存在长期稳定的均衡关系,短期内动力煤价格变化同样对动力煤的供需造成冲击。

(二)发电企业经营利润研究

从不同发电成本角度出发,周玉立(2020)等对中国 29 个省份的煤炭发电与光伏发电成本进行对比,发现煤电成本主要反映出煤炭价格,而光伏发电成本则反映出某区域的太阳能资源、储能成本及弃光率。赵浩亮(2015)等对燃烧秸秆发电的电厂发电成本进行分析,发现发电成本主要由燃料费用所决定。陈涛(2020)等对火电企业实时成本在电力现货市场下变动进行研究,发现火电企业实时成本由燃料成本 70% 和固定成本30% 组成。张青梅(2013)研究了煤电联营对发电成本及利润的影响,发现若煤电不存在联动,则煤价每增加 1%,发电利润降低 3.04%;反之,则煤价每增加 1%,发电利润降低 0.95%,煤电联营有效地减少了煤价上涨对发电利润的冲击。马晓(2019)等对电煤价格与发电企业利润两者做定量研究,认为由于上网电价仍受政府调控,其变化周期过长,剧烈波动的电煤价格导致发电成本的变化将严重影响发电企业的利润。王建林(2013)等对煤价、国民经济发展与发电量三者做定量分析,结果证明稳定的电力供应是国民经济发展的前提,而煤价则与发电量互相引导。宋巍(2015)认为煤炭价格上升有利于促进投资,但不利于提高发电量与发电利润的上升。Zen Ming(2016)等认为目前我国火电行业面临着宏观经济下行、产能过剩及上网电价下调等诸多挑战,火电行业需加强与煤炭行业的合作,通过提高发电运行效率来降低成本。Partridge(2018)等对美国、丹麦、印度三个国家风力发电与火力发电的成本不确定性进行对比分析,发现风电成本的不确定性来自资本成本,而火电的不确定性来自燃料价格的变化。Xu Hua-Kang(2021)等以我国在印度尼西亚投资火电企业为例,分析其经济风险,发现燃煤发电企业的投资度敏感性来自设备的年度利用小时、标准煤价格与上网电价。

从政策与火电企业经营策略而言,沈小龙(2014)等认为火电企业可以通过向上下游发展,提高其在整个产业链中的影响力。韩信美(2013)认为,"煤电矛盾"可以通过鼓励煤电纵向一体化和完善煤电联营机制来缓解,但解决问题的根本办法是加快电力市场化改革,建立健全竞价上网机制。姜春海(2015)等发现"厂网分开"政策仅仅只是一定程度上增加了发电企业的收入,但却不能有效地提高其利润,深究其原因发现,该政策的有利因素并不能对冲上网电价行政管控造成的不利影响。谢瑛(2010)对发电企业利润影响因素进行分析,发现其压力主要来自煤电价格双轨制、日益激烈的行业内部竞争以及扩大生产规模所带来的财务费用开支的增加。袁家海(2018)等研究发现我国上网电价受行政管控,难以根据市场上电力供需情况及成本变动及时调整,市场对资源的优化功能无法实现。Wang Y.(2013)等通过面板回归分析对中国各省份的发电效益进行对比,发现地区的经济差异性限制了火电技术的发展,同时清洁能源的发展也降低了火电的设备利用率,从而影响火电行业整体的效率。Meng Min(2016)等对2003年电力改革对我国火电行业的发电效率进行实证分析,发现改革导致标准煤当量降低,造成大量化石能源的浪费,应推进电力市场化改革推高发电效率。Fan Jing-Li(2018)等利用斯塔克伯格游戏模型研究煤电联营CEPI政策对我国煤电企业利润的影响,研究发现CEPI政策有利于降低煤电企业在煤价上涨时的利润损失,当煤价上涨5%~10%时,利润将会降低,但降低幅度小于维持电力生产情况,表明CEPI政策有助于防止电力短缺的潜在风险。Yu Bai(2018)等研究政府处于绿色发展目的对于火电企业提供环境补贴的影响,结果政府的环境补贴有助于火电企业引进先进技术,进而提高企业经营效益。

以上研究均表明,动力煤作为我国火力发电企业最重要的生产原材料,其在市场化机制下由供需关系决定的价格波动,影响着发电企业发电成本的变化,从而对火电企业利润造成冲击。因此本书在他人研究的基础上,对动力煤价格波动的影响因素进行分析,进而研究动力煤价格波动对发电企业利润的影响,并给出相关建议。

三、动力煤价格波动与发电企业利润影响因素

(一)动力煤价格波动影响因素概述

1. 供需因素

从图 6—3 中国分行业动力煤需求占比中可以看出,用作火力发电的动力煤需求量占动力煤需求总量的近 60%,我国动力煤消费体系中,用于火力发电的电煤占绝对主导地位。

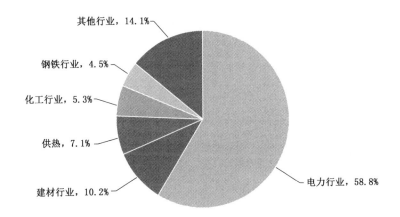

数据来源:中国电力企业联合会。

图 6—3　中国分行业动力煤需求占比

我国煤炭市场化改革开始较早,目前已相对成熟,在市场化理论下,供需关系决定了商品价格。2013 年以来,我国动力煤价格总体可以分为3 个大的时间区间。2013 年 5 月至 2016 年 3 月这一时间段内,由于之前煤炭的高利润的驱动以及部分资源型地区管理者出于追求提高经济水平的目的不合理地上马了众多煤炭开采项目,结果引发煤炭产能过剩,动力煤价格一直处于下行状态。为解决动力煤价格持续下行问题,自 2015 年底,中央政府出台煤炭去产能政策,淘汰部分无效产能与落后产能,从

图 6—4 中可以看出,2016 年 3 月至 2017 年 11 月,动力煤市场总体上处于供大于求的状态,此时间区间内动力煤价格快速上升,由 2016 年 3 月初的最低点 54 飞速上升至 2017 年 11 月初的最高点 129,煤炭去产能政策引起的供需关系的转换对动力煤价格的上涨起到至关重要的作用,效果显著。而 2017 年 11 月后,在去产能政策的进一步实施和全球经济下行导致的煤炭需求下降的双重作用下,煤炭供需基本处于供需平衡的状态,此时间段内,动力煤价格在高位维持小幅度震荡。

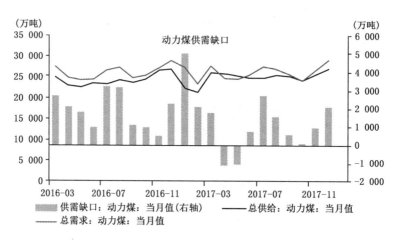

数据来源:中国电力企业联合会。

图 6—4 2016—2017 年中国动力煤供需缺口

火力发电厂作为我国动力煤的最大的消费群体,其动力煤库存变化是动力煤市场的供需关系走向最明显的体现。当电厂库存走高时,一方面可能是电厂发电量减少,例如 2020 年年初由于突发的新冠肺炎疫情,导致大批工厂无法正常复工,电力消费量减少,此时动力煤消耗量降低,电厂库存上升;另一方面,可能是由于煤炭的供给量增多所造成。总而言之,电厂库存可作为我国煤炭市场上供需关系变化的风向标。

2. 运输因素

我国西部地区煤炭资源丰富但其经济发展较为落后,本地市场无法消化煤炭产量,且由于其地形与面积原因,交通并不方便;而东部地区缺乏煤炭资源但其经济较为发达,对煤炭需求远大于西部地区,本地煤炭资源远远不能满足经济发展对煤炭的需求,因此我国需要通过交通工具将煤炭做空间上的转移,从而达到不同地区资源平衡、产业互补的作用,即"西煤东输,北煤南调"。

得益于我国庞大完善的基础铁路网络,铁路是我国煤炭最重要的运输方式,运输量约占总量的六成,运输费用相较于公路汽运也较为便宜;对于水路而言,其煤炭运输量约占总量的三成,该运输方式费用最低,但局限性在于水资源分布不均衡,部分地区无法采用此方式进行煤炭运输;对于公路汽运而言,其煤炭运输量约占我国煤炭运输总量的 10%,运量最小,但单位里程运输费用也最为昂贵,约为铁路运价的 4 倍,其优点在于弥补了铁路未覆盖地区的煤炭运输问题以及使用于省内短距离运输。无论何种运输方式,都存在着一定的运输费用,而运输费用最终体现在动力煤销售价格上。

此外,考虑到极端恶劣天气例如雪灾、洪灾等的影响,铁路、公路等交通方式无法持续正常运作,运输能力某些特定时段会急剧降低,运输费用也会大幅提高。此外,东部等缺煤地区无法正常获得动力煤供应,动力煤供应远远不能满足其需求,均会造成动力煤价格居高不下。

(二)火力发电企业利润影响因素

火力发电企业的利润主要由两部分决定,即售电收入与发电成本。其中,售电收入由上网电价与发电量所决定,而发电成本中主要包含燃料成本(即电煤成本)、机组设备折旧成本、人工费用、维修费用等日常生产所需要的其他机组运行所需成本。因此发电企业利润可粗略的由式(6-1)表示:

$$\text{火电企业利润}=\text{总发电量}\times\text{单位电量上网电价}-\text{燃煤成本} \\ -\text{固定资产折旧成本}-\text{其他费用} \quad (6-1)$$

其中,燃煤成本可用式(6-2)表示:

$$燃煤成本＝燃煤总量×动力煤价格$$
$$＝发电量×单位电量煤耗值×动力煤价格 \qquad (6-2)$$

结合式(6-1)与式(6-2)可得式(6-3)：

$$火电企业利润＝发电量×(单位电量上网电价－单位电量煤耗值$$
$$×动力煤价格)－固定资产折旧－其他费用$$

$$(6-3)$$

其中,固定资产折旧费用取决于设备一开始的价值和综合下来的折旧费率,而其他运行费用则可近似看作一个常数,这两者之和可以看作一个已知的数值。因此决定火电企业利润的关键因素在于发电量、上网电价、动力煤价格以及单位电量煤耗值。这 4 个因素中,单位电量煤耗值与其他 3 个不同,其取决于发电企业的技术水平和动力煤的品质,与市场环境无关。

因此市场化环境下,发电量、上网电价与动力煤价格决定了发电企业的经营利润。稳定可靠的电力供应是我国经济发展的前提,因此我国的发电量紧随着经济增长的脚步呈稳定上升状态。而动力煤价格则在市场化机制下不断变化,涨跌不定,波动剧烈。但目前上网电价仍由政府管控,使得上网电价变化幅度很小,且变动周期极长,发电企业只能被动接受动力煤价格变动带来的冲击,无法主动通过调整上网电价来消化发电成本的变化,煤电冲突由此而来。为缓解此矛盾,政府很早之前就建立了煤电联营机制,多年的运行结果表明此政策有一定的作用,能起到一定的效果,但并不能彻底解决煤电矛盾。化解该矛盾的关键在于放开上网电价的政府管控,推进电力市场化改革。

四、市场化机制下动力煤价格影响因素实证分析

(一)计量模型介绍与数据选取

1. 计量模型简介

构建包含电煤价格 JG、电煤供给 GJ、电煤需求 XQ、港口库存 KC、

航运费用 HY 5 个变量的 VAR 模型。VAR 模型是否平稳,是利用 VAR 模型进行实证分析的前提条件,因此首先需要对 VAR 模型进行平稳性检验,如果模型的平稳性检验可以通过,进而可以做基于 VAR 模型的 Johansen 协整关系检验,判断模型中的电煤价格 JG、电煤供给 GJ、电煤需求 XQ、港口库存 KC、航运费用 HY 五者之间的协整关系是否存在,如果存在,即可利用格兰杰因果关系检验探究电煤价格 JG、电煤供给 GJ、电煤需求 XQ、港口库存 KC、航运费用 HY 之间是否存在引导关系,最后利用脉冲响应函数和方差分解来分析电煤价格 JG、电煤供给 GJ、电煤需求 XQ、港口库存 KC、航运费用 HY 对电煤价格 JG 的影响大小。VAR 模型如式(6−4)所示。

$$MT = K_1 \times M_{T-1} + \cdots + K_i \times M_{T-i} + \varepsilon \qquad (6-4)$$
$$= [JG\ GJ\ XQ\ KC\ HY]^T$$

其中,VAR 模型内解释变量不仅有电煤价格 JG、电煤供给 GJ、电煤需求 XQ、港口库存 KC、航运费用 HY,还包括各变量的不同滞后期。式(6−4)中 i 表示内生变量的滞后阶数,K 表示内生变量选择不同滞后期时对应的系数矩阵,ε 代表相互独立且服从同一正态分布 $N(0,\sigma^2)$ 的随机变量。

2. 数据选取与处理

通过 Wind 金融数据库获得 2017 年 1 月初至 2020 年 12 月底太原动力煤价格指数周度数据、CBCFI 动力煤运价指数的周度数据、中国动力煤总供给量与总需求量的月度数据、国内重点电厂煤炭库存量的月度数据,由于用于实证分析的 5 个时间序列其量纲与时间单位均不一致,因此需对其进行一定的处理。首先,太原动力煤价格指数与 CBCFI 动力煤运价指数均为周度数据,因此将每月内各周的数据相加并除以该月内周度数据样本的个数,即取每月周度数据的平均值作为这两个时间序列的月度数据,从而与其他三个时间序列在时间周期上达成一致。其次,太原动力煤价格与 CBCFI 动力煤运价均以指数形式发布,而中国动力煤总供给、总需求、国内重点电厂煤炭库存量以具体的数量形式发布,因此为统一量纲,将中国动力煤总供给、总需求和国内重点火电厂煤炭库存量均做指数化处理,同时 5 个时间序列均以 2017 年 1 月为基期,基数为 100。数据处理完毕后,本书得到了 5 个时间序列的月度数据并均以指数形式呈现,为方便后续论文的撰写与计量模型的构建,将 5 个时间序列分别定义 1 个变量名,具体变量名如表 6—1 所示。

表 6—1   变量符号及定义

变量名	变量符号
太原动力煤价格指数	JG
CBCFI 动力煤运价指数	YJ
中国动力煤总供给指数	GJ
中国动力煤总需求指数	XQ
国内重点电厂动力煤库存指数	KC

变量选取后,本书通过 Eviews10.0 软件绘制了太原动力煤价格 JG、CBCFI 动力煤运价 YJ、中国动力煤总供给 GJ、中国动力煤总需求 XQ、国内重点电厂动力煤库存指数 KC 的变化趋势图(如图 6—5 所示)。

从图 6—5 可以看出,自 2017 年年初以来,动力煤价格与动力煤运价走势类似,总体上呈下降趋势且下降幅度较大,而动力煤需求、供给和电厂库存总体上呈上升趋势且波动较为剧烈。电厂库存呈波浪形上升呈现出明显的季节性特点,这可能与冬夏两季由于温度特点引起的用电增加有关。为探究这 5 个变量之间是否存在某种关系,本书通过构建这 5 个变量的 VAR 模型,实证研究动力煤价格与动力煤运价、动力煤总供给、动力煤总需求、电厂煤炭库存之间的关系。

(二)动力煤价格影响因素实证分析

1. 变量平稳性检验

变量用于实证模型检验时,首先需验证其是否为平稳时间序列,若序列平稳则可将该序列直接用于实证模型,若不平稳则需进行一定处理。

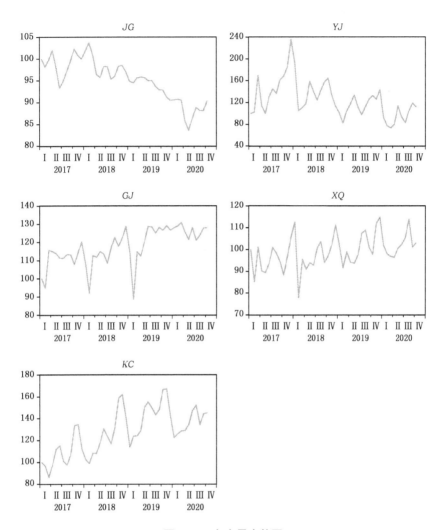

图 6—5　各变量走势图

本书采用 ADF 单位根检验法对太原动力煤价格 JG、CBCFI 动力煤运价 YJ、中国动力煤总供给 GJ、中国动力煤总需求 XQ、国内重点电厂动力煤库存指数 KC 共 5 个变量做平稳性检验。ADF 单位根检验做平稳性检验时假设被检验的时间序列有单位根,意味着被检验的时间序列是不平稳的,如若 ADF 单位根检验并没有被通过,则意味着用于检验的时间序列并不存在单位根,表明这个序列是平稳的,据此进行检验,结果如表6－2所示。从表6－2可以看出,变量JG、YJ、GJ、XQ、KC在1％和5％的显著性水平下均通过原假设,说明变量JG、YJ、GJ、XQ、KC都是不平稳的时间序列,进而对这些变量做一阶差分,探究原变量的一阶差分序列是否平稳,检验结果表明变量JG、YJ、GJ、XQ、KC的一阶差分序列DJG、DYJ、DGJ、DXQ、DKC在1％的显著性水平下同时不通过ADF平稳性检验的初始假设,证明一阶差分序列DJG、DYJ、DGJ、DXQ、DKC都是平稳序列。因此变量JG、YJ、GJ、XQ、KC均为一阶单整的非平稳时间序列。

表6－2　　　　　　　　　　　ADF 单位根检验结果

变量名	ADF 检验值	1％临界值	5％临界值	P 值
JG	−1.329 7	−2.619 9	−1.948 7	0.167 2
YJ	−0.664 8	−2.617 4	−1.948 3	0.423 5
GJ	0.452 5	−2.619 8	−1.948 7	0.807 9
XQ	0.494 4	−2.621 2	−1.948 9	0.818 0
KC	0.533 4	−2.619 9	−1.948 9	0.827 2
DJG	−3.713 7	−2.621 2	−1.948 9	0.000 4
DYJ	−6.966 1	−2.619 9	−1.948 7	0.000 0
DGJ	−7.449 2	2.619 9	−1.948 7	0.000 0
DXQ	−7.225 2	−2.621 1	−1.948 9	0.000 0
DKC	−7.424 5	−2.619 9	−1.948 8	0.000 0

2. Johansen 协整关系检验

变量的平稳性检验已经证明变量JG、YJ、GJ、XQ、KC均为一阶单整的非平稳时间序列,但变量之间是否存在某种长期稳定的协整关系还尚未可知,因而本书通过Eviews10.0软件,采用Johansen协整关系检验法对动力煤价格JG、CBCFI动力煤运价YJ、中国动力煤总供给GJ、中国动力煤总需求XQ、国内重点电厂动力煤库存指数KC这5个变量之间是否存在长期稳定的协整关系进行研究,检验结果如表 6－3 所示。

表 6－3　　　　　　　　　Johansen 协整关系检验结果

特征值迹检验法				
零假设	特征值	迹统计量	5%统计值	P 值
none	0.737 0	126.646 9	69.818 9	0.000 0
At most 1	0.527 6	67.880 3	47.856 1	0.000 2
At most 2	0.442 5	34.875 6	29.797 1	0.011 9
At most 3	0.173 2	9.160 9	15.494 7	0.350 7
At most 4	0.017 8	0.792 0	3.841 5	0.373 5
最大特征值检验法				
零假设	特征值	最大特征值	5%统计值	P 值
none	0.737 0	58.766 6	33.876 9	0.000 0
At most 1	0.527 6	33.004 6	27.584 3	0.009 1
At most 2	0.442 5	25.714 7	21.136 2	0.010 5
At most 3	0.173 2	8.368 8	14.264 0	0.342 4
At most 4	0.017 8	0.792 0	3.841 5	0.373 5

从表 6－3 可以看出,无论是特征值迹检验法,还是最大特征值检验法,都在 1% 的显著性水平下没有通过不存在协整关系和至多只有 1 个协整关系的初始假设,同时在 5% 的显著性水平下,至多存在 2 个协整关系的原假设同样没有通过,但至多存在 3 个协整关系的原假设在两种检验方法下均通过了。从检验结果可以看出,动力煤价格 JG、CBCFI 动力煤运价 YJ、中国动力煤总供给 GJ、中国动力煤总需求 XQ、国内重点电厂动力煤库存指数 KC 这 5 个变量之间存在 3 种长期稳定的协整关系。

3. VAR 模型的构建与检验

变量 JG、YJ、GJ、XQ、KC 虽然均为一阶单整的非平稳序列,但 Johansen 协整关系检验结果已经可以证明动力煤价格 JG、CBCFI 动力

煤运价 YJ、中国动力煤总供给 GJ、中国动力煤总需求 XQ、国内重点电厂动力煤库存指数 KC 这 5 个非平稳的变量之间存在长期稳定的协整关系,因此可以用原时间序列直接构建包含这 5 个变量的 VAR 模型。

构建包含动力煤价格 JG、CBCFI 动力煤运价 YJ、中国动力煤总供给 GJ、中国动力煤总需求 XQ、国内重点电厂动力煤库存指数 KC 这 5 个变量的 VAR 模型的前提在于判定最适合此模型的滞后阶数,如何判定最适合的滞后阶数的方法在于分析不同滞后阶数下各判定准则的数值,常用的判定准则有 LR 准则、FPE 准则等。基于此理论,通过 Eviews10.0 软件分别构建了 5 个不同滞后期的 VAR 模型,每个滞后阶数的各判定准则的数值都记录在表 6—4 中。由表 6—4 可知,滞后二阶是这个 VAR 模型的最优滞后阶数通过 LR、FPE、AIC、HQ 信息准则而判定的,但滞后一阶为最优滞后阶数却被 SC 信息准则所判定,为解决不同准则判定结果所造成的矛盾,进一步对 SC 信息准则数据进行观察后发现,当滞后二阶时 SC 信息准则的值为 34.318 6,与其最优滞后阶数滞后一阶的值 34.318 6 差距甚小,因此认为滞后二阶是这个包含动力煤价格 JG、CBCFI 动力煤运价 YJ、中国动力煤总供给 GJ、中国动力煤总需求 XQ、国内重点电厂动力煤库存指数 KC 这 5 个变量的 VAR 模型的最适合的滞后阶数。

表 6—4　　　　　　　各滞后阶数的 VAR 模型检验结果

	LR	FPE	AIC	SC	HQ
0	NA	8.35e+09	37.035 2	37.242 1	37.111 0
1	185.338 7	1.61e+08	33.077 4	34.318 6*	33.532 3
2	48.895 7*	1.15e+08*	32.690 6*	34.966 1	33.524 7*
3	27.932 4	1.49e+08	32.806 7	36.116 6	34.011 9
4	18.214 3	2.75e+09	33.129 9	37.414 0	34.722 2

注:* 表示该准则下判定的最优滞后阶数。

在已经确定好最优滞后阶数的基础上,本书通过 Eviews10.0 软件建

立 5 个变量的 VAR(2)模型,回归结果如表 6－5 所示。由表 6－5 可知,
变量 JG、YJ、GJ、XQ、KC 对应的 R^2 值分别为 0.940 2、0.622 9、
0.604 2、0.709 3、0.825 3,R^2 值均较大且接近于 1,说明模型拟合程度较
高,此包含动力煤价格 JG、CBCFI 动力煤运价 YJ、中国动力煤总供给
GJ、中国动力煤总需求 XQ、国内重点电厂动力煤库存指数 KC 这 5 个变
量的 VAR 模型能较好地反映出实际情况。

表 6－5　　　　　　　　　　VAR 模型回归结果

	JG	YJ	GJ	XQ	KC
$JG(-1)$	0.856 3	−2.281 6	−0.310 2	−0.125 0	0.829 0
$JG(-2)$	−0.262 5	3.401 6	−0.218 0	−0.545 4	−0.397 1
$YJ(-1)$	0.053 2	0.824 0	−0.007 4	0.036 4	0.122 9
$YJ(-2)$	−0.010 1	−0.288 3	−0.024 9	0.026 0	−0.222 1
$GJ(-1)$	−0.064 1	−0.609 9	0.355 7	−0.116 2	0.454 2
$GJ(-2)$	−0.058 8	−0.240 7	−0.273 8	0.043 2	−0.047 2
$XQ(-1)$	−0.003 4	−1.225 9	−0.405 4	−0.605 2	−0.077 9
$XQ(-2)$	0.071 1	0.135 5	0.136 7	−0.410 0	1.043 2
$KC(-1)$	−0.011 1	0.260 9	0.187 5	−0.055 5	1.174 0
$KC(-2)$	−0.000 9	0.169 6	0.078 1	0.470 8	−0.654 6
C	42.430 3	104.120 8	155.831 3	211.920 4	−110.179 6
R^2	0.940 2	0.622 9	0.604 2	0.709 3	0.825 3

VAR 模型用于实证分析必须建立在这个模型是平稳的前提之下,因
此为探究本节所建立的 VAR 模型是否能够用于下一步的实证分析,本
节采用 AR 单位根检验法检验包含动力煤价格 JG、CBCFI 动力煤运价
YJ、中国动力煤总供给 GJ、中国动力煤总需求 XQ、国内重点电厂动力煤
库存指数 KC 这 5 个变量的 VAR 模型在滞后二阶时的平稳性,并通过
Eviews10.0 软件得出检验结果,结果如图 6－6 所示。从图 6－6 可以看
出,所有 AR 单位根的倒数皆在单位圆内,因此可判定该 VAR(2)模型有

效,可用于下一步的实证分析检验。

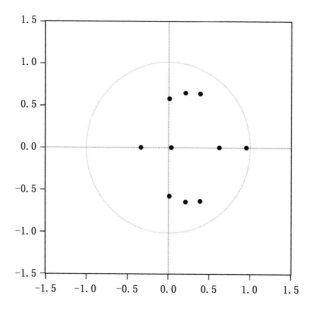

图 6－6　AR 单位根检验法检验结果

4. 格兰杰因果关系检验

　　已知变量 JG、YJ、GJ、XQ、KC 均为 1 阶单整的非平稳时间序列,且通过上文可知变量 JG、YJ、GJ、XQ、KC 之间存在长期稳定的均衡关系,但变量之间是否有着因果关系尚未可知,因而本书通过 Eviews10.0 软件对其做格兰杰因果关系检验,检验结果如表 6－6 所示。从表 6－6 可知,在 1% 的显著性水平下,CBFI 动力煤运价 YJ 是动力煤价格 JG 的单向格兰杰原因,国内重点电厂煤炭库存 KC 也是中国动力煤总供给 GJ 的单向格兰杰原因,中国动力煤总需求 XQ 是国内重点电厂煤炭库存 KC 的格兰杰原因,同时国内重点电厂煤炭库存 KC 也是中国动力煤总需求 XQ 的格兰杰原因,两者之间存在着双向格兰杰因果关系;在 5% 的显著性水平下,中国动力煤总供给 GJ 是动力煤价格 JG 的单向格兰杰原因,动力煤价格 JG 是中国动力煤总需求 XQ 的单向格兰杰原因;在 10% 的显著性水平下,中国动力煤总需求 XQ 是 CBFI 动力煤运价 YJ 的单向格兰杰原因,动力煤价格 JG 是中国动力煤总需求 XQ 的单向格兰杰原因,CBFI 动力煤运价 YJ 是国内重点电厂库存的单向格兰杰原因。

表 6—6　　　　　　　　　变量之间格兰杰因果关系检验

原假设	F 值	P 值
YJ 不是 JG 的格兰杰原因	37.306 4	0.000 0***
GJ 不是 JG 的格兰杰原因	8.500 4	0.014 3**
XQ 不是 JG 的格兰杰原因	3.016 2	0.221 3
KC 不是 JG 的格兰杰原因	0.757 6	0.684 7
JG 不是 YJ 的格兰杰原因	2.747 2	0.253 2
GJ 不是 YJ 的格兰杰原因	1.534 0	0.466 4
XQ 不是 YJ 的格兰杰原因	3.790 6	0.051 5*
KC 不是 YJ 的格兰杰原因	2.579 3	0.275 4
JG 不是 GJ 的格兰杰原因	1.367 7	0.504 7
YJ 不是 GJ 的格兰杰原因	0.328 7	0.848 4
XQ 不是 GJ 的格兰杰原因	3.104 5	0.211 8
KC 不是 GJ 的格兰杰原因	12.667 1	0.001 8***
JG 不是 XQ 的格兰杰原因	5.829 7	0.054 2*
YJ 不是 XQ 的格兰杰原因	3.161 6	0.205 8
GJ 不是 XQ 的格兰杰原因	1.002 8	0.605 7
KC 不是 XQ 的格兰杰原因	50.851 4	0.000 0***
JG 不是 KC 的格兰杰原因	0.601 5	0.740 3
YJ 不是 KC 的格兰杰原因	5.928 1	0.051 6*
GJ 不是 KC 的格兰杰原因	3.568 4	0.167 9
XQ 不是 KC 的格兰杰原因	12.344 5	0.002 1***

注:***、**、* 分别表示在 1%、5%、10% 显著性水平下拒绝原假设。

从格兰杰因果关系检验中可知,动力煤运输费用和中国动力煤总供给的变动直接引导着动力煤价格的变化,而中国动力煤总需求通过引导中国动力煤总供给的变化间接引导着动力煤价格变化,同时动力煤价格的变动会对中国动力煤总需求造成影响。国内重点电厂煤炭库存与中国动力煤总需求互为引导关系,电厂煤炭库存同时也引导动力煤总供给的变化,这与我国动力煤的主要作用是用于火电发电这一基本国情相符合,因此国内重点电厂煤炭库存的变化虽不会直接影响动力煤价格的变化,但其反映出整个动力煤市场上供需关系博弈的情形,可作为判断动力煤价格走势的风向标。

5. 脉冲响应与方差分解

根据格兰杰因果关系检验可知,CBFI 动力煤运价 YJ、中国动力煤总供给 GJ、中国动力煤总需求 XQ、国内重点电厂煤炭库存 KC 变动均对动力煤价格 JG 的变动有着直接或者间接的影响,因此在构建平稳有效的 VAR(2) 模型基础上,为研究 VAR 模型中变量 JG、YJ、GJ、XQ、KC 变动一个标准差对变量 JG 的影响,本书通过 Eviews10.0 软件建立脉冲响应函数,并绘制相应的图像,如图 6-7 所示。

从图 6-7 可以看出,当动力煤价格 JG 对其自身做正向冲击时,JG 立即做出正向响应,但其影响呈衰减趋势,第 3 期后达到极小值 0.04,之后有微小的反弹,第 5 期时达到极大值 0.05,之后一直衰减直至消失,说明动力煤价格变动对自身会造成正向冲击,不过此冲击有着时间短、影响小的特点;当动力煤运价 YJ 对动力煤价格 JG 做出正向冲击时,JG 立即做出正向响应,第 3 期时到达最大值 1.7,随后缓慢下降,直至第 20 期时仍有 0.05,说明动力煤运价变动对动力煤价格会造成正向冲击,动力煤运价上涨会导致动力煤价格上升,且该冲击影响剧烈、冲击时间长。当动力煤总供给 GJ 对动力煤价格 JG 做正向冲击时,JG 首先表现出负向响应,在第 4 期时达到最小值 -1.2,随后曲线呈波浪状上升,负向影响冲击减小,第 12 期后响应稳定在 -0.04,说明动力煤供给变动对动力煤价格变现内呈负面响应,动力煤供给的提高会导致动力煤价格的下降,且该冲击影响时间较长。

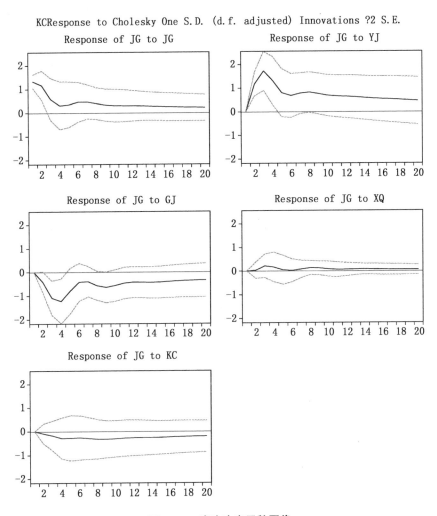

图 6—7　脉冲响应函数图像

　　当电煤需求 *XQ* 对电煤价格 *JG* 做正向冲击时,电煤价格 *JG* 当即呈现出正向响应,响应不停上升,第 3 期时到达峰值 0.03,随后缓慢下降,第 8 期后稳定为 0,说明动力煤需求变动对动力煤价格变现内呈正向响应,动力煤需求上升有利于动力煤价格的上涨,且该响应持续时间与持续力度都很小;重点电厂煤炭库存 *KC* 对动力煤价格 *JG* 做出正向响应时,*JG* 仅表现出微弱的负向响应,说明电厂煤炭库存对动力煤价格的影响并不大。总之,变量 JG、YJ、GJ、XQ、KC 变动一个标准差后对变量 JG 的冲击均有一定时效性与滞后性,差异在于影响程度的大小。

为弥补脉冲响应分析的不足,研究变量 JG、GJ、XQ、KC、HY 变动对内生变量 JG 结构冲击的贡献程度,进而对其进行方差分解,通过 Eviews10.0 软件绘制方差分解图像,结果如图 6－8 所示,动力煤运价 YJ 波动对动力煤价格 JG 解释程度最大,从第 1 期的 0 开始上升,第 11 期后解释程度稳定在 49%;其次,动力煤供给波动 GJ 对动力煤价格 JG 较高,从第 1 期的 0 开始上升,第 10 期后解释程度稳定在 25%;再者,动力煤价格波动 JG 对其自身也有一定的解释程度,解释程度在第 1 期 100% 开始下降,第 13 期后稳定在 21%;而国内重点电厂煤炭库存 KC 和动力煤总需求 XQ 对动力煤价格 JG 解释程度较低,解释程度从第 1 期的 0 开始上升,分别在第 11 期后稳定在 4%,在第 3 期后稳定在 1%,动力煤价格波动受各变量贡献大小依次为动力煤运价 49%,动力煤总供给 25%、动力煤价格自身 21%、国内重点电厂煤炭库存 4%、动力煤总需求 1%。

(三)主要结论和对策建议

通过 Wind 金融数据库获取本节实证分析所需要的太原动力煤价格指数、CBFI 动力煤运价指数、国内重点电厂煤炭库存、中国动力煤总供给、中国动力煤总需求 5 个变量的时间序列,并将这些数据进行单位根检验,构建 VAR 模型进行实证分析,实证结果如下所示。

(1)变量平稳性检验和协整关系检验表明,动力煤价格与动力煤运价、中国动力煤总供给、中国动力煤总需求、国内重点电厂煤炭库存这 5 个不平稳的时间序列之间存在着长期稳定的协整关系。

(2)从格兰杰因果关系检验中可知,动力煤运输费用和中国动力煤总供给的变动直接引导着动力煤价格的变化,而中国动力煤总需求通过引导中国动力煤总供给的变化间接引导着动力煤价格变化,同时动力煤价格的变动会对中国动力煤总需求造成影响,国内重点电厂煤炭库存与中

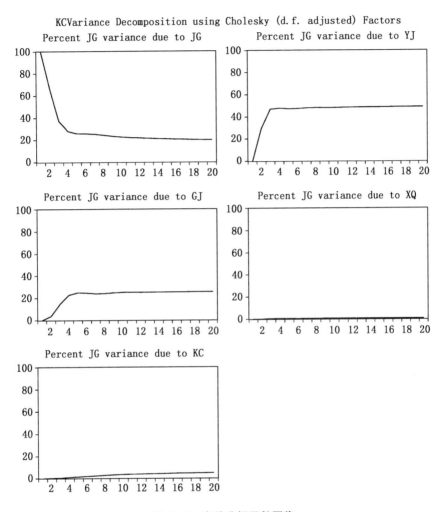

图 6—8 方差分解函数图像

国动力煤总需求互为引导关系。

（3）脉冲响应结果表明各因素对电煤价格的影响均具有一定的时效性与滞后性,方差分解结果表明各变量对电煤价格波动的贡献率大小依次为动力煤运价 49%、动力煤总供给 25%、动力煤价格 21%、国内重点电厂煤炭库存 4%。

实证结果表明,煤炭市场化改革较为成功,动力煤价格由供需关系等市场化因素所决定,各因素对动力煤价格波动贡献率大小依次为动力煤运价、动力煤总供给、动力煤价格、国内重点电厂库存、动力煤总需求。说明运价背后体现出的煤炭运输成本对于动力煤价格的影响十分重要,其次动力煤供给对动力煤价格波动的贡献率远大于动力煤需求,表示当前动力煤处于卖方市场,供给侧改革初见成效。而重点电厂煤炭库存的变化虽不会直接影响动力煤价格的变化,但引导着动力煤总供给与动力煤总需求的变化,反映出整个动力煤市场上供需关系博弈的情形,这与我国动力煤主要用于火力发电这一基本国情相符合,为下文研究动力煤价格变动对火电企业利润的影响做好铺垫。

第七章　国际天然气市场及价格影响因素

一、天然气供需情况

(一)总体供需情况

截至 2020 年,全球天然气消费 3.81 万亿立方米,产量为 4.03 万亿立方米;2021 年,全球天然气消费 4.00 万亿立方米,产量未知,估算为 4.16 万亿立方米(也有口径是 4.18 万亿立方米);2022 年,预计天然气消费 4.08 万亿立方米,产量为 4.30 万亿立方米。

消费增幅方面:2020—2021 年增幅为 4.98%;预计 2021—2022 年增幅为 1.24%。产量增幅方面:2020—2021 年增幅为 3.22%;预计 2021—2022 年增幅为 3.33%。从数据上看,全球各国、各地区的产量能够满足全球消费的需要。

(二)主要国家的产量

2022 年,初步预计全球产量要增加 1 400 亿立方米,从全球产量上看,卡塔尔、俄罗斯、美国将是主要关注国家,此外还有尼日利亚。

(1)卡塔尔:预计其 2020—2050 年天然气增幅为 2.2% 左右,其天然气产量约为 1 780 亿立方米,预计 2022 年产量增量为 39 亿~40 亿立方米。

(2)俄罗斯:2021 年天然气产量 7 635 亿立方米,俄罗斯经济部预计,2022 年产量下滑至 7 000 亿立方米。如果俄罗斯减少天然气产量,则全球的天然气富余量将减少 635 亿立方米左右。

（3）美国：2021 年天然气产量 1.02 万亿立方米，预计 2022 年增幅 0.9%，天然气产量增至 1.029 万亿立方米，天然气增量为 90 亿立方米。

（4）尼日利亚：2021 年天然气产量约为 530 亿立方米，预计 2022 年增幅为 20% 左右，产量为 636 亿立方米（接近其最高产能），增量为 106 亿立方米（待进一步确认），其中，近几年出口量为 230 亿立方米。

上述国家和地区，天然气增量预计较 1 400 亿立方米缩减 400 亿立方米至 1 000 亿立方米。

（三）主要地区的天然气消费

2022 年，初步预计全球消费要增加 800 亿立方米，从全球消费上看，北美、欧洲及亚洲将是主要关注国家和地区。

（1）北美：2021 年消费 1.06 万亿立方米，其中，美国消费 8 560 亿立方米，预计 2022 年，美国消费维持 5% 的增长，主要是经济恢复、能源结构变化，天然气消费达到 8 990 亿立方米，同比增加 430 亿立方米，增量方面，还考虑美国出口的增量；如不考虑则增量不到 300 亿立方米。

（2）欧洲：2021 年消费 5 600 亿立方米，2022 年按照 2021 年 3.8% 的消费增量估算，2022 年天然气消费达到 5 812 亿立方米，同比增加 212 亿立方米，预计 2022 年继续为寒冬，欧洲天然气消费仍然较为景气，天然气消费较为旺盛。

（3）亚洲：2021 年消费 9 260 亿立方米，2022 年按照 2021 年 7.4% 的增幅略下调至 5%，基于亚洲经济增幅下滑考虑，2022 年天然气消费达到 9 723 亿立方米，同比增加 463 亿立方米。

上述国家和地区，合计天然气消费增量达到 975 亿~1 105 亿立方米，按照 900 亿立方米增量考虑较为合适，非洲、南美洲天然气略增，全球天然气消费增量达到 1 000 亿立方米左右，较 800 亿立方米增加 200 亿立方米。

（四）中国天然气供需情况

（1）天然气消费增长降速。据国家发展改革委运行快报统计，2020年我国天然气表观消费量3 240亿立方米，同比增长5.6％。在新冠肺炎疫情、经济和市场等综合因素影响下，天然气消费量继续保持增长态势，但增速较此前四年明显下降。分领域看，发电用气同比增长7.7％，主要由宏观经济回暖等因素带动；工业燃气同比增长9.3％，增长的驱动力来自气价较低、减税降费等因素；城市燃气同比增长5.1％，其中商业、服务业用气受疫情冲击明显下降；化工用气同比增长4.5％，其中化肥用气快速增长，甲醇用气大幅下降。分地区看，长三角和东北地区天然气消费增长大幅放缓，而东南沿海、中西部和环渤海地区天然气消费增长较快，增幅均在10％以上，其中环渤海地区是国内最大的天然气消费区域，地区天然气消费增长主要来自居民和工业用气推动。

（2）天然气产量稳步提升。国家统计局数据显示，2020年我国天然气产量达到1 925亿立方米，同比增长9.8％，增量163.26亿立方米，天然气连续四年增产超过100亿立方米，增储上产效果明显。页岩气、煤层气、煤制气等非常规气全面增产、贡献突出，其中煤制气产量40亿立方米，煤层气产量65亿立方米，页岩气产量超过200亿立方米。大庆、长庆、胜利、新疆等主力油气田产量持续增长，其中10月大庆油田天然气日销量首次突破千万立方米；12月中石油西南油气田宣布年产天然气突破300亿立方米。2020年我国新增天然气探明地质储量达到1.29万亿立方米。油气发现主要来自西部油气盆地的新区带、新层系，四川盆地发现新的富含天然气区带，常压页岩气勘探取得新突破，为增储上产提供了新的资源基础。

（3）天然气进口增速回落。海关总署数据显示，2020年，我国进口天然气10 166万吨（约1 403亿立方米），同比增长5.3％。其中，液化天然气进口量6 713万吨，同比增长11.5％，气态天然气进口量3 453万吨，同比下降4.9％。受国产气快速增长和需求增速放缓影响，我国天然气进口增速回落。天然气对外依存度约 43％,较 2019 年回落约 2 个百分点。

我国天然气进口主体和进口来源均呈现出多元化的特点。进口主体中,"三桶油"以外的企业,如城市燃气、电力企业等,形成了液化天然气进口的第二梯队,2020 年进口量增速超过 70％,进口量占比 11％,创历史新高。进口来源中,液化天然气进口来源国共 24 个,其中澳大利亚仍居首位,进口量占比 46％,卡塔尔居第二位,其后是马来西亚和印度尼西亚;管道气进口来源国前五名分别为土库曼斯坦、乌兹别克斯坦、哈萨克斯坦、缅甸、俄罗斯。

二、天然气市场与价格

(一)天然气市场区域化的特点

目前,全球天然气市场内部的整合程度相对较低,地域特点突出,各个地方区域内部的天然气交易市场还没有完全被看作一个整体。当今世界上,已经建立了三个主要区域的天然气市场,它们是北美地区市场、欧洲地区市场以及亚洲地区市场。美国市场的天然气供给全球化程度已经很明显,供应安全性也已得到了有效保障,该市场主要由美国、加拿大和墨西哥所构成,已发展成为世界上最完善的天然气市场。其中,美国是最大的进口国,加拿大是最大的出口国。欧洲市场是世界第二大天然气交易市场,包括俄罗斯、乌克兰、德国等,主要出口国是俄罗斯,主要进口国是德国。液化天然气是亚洲市场的主要贸易形式,包括澳大利亚、日本、韩国、中国、印度等其他进口国。虽然这些国家地理位置相近,但市场供应来源分散,实际联系不强。

同时,三大国际天然气区域市场呈现出一定程度的联动性。从区域市场来看,北美的天然气市场价格一体化程度最高,已经发展成为世界上最发达的天然气市场。此外,各市场之间存在联动,北美市场已经成为全球其他区域市场的风向标,其变化对全球市场影响显著。

(二)国际天然气价格趋势

为了应对全球气候变暖,许多国家政府对碳排放的管控趋近严格,先后推出"双碳"目标,并配套选择用天然气等清洁能源作为过渡来取代石油和煤炭,从而在客观上助推了全球市场整体对天然气需求量的上升。综上,需求的增加、产量的缺失以及库存的不足三个因素导致目前天然气供需关系紧张的现状,将会在一段时期得不到有效改善。

2021年3月以来,美国NYMEX天然气期货价格持续攀升,截至9月3日上涨至4.71美元/百万英热单位(MMBtu),累计上涨89.9%(3月价格为1.61美元/百万英热单位),已经超过2018年冬季上涨行情的高点。欧洲IPE天然气期货价格快速飙升,截至9月3日上涨至130.5便士/色姆,相较3月初的40.92便士/色姆,上涨高达218.8%。亚洲方面,2021年3月起,JKM日韩液化天然气掉期价格开始反弹,截至9月3日已上涨至18.5美元/百万英热单位(MMBtu),累计上涨幅度为212.8%(见图7-1)。

欧洲的天然气价格飞速增长,带动用电价格日益增加。英国的电价9月上涨了一倍有余,达到了2020年同期的7倍。同时,欧洲天然气库存降至十多年来最低水平,只有前5年平均水平的75%。与此同时,作为天然气出口量第一大国,俄罗斯官方表示将快速启动"北溪2号"以平衡欧洲天然气价格。虽然俄罗斯天然气工业股份公司宣布已完成该管道建设,但是据德国相关能源监管机构称,在收到所有必要文件后,仍需要4个月的时间完成运营认证。因此在短期内,欧洲天然气的供需情况大概率不会随着"北溪2号"的建设完成而有所好转。

因2021年以来欧洲的大范围天然气供应不足,亚洲相关买家担心来自欧洲客户的争夺,进一步推高亚洲液化天然气现货价格。日本东北电力公司和印度盖尔公司于9月22日以创纪录的季节性高价购买了2021年11月和12月的液化天然气。亚洲液化天然气现货价格也已升至有记

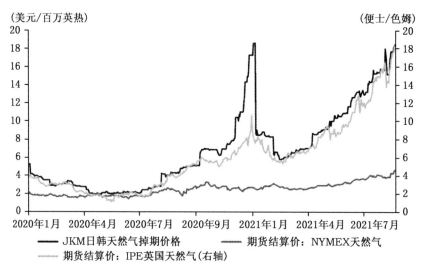

(美元/百万英热)   (便士/色姆)

图7—1 国际相关天然气指数

录以来的季节性最高水平。加之由于亚洲现货与欧美价格差的影响,大西洋和太平洋的租船费率也随之上升,根据 IEA 报告,二季度大西洋和太平洋地区的租船费率同比平均增幅分别为 70% 和 50%。

  除此之外,由于新冠肺炎疫情后东亚各国企业产能恢复,亚洲天然气需求呈现出"淡季不淡"的现象,进一步影响了天然气的价格变化。亚洲、欧洲天然气需求及价格居高不下,推动了美国 LNG 的出口量创下纪录,导致美国天然气库存呈现出紧张态势。截至 9 月 3 日,美国天然气库存增加 14.7 亿立方米,虽然高于市场预期的 11 亿立方米,但低于五年均值的 18.4 亿立方米上下。美国 Henry Hub 的天然气价格于 9 月 15 日达到了七年半以来的最高水平。同时,飓风"艾达"造成相当数量的天然气矿开采中断,目前墨西哥湾 39% 的油气田仍处于停产状态。进一步限制了美国补充库存的能力。参考往年趋势,淡季补库不足,冬季资源可能再趋紧。并且,不单是美国,世界各地的库存情况都很不乐观。

（三）影响天然气价格的主要驱动因素

根据近年来全球主要天然气价格走势图，我们不难看出，天然气价格波动明显且频繁。天然气作为一种能源商品，其价格受到多种因素的影响，基本面主要包括供需因素、经济增长、替代能源、极端天气和政治事件等。

1. 供需因素

资源禀赋、技术进步和天然气基础设施建设是影响供应增长的主要因素。确保天然气供应的一个重要因素是资源配置的程度，每个国家的天然气供应都与其资源配置密切相关。随着研发技术的不断发展，世界已探明的天然气储量逐年增加。技术进步为大量天然气供应提供了强有力的支持，降低了开发和使用天然气的成本，提高了转化和使用效率。技术进步使天然气的开发利用从陆地扩展到了海洋，开发类型逐渐多样化，为大型天然气供应提供了有力支持，降低了天然气开发和运营成本，提高了转换和使用效率。经济发展是影响天然气需求增长的主要因素，天然气消耗量通常与经济发展速度成正比，但这一比例因国家和时期而异。

2. 经济增长

作为主要生产要素的能源投入的增加会导致经济产出的增加，而且随着经济的扩张，对能源要素的需求也会增加。这与上面提到的需求侧驱动密切相关。在无政府监管的情况下，全球天然气物价上升对消费者物价指数产生正面作用，并导致输入性通胀；在政府严格监管的情况下，国际天然气价格上涨对美国消费者物价指数的影响相对较小，并且不利于改善社会福利质量。另外，由于石油指数化的消亡也伴随着市场基本面的金融化以及有关指标的价值的提高，如股市波动指数、美元指数、美国国库券利率等金融市场因素将成为影响天然气价格的重要因素，其中美元的持续贬值加剧了石油价格的上涨，从而影响了天然气价格的上涨。

3. 替代能源

天然气中有煤、燃料油、液化石油气等相对较多的替代燃料。天然气产业和传统煤炭、石油工业的不同之处在于：生产并不是天然气产业的主要驱动原因，需求是比天然气生产更关键的驱动原因，而相应的替代能源价格对天然气价格产生了十分关键的影响。在长期天然气协议中，一些欧洲和亚洲国家根据石油价格进行定价，即使在天然气分销水平较高的美国，天然气价格和石油价格之间也存在一定的联系。

4. 极端天气

天然气供求对天气影响，特别是极端天气影响的变化敏感，经常性的极端天气逐渐将影响燃气市场供求格局的随机因素转化为长期影响。首先，由于天然气消耗量在冬季到达了高峰，因此天然气的短缺通常都会提升价格，而之后价格又会因为夏季需求量的减少而降低价格。其次，极端天气条件造成的短期供应中断也会提高天然气价格。非常严寒的气候和夏季罕见的高温大大增加了城市居民对供热和冷气的要求，因此提高了对燃气发电的要求。2021 年气候变化更加频繁，对天然气的额外需求量明显上升。美国、俄罗斯、巴西以及其他地区都出现了不同程度的旱灾。干旱天气导致水力发电量减少，对天然气作为替代能源的需求增加。在同一时期，北半球的风量减少。英国和德国等许多国家的风能在上半年急剧下降，必须利用天然气生产来填补风力发电缺口，这将鼓励天然气需求的进一步增长。

5. 政治事件

首先，在全球低碳能源转型的背景下，天然气在二氧化碳排放方面比煤炭具有明显优势，碳交易成本不断增加，支持了对天然气的需求。2020年底，欧洲议会同意将 2030 年温室气体减排目标从 40% 提高到 55%，并加强对二氧化碳排放的控制。2021 年 7 月，欧盟委员会提出了一套名为"Fit for 55"的提案，其中提议进一步加强碳交易市场，并降低碳配额总量，以改革碳市场，该政策的收紧提高了欧盟碳交易的价格。其次，地缘政治矛盾正在激发，欧洲天然气管道受阻。俄罗斯投资建设"北溪 2 号"项目，绕过包括乌克兰在内的东欧国家。为了占领欧洲市场，美国鼓励波兰和其他国家反对修建"北溪 2 号"管道,并对与"北溪 2 号"相关的 7 个实体和 16 艘船只施加经济限制。最后,随着天然气在全球能源消费结构中所占份额的增加,频繁发生的天然气安全事件增加了进口国的危机感。

三、美国天然气价格影响因素的实证分析

(一)数据选择与处理

结合国际天然气市场现状和区域化的特点,北美天然气市场化程度较高,比较完善,且日益占据重要地位,对世界影响日益显著。美国在全球天然气供应中占比约 24%,是全球第一大天然气供应国,也是北美天然气市场中的最大天然气进口国。所以将美国作为北美市场的代表国家,来分析其天然气价格剧烈波动的原因和影响。

针对天然气价格的驱动因素,选取四大基本面:供应因素——天然气库存,金融因素——美元指数,经济通胀——消费者物价指数(CPI),主要替代能源——WTI 原油价格对天然气价格进行实证分析。其中,HH 价格作为北美天然气的标杆价格,Henry Hub 被称为在纽约交易所(NY-MEX)上交易的天然气合同的定价点,其设定的现货和期货价格以数百万英热单位($/mmbtu)计价,通常被认为是北美天然气市场设定的主要价格。天然气库存的增减在供应侧对天然气价格产生影响。美元指数(USDX)是一个综合反映国际货币市场上美元汇率的指数,用于衡量美元对货币篮子汇率的变化。指数上升意味着美元升值。因上述因素中阐明生产并非在天然气市场作为驱动因素出现,所以选用消费者物价指数(CPI),而不是生产消费指数(PPI)。CPI 是反映人口生活相关产品和服务价格的统计价格指数,通常用于监测通货膨胀水平,与天然气需求侧有关。WTI 原油价格也是纽约商品交易所(NYMEX)石油期货协议的核心产品,是一个对世界有重大影响的原油价格指数。由于天气因素和政治因素的数理性统计较为困难,所以暂未列入考虑范围之内。

选取的时间区间为 2000 年 1 月至 2021 年 12 月,天然气价格使用 Henry Hub 现货价格,天然气库存选用美国能源信息署(Energy Information Administration,EIA)公布的数据,美元指数来源于国家统计局,美国 CPI 数据来源于中国前瞻数据库,原油价格使用 WTI 原油期货价格。为缓解异方差的影响,对时间序列取对数以降低变量的尺度。

(二)供需因素的实证检验——天然气价格与库存(ST)

1. 平稳性检验

选用一阶差分序列 ADF 检验,含截距项 α 和趋势项 t 的统计值,反映天然气价格的 $\ln HH$ 的 t 值为$-3.639\ 9 < -3.427\ 0$,P 值为 $0.028\ 4 < 0.05$,在 5% 的条件拒绝原假设,即 $\ln HH$ 通过平稳性检验。反映天然气库存的 $\ln ST$ 的含截距项 α、含截距项 α 和趋势项 t 的 t 值分别为 $-3.954\ 8$ 和$-4.658\ 7$,均小于 1% 水平下的 t 值,且 P 值均小于 0.05,故在 1% 的置信水平下拒绝原假设。因此,$\ln HH$ 和 $\ln ST$ 为一阶单整序列(表 7-1)。

表 7-1　　　　　　　　$\ln HH$、$\ln ST$ 单位根检验结果

变量		t 值	P 值	$\alpha=0.01$	$\alpha=0.05$	$\alpha=0.1$
$\ln HH$	含 α	$-2.845\ 3^*$	0.053	$-3.455\ 1$	$-2.872\ 3$	$-2.572\ 6$
	含 α、t	$-3.639\ 9^{**}$	0.028	$-3.993\ 3$	$-3.427\ 0$	$-3.136\ 8$
$\ln ST$	含 α	$-3.954\ 8^{***}$	0.002	$-3.456\ 3$	$-2.872\ 9$	$-2.572\ 9$
	含 α、t	$-4.658\ 7^{***}$	0.001	$-3.995\ 0$	$-3.427\ 8$	$-3.137\ 3$

注:*** 、** 、* 分别代表 1%、5%、10% 显著性水平拒绝原假说。

2. 协整检验

第一步,对同阶单整的 $\ln HH$ 和 $\ln ST$ 进行 OLS 回归;第二步,得到回归结果生成残差序列,对残差序列做单位根检验以避免出现谬误回归。记该模型的残差项为 e_1,对它进行单位根检验,设原假设 H_0:残差值存在单位根,H_1:残差值不存在单位根,残差项单位根检验结果如表 7-2 所示。

表7—2 残差项 e_1 的单位根检验结果

	t 值	P 值	$\alpha=0.01$	$\alpha=0.05$	$\alpha=0.1$
含 α	−3.091 1[**]	0.028 4	−3.455 1	−2.872 3	−2.572 6
含 α 和 t	−3.715 0[**]	0.023 0	−3.993 3	−3.427 0	−3.136 8
NONE	−3.096 7[***]	0.002 0	−2.573 8	−1.942 0	−1.615 9

注:[***]、[**]、[*]分别代表1%、5%、10%显著性水平拒绝原假说。

根据该残差项的单位根检验结果,残差值在不含截距项和趋势项的水平值(N,N,0)校验形式下,其 ADF 统计量值为 −3.096 7 < −2.573 8,P 值为 0.002 0 < 0.05。这说明,在5%的条件下可以拒绝原假设,即残差值通过平稳性检验,e_1 是平稳序列。综上可得,平稳的残差序列意味着 $\ln HH$ 和 $\ln ST$ 是(0,0)阶协整的,二者存在协整关系。

在协整条件下,回归模型成立,即在供需因素方面,天然气现货价格随天然气库存变化的线性回归方程为:

$$\ln \hat{HH}=3.686\ 4-0.295\ 4\ln ST+\mu_t$$
$$(6.545\ 7)\quad(−4.087\ 9)\qquad\qquad(7-1)$$
$$F=16.711\ 3\quad R^2=0.056\ 0\quad D.W.=0.126\ 9$$

在5%的显著性水平下,自由度为262(264−1−1)的 t 分布的临界值 $t_{0.025}(262)$ 约为1.98。解释变量 $\ln ST$ 的 t 值为=4.087 9,大于临界值1.98,表示模型中的解释变量 $\ln ST$ 在5%的水平下通过了显著性检验。从这个静态回归方程可以看到,天然气库存与天然气现货价格存在负相关关系,符合微观经济学中该商品供应增加导致价格降低的原理。因其变量都取对数,故系数大小代表弹性。其经济意义是:某月,天然气库存每上升1%,天然气现货价格平均减少0.30%。

3. 格兰杰因果关系检验

格兰杰因果关系检验的意义是检验某个变量的滞后值对被解释变量是否有预测能力,因为有些变量之间量上存在等式,但是意义上没有关系。对 $\ln HH$ 和 $\ln ST$ 进行格兰杰因果关系检验,来判断序列之间的长期因果关系,滞后期数为 1、2、3 和 4,其结果整理后见表 7—3。

表 7—3　　　　　　　　格兰杰因果滞后的检验结果

	滞后期数	1	2	3	4
$\ln ST$ 不是 $\ln HH$ 的格兰杰原因	F 值	0.676 6	0.550 1	0.411 9	0.898 9
	P 值	0.411 5	0.577 6	0.744 6	0.465 2
$\ln HH$ 不是 $\ln ST$ 的格兰杰原因	F 值	3.162 5	5.946 1	4.132 3	4.173 5
	P 值	0.076 5	0.003 0*	0.007 0*	0.002 7*

注:* 为最优滞后期。

从解释变量角度出发,对于"$\ln ST$(天然气库存)对 $\ln HH$(天然气现货价格)不存在格兰杰因果关系"的假设,在滞后期为 1~4 中的任意值中,其 P 值均大于 0.05,因此在 5% 的置信水平下应该接受原假设,即 $\ln ST$(天然气库存)不是 $\ln HH$(天然气现货价格)的"因",二者此时不存在因果关系。从被解释变量角度出发,对于"$\ln HH$(天然气现货价格)对 $\ln ST$(天然气库存)不存在格兰杰因果关系"的假设,当滞后期数大于 1 时,P 值均小于 0.05,因此在 5% 的置信水平下拒绝原假设,即 $\ln HH$(天然气现货价格)是 $\ln ST$(天然气库存)的"果"。

综上所述,当滞后期为 1 时,天然气现货价格与天然气库存不存在因果关系,从滞后期数 2 开始,天然气现货价格是天然气库存的"果",但天然气库存不是天然气现货价格的"因",此时天然气现货价格与天然气库存存在单向因果关系。

(三)金融因素——天然气价格与美元指数($USDX$)

1. 平稳性检验

在一阶差分形式下,选用含截距项 α 的统计值,反映天然气价格的 $\ln HH$ 的 t 值为 $-17.148\ 7 < -3.455\ 2$,P 值为 $0.000\ 0 < 0.05$,因此,在 1% 的置信水平下,可以拒绝原假设,即 $\ln HH$ 通过平稳性检验。同理,反映美元指数的 $\ln USDX$ 的 ADF 统计量值为 $-15.721\ 4 < -3.455\ 2$,

P 值为 0.000 0$<$0.05，故也通过置信水平为 1% 的平稳性检验。综上，时间序列 $\ln HH$ 和 $\ln USDX$ 为一阶单整序列。

表 7—4 **$\ln HH$、$\ln USDX$ 一阶差分单位根检验结果**

变量		t 值	P 值	$\alpha=0.01$	$\alpha=0.05$	$\alpha=0.1$
$\ln HH$	含 α	$-17.148\ 7^{***}$	0.000 0	$-3.455\ 2$	$-2.872\ 4$	$-2.572\ 6$
	含 α、t	$-17.123\ 1^{***}$	0.000 0	$-3.993\ 5$	$-3.427\ 1$	$-3.136\ 8$
$\ln USDX$	含 α	$-15.721\ 4^{***}$	0.000 0	$-3.455\ 2$	$-2.872\ 4$	$-2.572\ 6$
	含 α、t	$-15.756\ 2^{***}$	0.000 0	$-3.993\ 5$	$-3.427\ 1$	$-3.136\ 8$

注：***、**、* 分别代表 1%、5%、10% 显著性水平拒绝原假说。

2. 协整检验

该模型的残差项为 e_2，对它进行单位根检验，设原假设 H_0：残差值存在单位根，H_1：残差值不存在单位根。根据该残差项的单位根检验结果，残差值在不含截距项和趋势项的水平值（$N,N,0$）校验形式下，其统计值为 $-2.963\ 9<-2.573\ 8$，P 值为 0.003 1$<$0.05。这充分说明，在 5% 的置信水平下，拒绝原假设"残差值存在单位根"，残差值通过平稳性检验，即 e_2 不存在单位根，是平稳序列。综上可得，平稳的残差序列意味着 $\ln HH$ 和 $\ln USDX$ 是（1,1）阶协整的，二者存在协整关系（见表 7—5）。

表 7—5 **残差项 e_2 的单位根检验结果**

回归方程	t 值	P 值	$\alpha=0.01$	$\alpha=0.05$	$\alpha=0.1$
含 α	$-2.958\ 3^{*}$	0.040 3	$-3.455\ 1$	$-2.872\ 2$	$-2.572\ 6$
含 α 和 t	$-4.051\ 2^{***}$	0.008 3	$-3.993\ 3$	$-3.427\ 0$	$-3.136\ 8$
$NONE$	$-2.963\ 9^{***}$	0.003 1	$-2.573\ 8$	$-1.942\ 0$	$-1.615\ 9$

注：***、**、* 分别代表 1%、5%、10% 显著性水平拒绝原假说。

在协整条件下，回归模型成立，即在金融因素方面，天然气现货价格随美元指数变化的线性回归方程为：

$$\widehat{\ln HH} = 7.360\ 1 - 1.326\ 6\ln USDX + \mu_t$$

$$(7.804\ 9)\quad(-6.336\ 7)\qquad\qquad(7-2)$$

$$F = 40.153\ 5\quad R^2 = 0.132\ 8\quad D.W. = 0.125\ 6$$

方程在 5% 的显著性水平下，自由度为 262(264−1−1) 的 t 分布的临界值 $t_{0.025}(262)$ 约为 1.98。解释变量 $\ln USDX$ 的 t 值为 6.336 7，大于临界值 1.98，表示模型中的解释变量 $\ln USDX$ 都在 5% 的显著性水平下通过了显著检验。从这个静态回归方程可以看到，美元指数与天然气现货价格存在负相关关系。因其变量都取对数，故系数大小将代表弹性。其经济意义是：某月，美元指数每上升 1%，天然气现货价格平均减少 1.33%。

3. 格兰杰因果关系检验

无论是对于"$\ln USDX$（美元指数）对 $\ln HH$（天然气现货价格）不存在格兰杰因果关系"的假设，还是对于"$\ln HH$（天然气现货价格）对 $\ln USDX$（美元指数）不存在格兰杰因果关系"的假设，滞后期数为 1～4 中任意值时，其 P 值均大于 0.05，因此在 5% 的置信水平下应该接受原假设，即 $\ln USDX$（美元指数）不是 $\ln HH$（天然气现货价格）的"因"，$\ln HH$（天然气现货价格）不是 $\ln USDX$（美元指数）的"果"，二者此时不存在因果关系（见表7−6）。

表 7−6　　　　　　　　格兰杰因果滞后的检验结果

	滞后期数	1	2	3	4
$\ln USDX$ 不是 $\ln HH$ 的格兰杰原因	F 值	0.471 5	0.227 6	0.177 2	0.784 3
	P 值	0.492 9	0.796 6	0.911 8	0.536 3
$\ln HH$ 不是 $\ln USDX$ 的格兰杰原因	F 值	0.029 9	0.468 9	0.630 9	0.512 2
	P 值	0.8627	0.6262	0.5957	0.7268

(四)通胀率因素——天然气价格与消费者价格指数(*CPI*)

1. 平稳性检验

在一阶差分的校验形式下,二者含截距项、含截距项和趋势项、不含截距项和趋势项均同阶单整。选用含截距项的 ADF 统计量值,反映天然气价格的 $\ln HH$ 的 t 值为$-17.148\ 7<-3.455\ 2$,P 值 $0.000\ 0<0.05$,因此,在 1% 的置信水平下,可以拒绝原假设,即 $\ln HH$ 通过平稳性检验。同理,反映消费者物价指数的 $\ln CPI$ 的统计值为$-10.587\ 0<-3.455\ 3$,P 值为 $0.000\ 0<0.05$,故也通过置信水平为 1% 的平稳性检验,表现出平稳的状态。综上,$\ln HH$ 和 $\ln CPI$ 为一阶单整序列(见表 7-7)。

表 7-7　　　　　　　　$\ln HH$、$\ln CPI$ 一阶差分单位根检验结果

变量		t 值	P 值	$\alpha=0.01$	$\alpha=0.05$	$\alpha=0.1$
$\ln HH$	含 α	$-17.148\ 7^{***}$	0.000 0	$-3.455\ 2$	$-2.872\ 4$	$-2.572\ 6$
	含 α、t	$-17.123\ 1^{***}$	0.000 0	$-3.993\ 5$	$-3.427\ 1$	$-3.136\ 8$
$\ln CPI$	含 α	$-10.587\ 0^{***}$	0.000 0	$-3.455\ 3$	$-2.872\ 4$	$-2.572\ 6$
	含 α、t	$-10.563\ 2^{***}$	0.000 0	$-3.993\ 6$	$-3.427\ 1$	$-3.136\ 9$

注:***、**、* 分别代表 1%、5%、10% 显著性水平拒绝原假说。

2. 协整检验

记该模型的残差项为 e_3,对它进行单位根检验,设原假设 H_0:残差值存在单位根,H_1:残差值不存在单位根。单位根检验结果如表 7-8 所示。

表 7-8　　　　　　　　残差项 e_3 的单位根检验结果

回归方程	t 值	P 值	$\alpha=0.01$	$\alpha=0.05$	$\alpha=0.1$
含 α	$-3.479\ 2^{***}$	0.009 3	$-3.455\ 1$	$-2.872\ 3$	$-2.572\ 6$
含 α 和 t	$-3.530\ 5^{**}$	0.038 2	$-3.993\ 3$	$-3.427\ 0$	$-3.136\ 8$
NONE	$-3.585\ 7^{***}$	0.000 5	$-2.573\ 8$	$-1.942\ 0$	$-1.615\ 9$

注:***、**、* 分别代表 1%、5%、10% 显著性水平拒绝原假说。

根据该残差项的单位根检验结果,残差值在不含截距项和趋势项的水平值($N,N,0$)校验形式下,其统计值为$-3.585\ 7<-2.573\ 8$,P值为$0.000\ 5<0.05$。这充分说明,在5%的置信水平下可以拒绝原假设"残差值存在单位根",残差值通过平稳性检验,即e_3不存在单位根,是平稳序列。综上可得,平稳的残差序列意味着$\ln HH$和$\ln CPI$是$(1,1)$阶协整的,二者存在协整关系。

在协整条件下,回归模型成立,即在通胀率因素方面,天然气现货价格随消费者物价指数变化的线性回归方程为:

$$\widehat{\ln HH}=9.636\ 6-1.532\ 1\ln CPI+\mu_t$$
$$(9.6430)\quad(-8.2578)\qquad\qquad(7-3)$$
$$F=68.191\ 5\quad R^2=0.206\ 5\quad D.W.=0.140\ 1$$

在5%的显著性水平下,自由度为262(26-1-1)的t分布的临界值$t_{0.025}(262)$约为1.98。解释变量$\ln CPI$的t值为8.257 8,大于临界值1.98,表示模型中的解释变量$\ln ST$在5%的显著性水平下通过了显著检验。从这个静态回归方程可以看到,消费者物价指数与天然气现货价格存在负相关关系。因其变量都取对数,故系数大小将代表弹性。其经济意义是:某月,消费者物价指数每上升1%,天然气现货价格平均减少1.53%。

3. 格兰杰因果关系检验

对$\ln HH$与$\ln CPI$进行格兰杰因果关系检验,来判断序列之间的长期因果关系,滞后期数为1、2、3和4,其整理后结果见表7-9。

表7-9 格兰杰因果滞后的检验结果

	滞后期数	1	2	3	4
$\ln CPI$不是$\ln HH$的格兰杰原因	F值	4.752 0	2.368 8	2.649 6	2.551 9
	P值	0.030 2*	0.095 6	0.049 4*	0.039 7*
$\ln CPI$不是$\ln HH$的格兰杰原因	F值	1.610 6	3.668 8	3.866 8	5.248 1
	P值	0.205 5	0.026 9*	0.009 9*	0.000 4*

注:*代表最优滞后期。

从解释变量角度出发,对于"lnCPI(消费者物价指数)对 lnHH(天然气现货价格)不存在格兰杰因果关系"的假设,滞后期为 1 时,其 P 值小于 0.05,因此在 5% 的置信水平下应该拒绝原假设,即 lnCPI(消费者物价指数)是 lnHH(天然气现货价格)的"因";当滞后期为 2 时,对应的 P 值大于 0.05,因此在 5% 的置信水平下接受原假设,即 lnCPI(消费者物价指数)不是 lnHH(天然气现货价格)的"因";当滞后期数为 3 或 4 时,P 值均小于 0.05,因此在 5% 的置信水平下应该拒绝原假设,即 lnCPI(消费者物价指数)是 lnHH(天然气现货价格)的"因"。从被解释变量角度出发,对于"lnHH(天然气现货价格)对 lnCPI(消费者物价指数)不存在格兰杰因果关系"的假设,滞后期为 1 时,其 P 值大于 0.05,因此在 5% 的置信水平下应该接受原假设,即 lnHH(天然气现货价格)不是 lnCPI(消费者物价指数)的"果";当滞后期大于 1 时,对应的 P 值均小于 0.05,因此在 5% 的置信水平下拒绝原假设,即 lnHH(天然气现货价格)是 lnCPI(消费者物价指数)的"果"。

综上所述,当滞后期为 1 或 2 时,天然气现货价格与消费者物价指数存在单向因果关系。当滞后期高于 2 时,消费者物价指数是天然气现货价格的"因",天然气现货价格是消费者物价指数的"果",此时二者存在双向因果关系。

(五)能源相关价格因素——天然气价格与 WTI 原油价格

1. 平稳性检验

在一阶差分形式下,选用含截距项的 ADF 统计量值,反映天然气价格的 lnHH 的 t 值为 $-17.1487 < -3.4552$,P 值为 $0.0000 < 0.05$,因此充分说明,在 1% 的置信水平下,可以拒绝原假设,即 lnHH 通过平稳性检验。同理,反映原油价格的 lnWTI 的 ADF 统计量值为 $-14.0353 < -3.4552$,P 值为 $0.0000 < 0.05$,故也通过置信水平为 1% 的平稳性检验。综上,时间序列 lnHH 和 lnWTI 为一阶单整序列(见表 7-10)。

表 7－10　　　　　　　　　$\ln HH$、$\ln WTI$ 一阶差分下的单位根检验结果

变量		t 值	P 值	$\alpha=0.01$	$\alpha=0.05$	$\alpha=0.1$
$\ln HH$	含 α	$-17.148\ 7^{***}$	$0.000\ 0$	$-3.455\ 2$	$-2.872\ 4$	$-2.572\ 6$
	含 α、t	$-17.123\ 1^{***}$	$0.000\ 0$	$-3.993\ 5$	$-3.427\ 1$	$-3.136\ 8$
$\ln WTI$	含 α	$-14.035\ 3^{***}$	$0.000\ 0$	$-3.455\ 2$	$-2.872\ 4$	$-2.572\ 6$
	含 α、t	$-14.010\ 4^{***}$	0.000	$-3.993\ 5$	$-3.427\ 1$	$-3.136\ 8$

注：***、**、* 分别代表 1%、5%、10%显著性水平拒绝原假说。

2. 协整检验

记该模型的残差项为 e_4，对它进行单位根检验，设原假设 H_0：残差值存在单位根，H_1：残差值不存在单位根。单位根检验结果如表 7－11 所示。

表 7－11　　　　　　　　　　残差项 e_4 的单位根检验结果

	t 值	P 值	$\alpha=0.01$	$\alpha=0.05$	$\alpha=0.1$
含 α	$-2.832\ 7^{*}$	$0.055\ 1$	$-3.455\ 1$	$-2.872\ 3$	$-2.572\ 6$
含 α 和 t	$-4.026\ 9^{***}$	$0.009\ 0$	$-3.993\ 3$	$-3.427\ 0$	$-3.136\ 8$
NONE	$-2.838\ 0^{***}$	$0.004\ 6$	$-2.573\ 8$	$-1.942\ 0$	$-1.615\ 9$

注：***、**、* 分别代表 1%、5%、10%显著性水平拒绝原假说。

根据该残差项的单位根检验结果，残差值在不含截距项和趋势项的水平值 $(N,N,0)$ 校验形式下，其 ADF 统计量值为 $-2.838\ 0 <$ $-2.573\ 8$，P 值为 $0.004\ 6 < 0.05$。这充分说明，在 5%的置信水平下，同样可以拒绝原假设"残差值存在单位根"，残差值通过平稳性检验，即 e_4 是平稳序列。综上可得，平稳的残差序列意味着 $\ln HH$ 和 $\ln WTI$ 是 $(1,1)$ 阶协整的，二者存在协整关系。

在协整条件下回归模型成立，即在能源相关价格因素方面，天然气现货价格随 WTI 原油价格变化的线性回归方程为：

$$\widehat{\ln HH}=0.459\ 2+0.230\ 7\ln WTI+\mu_t$$

$$(3.947\ 4)\quad(1.992\ 4)\qquad\qquad(7-4)$$

$$F=15.581\ 6\quad R^2=0.056\ 1\quad D.W.=0.115\ 1$$

在 5% 的显著性水平下，自由度为 262(264－1－1) 的 t 分布的临界值 $t_{0.025}(262)$ 约为 1.98。解释变量 lnWTI 的 t 值为＝1.992 4，大于临界值 1.98，表示模型中的解释变量 lnST 在 5% 的显著性水平下通过了显著检验。从这个静态回归方程可以看到，WTI 原油价格与天然气现货价格存在正相关关系。因其变量都取对数，故系数大小将代表弹性。其经济意义是：某月，WTI 原油价格每上升 1%，天然气现货价格平均增加 0.23%。

3. 格兰杰因果关系检验

lnHH 与 lnWTI 同为一阶单整序列，因此对其进行格兰杰因果关系检验，来判断序列之间的长期因果关系，滞后期数为 1、2、3 和 4，其整理后结果见表 7—12。

表 7—12　　　　　　　　　　格兰杰因果滞后的检验结果

		1	2	3	4
	滞后期数				
lnWTI 不是 lnHH 的格兰杰原因	F 值	0.010 9	0.824 5	1.428 2	3.489 8
	P 值	0.917 0	0.439 6	0.235 0	0.008 5*
lnHH 不是 lnWTI 的格兰杰原因	F 值	0.015 5	0.090 1	0.033 7	0.851 9
	P 值	0.900 9	0.913 9	0.991 7	0.493 5

注：* 代表最优滞后期。

从解释变量角度出发，对于"lnWTI（WTI 原油价格）对 lnHH（天然气现货价格）不存在格兰杰因果关系"的假设，滞后期为 1、2 或 3 时，其 P 值均大于 0.05，因此在 5% 的置信水平下应该接受原假设，即 lnWTI（WTI 原油价格）不是 lnHH（天然气现货价格）的"因"，二者此时不存在因果关系；当滞后期数为 4 时，F 统计量值为 3.489 8，对应的 P 值为 0.008 5，小于 0.05，因此在 5% 的置信水平下拒绝原假设，即 lnWTI（WTI 原油价格）是 lnHH（天然气现货价格）的"因"。从被解释变量角度出发，对于"lnHH（天然气现货价格）对 lnWTI（WTI 原油价格）不存在格兰杰因果关系"的假设，在 5% 的显著性水平上，无论滞后期数是 1～

4 中的任意值时,P 值均大于 0.05,因此在 5% 的置信水平下接受原假设,即 $\ln HH$(天然气现货价格)不是 $\ln WTI$(WTI 原油价格)的"果"。综上所述,仅当滞后期为 4 时,WTI 原油价格是天然气现货价格的"因",但天然气现货价格不是 WTI 原油价格的"果",此时天然气现货价格与 WTI 原油价格存在单向因果关系。

其中通过对各变量相关性进行实证分析得出以下结论:从双变量角度出发,除天然气库存和天然气价格通过水平阶单位根检验外,其余变量均是一阶单整序列,解释变量与被解释变量之间存在长期稳定的均衡关系,意味着一元线性回归方程可用。由此可得:

(1)供应侧:某月,天然气库存每上升 1%,天然气现货价格平均减少 0.30%,从滞后期数 2 开始,二者存在单向因果关系。

(2)金融侧:某月,美元指数每上升 1%,天然气现货价格平均减少 1.33%,二者不存在因果关系。

(3)通胀侧:某月,消费者物价指数每上升 1%,天然气现货价格平均减少 1.53%,当滞后期小于等于 2 时,二者存在单向因果关系,当滞后期高于 2 时,二者存在双向因果关系。

(4)替代侧:某月,WTI 原油价格每上升 1%,天然气现货价格平均增加 0.23%,仅从滞后期为 4 开始,二者存在单向因果关系。其中天然气库存上升使供应量增加,天然气价格下降,符合微观经济学原理;美元指数用来衡量美元对一揽子货币的汇率变化程度,指数上涨意味着美元升值,对应的商品价格下跌,符合国际金融所学知识;CPI 作为观察通货膨胀水平的重要指标,与天然气需求侧相挂钩。上涨表明消费水平增加,但结果却使天然气现货价格下降;作为替代品的 WTI 原油价格上涨,人们一般会转而消费与其替代的商品,所以导致天然气价格上涨。

四、天然气价格多变量影响因素实证检验

(一)多元回归模型的建立

通过对时间序列取对数降低变量的尺度,可以缓解异方差的影响,所以构建模型如下:

$$\ln HH = C + \beta_1 \ln ST + \beta_2 \ln USDX + \beta_3 \ln CPI + \beta_4 \ln WTI + \delta_t$$

$$(7-5)$$

其中,HH 为亨利中心天然气现货价格,ST 为天然气库存,$USDX$ 为美元指数,CPI 为消费者物价指数,WTI 为原油价格,C 为常数项,β_1、β_2、β_3 和 β_4 为代估参数,δ 为残差项。通过协方差分析,得到 $\ln HH$ 与 $\ln ST$ 的相关性系数为 $-0.244\,9$,与 $\ln USDX$ 的相关性系数为 $-0.364\,5$,与 $\ln CPI$ 的相关性系数为 $-0.454\,4$,与 $\ln WTI$ 的相关性系数为 $0.236\,9$,其中 $\ln HH$ 与 $\ln WTI$ 的相关性系数为正,天然气现货价格和 WTI 原油价格可能存在正相关关系,而 $\ln HH$ 与 $\ln ST$、$\ln USDX$、$\ln CPI$ 的相关性系数为负,可能存在负相关关系。

(二)Johansen 协整检验

基于以上双变量单位根检验结果,即时间序列 $\ln HH$、$\ln ST$、$\ln USDX$、$\ln CPI$ 和 $\ln WTI$ 均为一阶单整序列,符合进行多变量协整关系检验——Johansen 检验的前提条件。通过尝试确立最优滞后阶数为 2,检验结果如图 7—2 所示。

在 NONE 的情况下,迹统计量为 201.556 9,伴随概率 P 值是 0.000 0,此时可以充分拒绝"NONE 不存在协整关系"的原假设,即在 5%的显著性水平下,认为至少存在 1 个协整方程。同理,原假设 At most 1 也拒绝了原假设,但是 At most 2 假设下的迹统计量为 24.608 1,伴随概率 P 值是 0.175 9,接受原假设。这说明在 5%的显著性水平下,

Unrestricted Cointegration Rank Test (Trace)

Hypothesized No. of CE(s)	Eigenvalue	Trace Statistic	0.05 Critical Value	Prob.**
None *	0.425975	201.5569	69.81889	0.0000
At most 1 *	0.113341	56.12549	47.85613	0.0069
At most 2	0.075880	24.60813	29.79707	0.1759
At most 3	0.014516	3.932958	15.49471	0.9089
At most 4	0.000389	0.101921	3.841466	0.7495

Trace test indicates 2 cointegrating eqn(s) at the 0.05 level
* denotes rejection of the hypothesis at the 0.05 level
**MacKinnon-Haug-Michelis (1999) p-values

图 7-2　Johansen 检验结果

序列之间存在协整关系,通过了协整检验。

(三)多元回归模型的检验

由此可知,天然气现货价格 $\ln HH$ 随天然气库存($\ln ST$)、美元指数($\ln USDX$)、消费者物价指数($\ln CPI$)和 WTI 原油价格($\ln WTI$)变化的多元线性回归方程为:

$$\ln HH = 16.926\ 7 - 0.160\ 6\ln ST - 0.794\ 1\ln USDX$$
$$(10.296\ 7)\quad (-2.896\ 5)\quad (-2.565\ 9)$$
$$-2.296\ 7\ln CPI + 0.411\ 0\ln WTI + \mu_t \tag{7-6}$$
$$(-12.408\ 8)\qquad (4.475\ 1)$$
$$F = 70.631\ 9 \quad R^2 = 0.521\ 7 \quad D.W. = 0.236\ 9$$

从这个多元回归方程可以看到原油价格对天然气现货价格产生正向影响,二者存在正相关关系,而天然气库存、美元指数和消费者物价指数对天然气现货价格产生负向影响,存在负相关关系。因所有解释变量和被解释变量都取对数,故系数大小将代表弹性。其经济意义是:某月,WTI 原油价格每上升 1%,天然气现货价格平均增加 0.41%;天然气库存每上升 1%,天然气现货价格平均减少 0.16%;美元指数每上升 1%,天然气现货价格平均减少 0.79%;消费者物价指数每上升 1%,天然气现货

价格平均减少 2.30%。

1. 方程总体线性的显著性检验

总体线性检验的目的是确定解释变量和被解释变量之间的线性关系在整个模型中是否成立。拟合优度检验对于解释变量对被解释变量的解释程度只是一个模糊的推测，不能给出一个在统计上严格的结论。这就要求进行方程的显著性检验。方程显著性的 F 检验是要检验模型 $Y_i = \beta_0 + \beta_1 X_{i1} + \beta_2 X_{i2} + \cdots + \beta_k X_{ik} + \mu_i, i = 1, 2, \cdots, n$ 中参数 $\beta_1, \cdots, \beta_k$ 是否显著不为零。设原假设 $H_0: \beta_1 = 0, \beta_2 = 0, \cdots, \beta_k = 0$，备择假设为 $H_1: \beta_j$ $(j = 1, 2, \cdots, k)$ 不全为零。方程所得 F 值为 70.631 9，给定显著性水平 $\alpha = 0.05$，F 分布值约为 2.64，显然有 $F > F_{0.05}(3, 259)$，表明模型的线性关系在 5% 的显著性水平下显著成立。即拒绝原假设 H_0，模型的线性关系在 95% 的置信度下显著成立，即天然气库存、美元指数、消费者物价指数和 WTI 原油价格对天然气现货价格存在联合影响。

2. 方程变量的显著性检验

对于多元线性回归模型，方程的整体线性关系是显著的，但这并不意味着每个解释变量对解释变量的影响是显著的。因此，应对每个解释变量进行显著性检验，以确定其是否作为解释变量保留在模型中。对参数采用 t 检验方法检验显著性，设原假设 $H_0: \beta_j = 0$，备择假设 $H_1: \beta_j \neq 0$。在 5% 的显著性水平下，自由度为 259（264 − 4 − 1）的 t 分布的临界值 $t_{0.025}(259)$ 约为 1.98。解释变量 lnST、lnUSDX、lnCPI 和 lnWTI 对应的 t 值分别为 2.896 5、2.565 9、12.408 8、4.475 1，均大于临界值 1.98，由此可拒绝原假设，即模型中的三个解释变量都在 5% 的显著性水平下通过了显著检验。

此外，该模型的拟合度 $R^2 = 0.521\ 7$，表明天然气库存、美元指数、消费者物价指数和 WTI 原油价格的变化可以解释天然气现货价格中 52.17% 的变动，拟合情况一般。这一结果可能是因为天然气价格变化受多方因素综合作用的结果，造成天然气价格波动的因素复杂，政治因素、天气变化等都会对天然气价格产生影响。

(四)主要结论

在序列同阶单整条件下进行 Johansen 协整检验,确立最优滞后阶数为 2,在 5% 的水平下,序列之间至多存在一个协整关系。基于此建立结构向量自回归模型,模型通过 F 检验和 t 检验。F 检验通过,表明模型的线性关系在 95% 的置信度下显著成立,解释变量联合起来确实对天然气现货价格有影响;t 检验通过,表明模型中的 4 个解释变量对被解释变量的影响都是显著的。这意味着结构向量自回归方程可用,由此可得:

(1)亨利中心天然气现货价格与天然气库存、美元指数、消费者物价指数和 WTI 原油价格之间存在长期均衡关系;

(2)天然气现货价格与 WTI 原油价格存在正相关关系,而与天然气库存、美元指数和消费者物价指数存在负相关关系。

五、英国天然气价格与电力价格联动性分析

(一)数据选取与分析

与我国不同的是,英国电力市场已经相对成熟,且英国的火力发电原材料主要为天然气。为研究成熟的电力市场环境下电力价格与其生产原材料价格是否具备高时效的联动性,本节通过 Wind 金融数据库与欧洲能源交易所分别获得 2018 年 1 月至 2019 年 12 月英国天然气价格 TP 和英国电力价格 EP 的周度数据,并对两者之间的联动性进行分析,进而给我国电力市场化改革提供参考与建议。

为了减少时间序列中的异方差对回归结果带来的不利影响,同时不影响时间序列的原本经济含义,因此对原本时间序列 TP、EP 分别取自然对数得到两组新序列 $\ln TP$、$\ln EP$ 再进行研究,新序列的二者变化率

波动如图 7—3 所示。

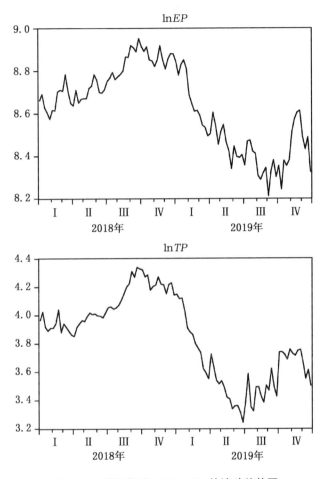

图 7—3　时间序列 ln*EP*、ln*TP* 的波动趋势图

从图 7—3 可以看出,英国电力价格 *EP* 与英国天然气价格 *TP* 走势几乎一致,差异在于英国电力价格的变化程度相较于英国天然气价格而言更加剧烈,两者的走势可以分为三个区间,2018 年 1—10 月,电力与天然气价格均处于震荡上升趋势;2018 年 10 月至 2019 年 5 月,两者价格均处于下降趋势;2019 年 5 月两者价格均触底翻单;此后至 2019 年 12 月,两者价格均处于震荡上升趋势。因此,初步判断英国电力价格与天然气

价格之间存在联动性,下文通过 Eviews10.0 软件,利用两者的数据建立数学模型进行英国电力价格与天然气价格联动性分析。

(二)英国电力价格与天然气价格联动性实证分析

1. 变量平稳性检验

变量用于实证模型检验时,首先需验证其是否为平稳时间序列,若序列平稳则可将该序列直接用于实证模型,若不平稳则需进行一定处理。本书采用 ADF 单位根检验法对英国电力价格 EP、英国天然气价格 TP 两个变量做平稳性检验,检验原理上文已经阐明,本节不再进行阐述。

从表 7-13 可以看出,变量 $\ln TP$、$\ln EP$ 在 1% 和 5% 的显著性水平下没有通过原始假设,说明变量 $\ln TP$、$\ln EP$ 都是不平稳的时间序列,但变量 $\ln TP$、$\ln EP$ 的一阶差分序列 $D(\ln TP)$、$D(\ln EP)$ 在 1% 的显著性水平下至少存在 1 个单位根的原假设都没有被拒绝,体现出原时间序列的一阶差分序列为平稳序列。因此可以判定变量 $\ln EP$、$L\ln P$ 是一阶单整时间序列(见表 7-13)。

表 7-13 相关变量的平稳性检验

变量名	ADF 检验值	1%临界值	5%临界值	P 值
$\ln EP$	-2.3083	-3.4950	-2.8897	0.1713
$\ln TP$	-1.6984	-3.4950	-2.8896	0.4291
$D(\ln EP)$	-13.269	-3.4957	-2.8900	0.0000
$D(\ln TP)$	-6.3344	-3.4957	-2.8900	0.0000

2. E-G 协整关系检验

采用 E-G 协整关系检验法。本书利用 Eviews10.0 软件对变量 $\ln EP$、$\ln TP$ 做基于最小二乘法(OLS)的线性回归,以 $\ln EP$ 为因变量,$\ln TP$ 为自变量,回归结果如表 7-14 所示。

表 7—14　　　　　　　　　E-G 协整检验回归结果

变量名	系数	标准差	T 统计量	P 值
$\ln TP$	0.597 5	0.028 3	21.077 7	0.000 0
C	6.331 9	0.109 3	57.929 9	0.000 0
R^2	0.813 2			

从表 7—14 可知,变量 $\ln TP$ 和常数项 C 的 P 值均为 0.000 0,拒绝了该变量在协整表达式中不显著的原假设,即该线性回归是显著有效的,此外,该回归的拟合度 R^2 的值为 0.813 2,体现出这个线性回归拟合程度相当不错,实证结果与真实结论存在的误差不大。因此得出该方程的表达式,如式(7—7)所示。

$$\ln EP = 0.597\ 5\ln TP + 6.331\ 9 + U_t \qquad (7—7)$$

此方程式是否为伪回归则需要进一步对残差序列 U_t 做平稳性检验,结果如表 7—15 所示:

表 7—15　　　　　　　　残差序列的平稳性检验

变量名	ADF 检验值	1%临界值	5%临界值	P 值
U_t	$-3.107\ 6$	$-2.588\ 1$	$-1.944\ 0$	0.002 2

从表 7—15 可知,平稳性检验显示残差序列 U_t 在 1%的显著性水平下被序列是不平稳的原假设所拒绝,显示出这个序列是平稳的,从而证明该线性回归通过了 E-G 协整关系检验,长期稳定的协整关系存在于变量 $\ln EP$ 和 $\ln TP$ 之间,此外从协整关系表达式可以看出,英国天然气价格每上升 1%,英国电力价格即随之上升 0.597 5%。

3. 格兰杰因果关系检验

已知变量 $\ln EP$、$\ln TP$ 均为一阶单整的非平稳时间序列,且变量 $\ln EP$、$\ln TP$ 之间的协整关系确实是存在的,但变量 $\ln EP$、$\ln TP$ 之间是否具备因果关系还需要进一步的研究,基于此目的,本节通过 Eviews10.0 软件对其做滞后 1~4 阶的格兰杰因果关系检验,检验结果如表 7—16 所示。从表7-16可知,在1%的显著性水平下,滞后1~4阶都没有通过英国天然气价格不是英国电力价格的格兰杰原因的原假设,在10%的显著性水平下滞后1~4阶都没有拒绝英国电力价格不是英国天然气价格的原假设,说明滞后1~4阶时,都存在着英国天然气价格对于英国电力价格的单向格兰杰引导关系,即英国天然气价格的变化引导着英国电力价格的变化,反之该引导关系不存在。

表7-16　　　　　变量 lnEP 与 lnTP 的格兰杰因果关系检验

原假设	滞后期	观察值	F 值	P 值
lnTP 不是 lnEP 的 格兰杰原因	1	103	32.931 7	0.000 0*
	2	102	14.569 6	0.000 0*
	3	101	9.785 3	0.000 0*
	4	100	7.683 3	0.000 0*
lnEP 不是 lnTP 的 格兰杰原因	1	103	0.140 3	0.780 7
	2	102	0.710 0	0.186 3
	3	101	1.933 0	0.129 6
	4	100	1.872 3	0.122 0

注:*代表最优滞后期。

(三)主要结论

其一,平稳性检验与协整关系检验表明,英国电力价格与英国天然气价格这两个不平稳的时间序列之间的长期稳定的均衡关系确实是存在的,英国天然气价格对于英国电价的单向引导关系是通过格兰杰因果关系检验得到的,通过协整关系表达式可知天然气价格每增加1%,英国电力价格随之上升0.597 5%。

其二,实证结果表明,在成熟的电力市场环境下,电力价格的波动由其发电原材料价格所决定,电价根据发电原材料价格波动随时调整,同涨同跌。由此可以看出,电力市场化改革后,取消政府对电价的管控,发电企业可以通过市场化环境下电价的调整来消化发电成本变动带来的冲击,使其发电利润始终保证在一个合理的区间内,这为我国推进市场化改革、解决"煤电冲突"问题、保证发电企业正常的生产经营并获得利润提供了参考。

第八章 电力市场结构与定价机制

一、电力市场的构成与特点

(一)电力市场的构成

电力市场包含三个主要部分:发电、输电和配电。由于技术含量高、建设投资大,形成了天然的垄断条件。首先,传统煤炭或天然气发电规模越大效率越高;其次,建立两套或者多套输配电系统进行竞争势必比单一垄断电网的供电成本要高昂,从而加重用户的用电负担,早期政府普遍建立国有垄断的特许经营模式。政府通过对垄断的电力市场加强监管,保护用户免受垄断企业和垄断市场的支配,同时在市场参与者、市场管理、市场消费者之间谋求一种平衡。

(二)电力市场的特点

电力商品无法保存,运输技术高,就给电力商品带来了极其特殊的性质,回顾电力百年发展史,许多国家基本经历了由国家完全垄断到市场竞争化这一过程,其原因如下:

其一,电力商品具有天然的垄断性,主要表现在电力生产的同时,立即实现销售。电是看不见、摸不着的商品,能源难以储存,电网必须实施统一管理和调度。

其二,电力是人们生产、生活的必需品。在生产力不很发达的阶段,政府对电力工业实行垄断,有利于统一规划、集中财力,避免重复投资。

其三,以往电力生产和电力管理技术不能适应电力市场竞争环境。当人类进入 21 世纪后,以计算机、信息技术为主导的高科技迅猛发展,生产力得到了解放。

(三)电力市场结构模式选择设计的原则

1. 安全可靠性原则

电力行业是基础行业,电力改革的成败与生产生活息息相关,如果失误会给国家造成重大损失。这就要求电力市场化改革应该充分考虑系统运行的可靠性,监管部门在电力市场开放竞争后,仍然应该通过合理的各种监管措施,保证电力市场可靠安全的运行,电力系统的安全可靠运行是电力市场顺利运营的首要原则。

2. 公平竞争性原则

在电力市场中任何一个参与者都是平等的,对任何的市场参与者都必须用统一的标准,采用无歧视的对待。公平是电力市场最基本的原则。

3. 公开性原则

首先,电力监管有效必须实现电力市场的充分公开。电力市场监督部门必须向市场参与者、市场交易者以及使用者、社会公众公开电力市场信息。其次,电力监管部门、调度机构应当准确、及时和完整地披露电力交易的相关信息。

(四)世界各国电力市场化改革的进程

电力市场化改革,有时又称为电业放松管制,或者称作电力市场自由化。在我国也可以理解为电力体制改革。过去各方一致承认电力行业的纵向一体化垄断整合的形式,在电力行业的进入、退出、价格等方面实行严格的管制政策。但自 20 世纪 90 年代开始,在各种主客观因素的驱使下,世界各国电力行业普遍面临重大挑战。

首先,市场经济的深化与全球化趋势。随着世界政治经济形势的变化,市场经济俨然成为世界潮流。这种全球化发展趋势的特征在于以全球市场为出发点,消除国与国之间的贸易障碍,要求国内与外国厂商享有国民待遇和普惠待遇,以促进世界性的自由竞争贸易。

其次,公用事业民营化浪潮也开始蔓延。在上述经济自由化、公用事业民营化以及数字科技的进步等推动下,传统的电力行业等公用事业整合垄断的思维模式开始受到颠覆,电力行业的产业结构重整、民营化、自由化等管制松绑措施成为世界各国普遍的发展趋势。

从全球范围来看,20世纪80年代以来,世界主要国家的电力市场化改革的重点是建立竞争性电力市场,打破传统的一体化的行业组织结构,以产业链为基础将发电、输电、配电和售电分成四个独立的业务,在发电和售电环节引入竞争机制,建立市场竞争规则和市场交易制度,而输电和配电环节作为天然垄断领域,政府进行更为有效的干预和监管。在世界各国电力市场化改革的进程中,政府往往是电力改革的组织者,在改革中发挥着至关重要的作用。这是因为许多国家的电力行业原来都是由国家垄断经营的,电力行业又是国民经济的基础产业和公用事业。因此,各国的电力市场化改革基本上是由政府主导和组织的。

二、电力市场业务结构模式设计

电力市场是特殊的市场,市场结构是由电源、电网、用电、产权等多项因素综合影响形成的。电力市场结构应当以市场经济为理论基础,电力市场结构设计应当遵循一般市场理论,市场结构以消费者和生产者为主体,经过双方博弈形成竞争或垄断的关系。电力市场的设计还应当以产权制度的建立完善为基础。电力资产的产权是国有还是私有,是归属发电、输电还是配电,产权确定了,交易明晰了,电力市场才能使资源得到优化配置。按照已有的理论成果和实践经验来看,市场结构的设计优劣决定了电力市场的开放程度,也是电力市场能否具有充分竞争的先天条件。

(一)发、输、配、售电一体化结构模式

发、输、配、售电一体化模式的基本特点是高度纵向一体化,由一家公司或电力部门开展电力生产、电能输配、电力直销,直到输送至各个用户的过程。过程虽然涉及众多环节,但一连贯的流程在瞬间完成,终端用户毫无自主选择权。发、输、配、售电一体化模式适用于电力产业处于起步阶段的国家或地区,在该模式下一般电力企业由国家垄断并经营,可以发挥国家的筹资优势,迅速发展电力产业;另外一些能源匮乏的国家(如日本),以及一些核电占比较高的国家(如法国),出于能源安全的特殊考虑,保留了垂直一体化体制。这种模式的特点是具有较强的承担社会义务的能力,在促进大型发电厂、大型输电网的建设以及提供稳定可靠的电力供应方面,传统的垂直一体化结构发挥了重大作用。但是随着电力工业的发展,这种垂直一体化模式逐渐暴露出缺乏市场竞争、行业效率低下、电价结构不合理、长期投资短缺以及缺电严重等弊端。

典型案例:日本"有限自由"的电力市场改革模式

由于日本能源匮乏,为了确保国家能源安全、保证电力长期稳定供应,日本电力体制改革采取了保留电力企业发、输、配、售一体化体制的模式。为了提高电力企业效率,同时保证电力能源的稳定供应,日本实行了一定程度上自由化改革措施,在基本保留区域垂直一体化结构基础上,在发电侧和零售侧逐步引入竞争。日本的有限制自由化改革可以说是比较保守的,主要是由其资源匮乏、严重依赖进口的国情决定的。

(二)输电独立,"发配售"一体化结构模式

在电力市场中将电力生产业务与电力传输业务剥离,同时剥离的还有配电业务。输电业务由输电公司负责经营,允许纵向对发、配、售业务实行一体化经营。一家电力企业可以同时经营发电公司、配电公司和售

电公司,同时允许横向成立多家电力企业。输电独立,发、配、售电一体化模式下,输电服务由输电公司垄断经营,电力企业在市场中既是电能提供者,又是电能输送者,同时还是电能销售者。输电独立,发、配、售电一体化结构模式较为特殊,主要是基于保护电力企业的竞争力、从而吸引电力投资的考虑。

典型案例:英国电力市场改革模式

英国电力市场改革初次设计是厂网分开、输配分离、用户自选供电商,将发、输、配、售电各个环节分解,从而形成有效的市场竞争格局。然而电力市场改革成效并未按照初衷发展,国内市场由于电力企业竞争实力单薄,无法与跨国企业相抗衡,电力市场迅速被外国电力企业分占。受市场竞争中规模化和协调性的利益驱使,英国又重新出现了大规模的发电和供电的兼并。经过重组,英国的电力市场具有明显的输电独立、发配售一体化的电力市场结构的特征。树立输电部分的垄断地位,保证电力市场的安全运行,同时放宽对发电侧与售电侧市场准入门槛,大力引入竞争机制,使发电商、售电商在各自的市场中充分竞争,在优化资源配置,提高生产效率的同时,充分保障了电力市场的稳定性。英国电力市场改革,促进了生产效率的提高与电价的降低,竞争机制起到明显的作用。

(三)发、输电独立,配、售电一体化结构模式

在电力工业环节中,发电、输电是独立业务,形成单独的电力公司。配电业务、售电业务由具有独立产权的电力公司或部门分别经营,形成配、售电一体化经营模式。该种模式下允许建设多种产权形式的独立发电厂(独立发电厂所生产的电能部分或者全部必须卖给输电网),或者不必全部卖给电网经营管理机构,而部分直接卖给配售公司和大用户;输电网向用户开放,电网经营机构负责电网的运行控制,实施电力市场的管理;配电公司和售电公司实施一体化经营,在同一个供电区域,或者允许

多家配售公司参与竞争,或者只允许有一家配电公司对区域供电垄断专营。发、输电独立,配、售电一体化模式适合于网架坚强、电网协调运行的机制与技术较为完善的国家。因为该模式下输电与配电业务分开,可能会产生低电压电网、高电压电网的协调运行、统一规划等问题。

典型案例:印度电力市场改革模式

在 20 世纪 90 年代初,印度在世界银行帮助下实行发、输、配、售垂直分拆改革,电力改革路线有两个特点:一是重组模式为发电、输电充分分立,配电、售电一体化;二是电力体制改革的目标是实现电力市场竞争,将民间资本引入电力市场,形成充分竞争的电力交易机制。最终目的是为了提高电力市场效率,促进电力市场经济的发展。由于印度各邦电力改革的自主权非常大,各邦的改革进度和改革模式有所不同,但目前各邦多是在发、输独立以及配、售一体化的重组模式设计下逐步实施电力改革。通过改革,在一定程度上促进了电力的发展,但邦电力改革仍面临很多问题,主要包括电源装机不足,缺乏竞争;配电线损率过高,缺乏投资动力;基础建设薄弱,电力传输不顺畅等。

(四)输、配电独立,发、售电一体化结构模式

在电力工业环节中将输电、配电业务从电力市场中独立出来,允许发电、售电业务由同一独立企业实行一体化经营。在这种模式下,输电业务处于垄断地位,配电公司可以由一家企业独立经营或者多家企业共同竞争。发电业务和售电业务可以由一家企业同时经营,并同时参与发电侧、售电侧的电能交易。输、配电独立,发、售电一体化结构模式下,允许发、售一体化的电力商业公司同时参与发电侧与售电侧的竞争,大用户直接向发、售一体的商业性公司购电,市场政府对输电公司与配电公司的经营实行管制。理论上配电网的开放有利于降低电价,提供优质服务。由于输电与配电业务分离,输、配电独立,存在电网的协调规划问题,因此,发、

售电一体化结构模式适用于网架结构安全、电力平衡机制与技术较为完善的国家。

典型案例:新西兰电力市场结构模式

首先,将新西兰电力公司所拥有的发电业务分离出来。为建立完全竞争的电力市场,国会通过了《电力工业改革法》,要求新西兰电力公司进一步分解为三家发电企业,实现发电侧的有效竞争。其次,终端电能零售侧充分开发,使用户拥有自主选择权。在行业结构方面:法律明确要求将配电、销售完全分开,禁止一家电力企业同时经营配电和零售业务;政府对具有天然垄断特性的输电和配电公司实行严格的监督管制。新西兰对发电商管理比较宽松,允许发电企业开展零售业务,鼓励用户与发电商直接购电。

(五)发、售电独立,输、配电一体化结构模式

发、售电独立,输、配电一体化市场结构模式下,输电公司拥有输配电设备的所有权,实行垄断经营,输配电网向发电商和售电商放开,在发电环节引入竞争,并实行竞价上网。售电环节放开客户自主选择权,引入市场竞争。发、售电独立,输、配电一体化模式适合于对电网安全运行、电力平衡以及协调建设的要求比较高的国家。由于该结构模式下发电侧与售电侧市场放开,形成竞争的格局,有利于提高发电商的经营效率,有利于改善供电服务质量,并可以提高资源的有效利用。政府对输配电网进行监管,输配电网的一体化模式下只有上网电价与售电电价,可能不利于引入批发零售竞争与区域间的电力交易,它的优点是有利于输配电网的协调配合和系统性,有利于电网的安全稳定运行与统一调度,具有输配合一的协同效应,同时可以减少输配分开的附加成本。

典型案例：加拿大安大略省电力市场结构模式

1998年安大略省通过能源法,按照发、输电业务进行分拆,重组了安大略水电公司。安大略发电公司经营发电资产,垄断发电市场;安大略第一水电有限公司经营输电业务和配电业务,其间并购了地区电力局,并对配电公司实行合并重组。经过重组,安大略省电力市场形成发售独立、输配一体的电力市场结构。安大略省最终开放电力市场,输配电价格政府制定,发电和售电价市场定价。市场定价机制放开不久,发电价和售电价出现大幅度上涨,无奈之下政府又重新将电价纳入管制范围。

(六)发、输、配、售电完全分开的结构模式

在发、输、配、售电完全分开的结构模式下,电力企业只允许经营电力行业的一种业务。发电商可以直接面对客户,接受用户的交易需求,也可以选择客户;输电业务由一家企业垄断经营,为发电企业提供输电业务的相关服务,配电企业向售电方提供配电服务;供电业务与销售分开,售电侧引入竞争,用户根据用电的经济性从电力销售公司买电,或者直接从发电厂买电。在这种模式下,发电环节与零售环节的竞争将更加激烈。激烈的市场竞争有利于提高电力行业的资源配置与电力企业的经营效率,同时由于电价由市场决定,更趋于公平。缺点是,供电可靠性和稳定性受到一定程度的影响,因此,需要成熟的市场运作机制支撑。

典型案例：阿根廷电力市场业务结构模式

阿根廷电力市场是发、输、配、售完全分开的高度竞争性电力市场,在市场中各个环节几乎不存在所有权的重叠,彼此处于独立经营运作的状态。输配电公司严禁拥有发电的经营权利,也不允许发电企业拥有输、配电的经营权利。同样,售电公司不能开展发电、配电业务。除了仅有少数为联邦政府所有外,大部分发电公司为私人所有。阿根廷拥有的7家输电公司所获得的特许经营权需要经过竞争且要周期性地更新。发电和配

电公司仅允许持有输电公司的少量股份。输电系统的调度及控制权与输电线路的所有权及管理权分开,完全独立于输电公司和发电公司。

(七)独立运作的省(州)级电力市场结构模式

省(州)级市场独立运作,在固定区域内从事发、输、配、售的各项业务的竞争市场。市场参与者包括允许入网经营的:发电企业、购电企业、电力终端客户、电网服务企业、电力调度中心,以及负责稳定维护市场秩序的市场运营部门、监管部门等。省内的电厂独立运营,它们充当了发电商的角色;购电商又称为批发商,在市场中向发电商批发电力能源,加价后分销给终端客户;输配企业在电网中作为服务企业,搭建发电商、购电商、终端客户的传输桥梁,在电力市场提供专业的输、配电服务,并收取过网费及附加费。调度中心与市场监管部门独立于电力市场外,分别开展能源调度和市场监督工作。该模式最大的特点就是以一个省(州)为限开展电力市场竞争,各市场成员只能在有限的区域内参与竞争或提供服务。在独立运作的省(州)级电力市场中,各市场参与者(发电商、零售商、中间商和集成商)都可以通过电力交易中心进行期货电量交易。在交易市场上,一切参与者的买卖行为均在电力交易中心的平台上开展。电力交易中心的参与者将交易的需求和期望的报价向电力需求中心提报,并在此平台上结算。调度中心由电力交易平台接收电力需求和报价,按照优先顺序进行结算,并提供相应的各种辅助服务。在运行过程中,调度中心能够通过实时监控对能源进行及时配置,保持电力供需平衡。

典型案例:美国加州省级电力市场结构模式

受工业用户和公众的双重影响,加州政府最终同意对所有用户开放零售选择权。在需求侧尽管用户有选择供电商的权利,但大多数用户仍然留在原来的供电公司。三大民营电力公司几乎成了加州市场的仅有买主,同时这些公用事业公司保有大量核电和水电,并与小独立发电商每年签订合同。在电力新管理模型运行仅仅两年后,由于发电用的天然气价格上涨,导致加州电能匮乏,负荷空前紧张,州内停限电状况频发,电力批发价格迅速飙升。由于零售价格受到管制,无法与批发市场的电价形成联动,各供电公司或零售商陷入危机。2000 年初加州电力交易中心破产关停,这次不成功的改革成为各国电力市场化改革的教训。

(八)区域联营的电力市场结构模式

电力市场理论认为:为保障电力供应的可靠、高效,应当在一个区域中建立统一调度中心,实现输、配一体化经营。电力市场经营范围越大,市场竞争越充分,有利于电力资源优化配置。为了实现资源在更大范围内的优化配置,促进竞争,同时保证电能供需平衡,便产生了电力联营的思想,即区域电力市场。区域电力市场在破解地域间的保护上有较好的作用,可以实现区域内资源均衡、合理配置。对于资源分配不均、电源中心和负荷中心相距较远、电网结构比较脆弱、实现全国性电力市场有较大困难的国家(地区)来说,区域电力市场无疑是一种两全其美的方法。

典型案例:美国区域电力市场结构模式

为引入竞争提供条件,在美国区域内建立起开放的、具有竞争条件的电力市场,美国三家电力公司组建了一个电力合作组织,包括区域涵盖三个州:新泽西州、宾夕法尼亚州和马里兰州。在美国建成了全北美地区一个庞大的电力输电网络系统,专门协调处理三大州的电能交易。区域电力市场是在交易公平、信息公开的市场中,交易者不仅能够购买日前和实时的电能,而且能够全面掌握电价、线损等交易信息,还可以在市场的组织下辅助服务和备用容量的价格提报。

(九)统一运作的国家电力市场结构模式

统一运作的国家电力市场结构模式是具有竞争性、统一性的国家电力市场,是为电力供应和需求提供保障的、开放的输配电市场。国家电力市场的参与者包括电力市场规制者、发电方、输配方、售电方和市场辅助参与者。国家级电力市场的特点是:国家电力管理公司负责全国电力市场的运营,统一调配电力资源,并实施电力市场的监管。

典型案例:澳大利亚统一国家电力市场结构模式

20世纪90年代开始,澳大利亚开始规划电力市场改革,成立了电网管理委员会和电力市场法规行政局两大政府部门,并组建竞争和消费者委员会对政府的电力市场改革进行指导和监督。澳大利亚国家电力市场改革取得了显著的成效:第一,提高了资本和资源的利用率,提高了澳大利亚电力经济的国际竞争力;第二,提高了电力工业发展的效率;第三,消除了公用设施的垄断和市场操控能力;第四,减少了备用容量,更有效地利用发电资产;第五,鼓励零售创新,满足了不同客户的需求。

(十)优化协调旳跨国电力市场结构模式

跨国电力市场是一种最大范围的联营电力市场,其基本原理与区域联营类似,都是为了促进竞争,实现资源的最优配置。之所以会出现这种跨国的电力市场,最主要的原因在于各国之间资源的互补性,例如火电与水电、火电与核电、水电与核电的互补和备用,为各国之间电力的频繁交易提供可能。通过国家间的联营和电力交易,使得资源单一或稀缺的国家可以利用他国的互补资源充分发挥本国资源的优势,各国之间也通过资源的互补实现资源优化配置,达到利用的最高效率,使得各国经济均衡发展。

该运作模式具有以下特点:该电力市场第一次打破了国家的区域概

念,在一个更广阔的范围内进行电力市场的运作,对这个市场的监管不再是一个国家的行政机构,而是由几个国家共同组成的市场监管者。各国没有自己的电力交易市场,所有的交易都在跨国交易电力市场上开展;各国的现货交易也是在同一个交易所平台下,遵守统一的现货市场交易规则进行的。建立统一的跨国电力市场,要求参加这个电力市场的国家之间有比较大的能源互补性,各个国家间的电网实现了较好的互联,国家的经济发展水平和文化背景相似,这样才便于建立国与国之间的运行协调机制和联合电网的安全体系。还要建立起公平合理的监管体系,对各国的市场参与者都必须给予无歧视和无差别的待遇。

典型案例:北欧四国跨国电力市场结构模式

20 世纪初,挪威新能源法案颁布实施,该法案提出了将电力市场引入竞争机制,于是挪威市场开始拆分,形成发电业务、输电业务相分离的电网市场。其中,电网必须全面、公平的开放。后来北欧四国相互开放电网,形成互联互通的跨国电力市场。目前,北欧电力市场模式运营正常。除了双边市场外,绝大部分交易在北欧电力市场完成,电能实时平衡则由各国输电系统运营机构负责实施。北欧电力市场已经初具规模,交易品种繁多,包括期货、差价以及期权等一系列电力交易合同。

三、电力市场定价模式

(一)年度、月度合约定价模式

年度市场通过签订长期的电力合约,电力交易年度市场得以形成并实现。在年度市场中,交易不仅局限于年度交易,月度交易也可以在年度市场开展。市场运行部门将电量的预测分为三部分:基数电量、竞价电量、预留电量。市场参与者根据市场运行部门发布的电力需求、基数电量、竞价及月度、年度相关数据,在规定的时间通过统一的方式向市场运行部门进行提报。市场运行部门根据各参与者提报的申请及负荷预测情况,按照资源最优、效率最高的原则确定年度合约。

如果没有中长期合约,月度市场是难以实现的。在统一的市场平台上,运行监管部门向电力市场的参与者发布以下信息:基数电量、竞价电量、预留电量、月度预留电量。市场参与者参照市场运行部门发布信息,在规定的时间内通过统一的方式向市场运行部门进行数据提报。市场运行部门根据市场参与者申报的数据及负荷预测结果,按照资源最优、效率最高的原则确定年度合约。

合约市场中的年度和月度中长期合约交易的主要功能是将不能大量存储的电能以一种虚拟的方式存储起来,提供一种事前保护手段。年度市场和月度市场的中长期合约交易为各市场参与者提供公平的选择机会,有利于市场信息的有效交流,起到了防范价格和交易风险的作用。年度和月度合约市场能够有效地规避短期交易的波动,确保电力市场的交易风险最小化。年度和月度合约市场在电力市场建设中具有普遍的适用性,各国的电力市场化改革中都十分重视年度和月度合约市场的建设。英国发电侧交易模式为了克服原有电力库模型所存在的问题,开始施行新的交易制度(模式)的核心是双边合同,而不是市场操作员统一管理的集中型市场,这在某种程度上增大了发电商的竞争压力和负荷侧对市场的响应。该模式设计了合约、现货以及辅助服务三个电力市场。发电侧的市场交易几乎是由购电、售电双方签订年度、月度中长期合约进行交易的。

(二)日前市场定价模式

日前市场是按照交易日形成的市场。市场交易标的是参与者竞价形成的次日电力产品,一个交易日可以分为多个交易时段。日前交易市场中的关键点是在保证电网安全的条件下,平衡各方利益,制定最高效、最经济的电力交易计划和合理电价。日前交易竞价的关键点在于能否制定交易计划(或预调度交易计划)。通过市场参与者申报的短期负荷需求、电网最大输送容量、年度和月度交易计划,以及其他交易信息,按照市场交易规则,找出次日最优的发电计划、交易量、上网电价。

日前市场是电力市场的重要组成部分。日前市场的电力交易是一个连续、实时供需平衡和价格决定的过程。日前市场上的电价是次日的预测交易电价,反映了市场上的具体供需情况。在电力系统的数据采集和通信手段不能满足实时市场的要求时,可以采用日前市场。日前市场对于信息系统技术支持要求较高。所有的次日交易数据全部基于对前一日的负荷情况、机组竞报价、成交价以及电网检修、机组维护、天气状况以及其他影响前日交易的数据汇总分析,最终找出最优决策。纵观各国的电力市场改革,日前市场交易是不可或缺的一部分。

美国日前市场使用积极安全约束的发电机组经济调度程序,计算第二天每小时节点边际电价。日前有功市场在运营日前一天 12 点关闭,结果在下午 4 点公布。日前市场为市场参与者提供按日前市场价格买卖电能的平台,同时也允许传输用户按照特定的阻塞电价安排执行所签订的双边合同,阻塞电价按上网点和下网点的节点边际电价的差值计算。负荷服务企业可以提交小时需求计划,包括价格敏感性报价,即在不同价格下的不同需求量。已经签订了容量协议的发电商必须在日前市场提交报价,即使自调度发电计划或因故障而不可用的情况下也不例外。其他发电商既可以选择日前市场报价,也可以通过实时市场报价。传输用户使用者可以向日前市场提交固定的或可调整的(超过一定阻塞价格就不执行的)双边合同计划,并明确一旦实时市场产生阻塞是愿意支付阻塞费用还是希望削减计划执行。在日前市场中,在所有节点卖出或购入电能均按日前市场电价结算。

(三)实时市场报价模式

市场运行部门通过实时修正发电计划、发布调度指令,有效保障电力负荷供需平衡、维护电网系统安全稳定。实时市场短时间内开放,售电方的机组可以调整容量和相应报价。当电力调度中心有必要对电网系统进行预控或者事故处理时,可充分采纳售电方的信息取最优的调节方案,及时调整交易。通过实时电量交易,电网有效消除系统中短期失衡或者电网阻塞,鼓励售电方参与电力调节,使在满足负荷需求的条件下,实现购电最小化。

美国实时市场根据系统的实际运行条件,每5分钟计算一次长期边际价格。采用自愿性的中心调度控制,即提供指导性电价和调度指令,然后根据实际运行情况重新确定市场各点电价。负荷服务实体将任何超过他们的一日前的供电计划中的需求支付实时节点边际电价,但在低于一日前市场的供电计划中的额度时,将因为需求减少而获得补偿(实时节点边际电价)。同样地,只要发电量超过一日前市场的供电计划中的额度,发电商就按实时节点边际电价付款。输电业务的客户将为一日前市场的供电计划的变化支付阻塞收费(或接受阻塞盈余)。电力市场的运行出现危机的第一反应就是实时市场电价的变化,因而实时市场可以作为一个预警市场。

(四)电力期货市场的功能

期货市场自产生以来,之所以不断发展壮大并成为现代市场体系中不可或缺的重要组成部分,就是因为期货市场具有难以替代的功能和作用。

1. 价格发现功能

价格发现功能是指期货市场能够预期未来现货价格的变动,发现未来的现货价格。期货价格可以作为未来某一时期现货价格变动趋势的"晴雨表"。价格发现不是期货市场所特有的,但期货市场比其他市场具有更高的价格发现效率。现代经济学的最新进展已经表明,信息不完全和不对称导致价格扭曲和市场失灵,而期货市场是一种接近于完全竞争市场的高度组织化和规范化的市场,拥有大量的买者和卖者,采用集中的公开竞价交易方式,各类信息高度聚集并迅速传播。因此,期货市场的价格形成机制较为成熟和完善,能够形成真实有效地反映供求关系的期货价格。这种机制下形成的价格具有公开性、连续性、预测性和权威性的特点。

2. 套期保值与规避风险功能

期货市场能够规避现货价格波动的风险,这是期货市场的参与者通过套期保值交易实现的。从事套期保值交易的期货市场参与者包括生产商、加工商和贸易商等。期货市场的需求主要有两种:套期保值需求与投机需求,其中,套期保值需求是期货市场的基础。因此,期货市场竞争策略的一个重要目标就是要尽可能提高期货市场套期保值功能的效率与效果。投机者是期货市场的重要组成部分,失去了投机者的参与,市场上的套期保值交易行为将不能正常发挥。

世界上最早的电力期货出现在北欧电力交易所,然后先后出现在世界各大交易所和电力市场,如纽约商业交易所、伦敦国际石油交易所、悉尼期货交易所、美国电力市场、新英格兰电力市场等。电力期货市场是被发达国家实践证明了的成功的高级市场形态,是电力市场体系中不可缺少的重要组成部分,在世界各国的电力市场运行中发挥着越来越重要的作用。随着我国金融期货的深入发展和电力市场的日趋成熟,发展电力期货市场已是大势所趋。

四、中国电力行业发展概况

(一)中国发电量与装机容量

1. 全国发电量增速放缓

2020年全国电力生产供应能力稳步提升,供需总体平衡,结构进一步优化。根据国家统计局发布的《国民经济和社会发展统计公报》,2020年,全国发电量77 790.6亿千瓦时,同比增长3.7%。另据中电联全口径统计,风电、太阳能发电量分别为 4 665 亿千瓦时与 2 611 亿千瓦时,分别同比增长 15.1%和 16.6%。生物质发电量 1 326 亿千瓦时,同比增长 19.4%。2020 年可再生能源发电量达到 2.2 万亿千瓦时,占全社会用电量的比重达到 29.5%,较 2012 年增长 9.5%。全国全口径非化石能源发电量 2.58 万亿千瓦时,同比增长 7.9%,占全国全口径发电量的比重为 33.9%,非化石能源电力供应能力持续增强。

2. 全国电力装机规模达到 22 亿千瓦,同比增长 9.5%

根据中电联发布的数据显示,截至 2020 年底,全国全口径发电装机容量 22 亿千瓦,同比增长 9.5%,增幅较上年提升 3.7 个百分点。2020 年,全国新增发电装机容量 19 087 万千瓦,同比增加 8 587 万千瓦,增速大幅提升。近十年来,我国发电装机保持增长趋势。2011—2020 年,我国发电装机累计容量从 10.62 亿千瓦增长到 22 亿千瓦。2015 年后,我国装机增速呈下降趋势,至 2020 年陡然回升,最主要原因是风电、太阳能发电等新能源新增装机创历史新高。

3. 发电装机结构持续优化,非化石能源装机创历史新高

截至 2020 年底,全国全口径火电装机容量 12.5 亿千瓦、水电 3.7 亿千瓦、核电 4 989 万千瓦、并网风电 2.8 亿千瓦、并网太阳能发电 2.5 亿千瓦、生物质发电 2 952 万千瓦。全国全口径非化石能源发电装机容量合计 9.8 亿千瓦,占总发电装机容量的比重为 44.8%,比上年提高 2.8 个百分点。煤电装机容量 10.8 亿千瓦,占比为 49.1%,首次降至 50%以下。风电装机同比增长 34.6%,太阳能发电以 24.1%的速度增长,核电增速降低 6.7 个百分点。水电装机低速缓增同比增长 3.4%。

从电源结构看,十年来我国传统化石能源发电装机比重持续下降,新能源装机比重明显上升。2020 年火电装机比重较 2011 年下降了 15.7 个百分点,风电、太阳能发电装机比重上升了近 20 个百分点,发电装机结构进一步优化。水电、风电、光伏、在建核电装机规模等多项指标保持世界第一。2021 年 4 月,我国在领导人气候峰会上承诺,"中国将严控煤电项目,'十四五'时期严控煤炭消费增长、'十五五'时期逐步减少"。电力行业将加速低碳转型,发挥煤电保底的支撑作用,同时,要继续推进机组灵活性改造,加快煤电向电量和电力调节型电源转换,实现煤电尽早达峰并在总量上尽快下降。

4. 新增发电装机规模创历史新高,新能源逐步向主力电源发展

2020 年,全国电源新增发电装机容量 19 087 万千瓦,比上年多投产 8 587 万千瓦,同比增速 81.8%。从各类电源新增装机规模看,2020 年,新增火电装机 5 637 万千瓦,自 2015 年以来,新增装机容量首次回升,较上年多投产 1 214 万千瓦。新增并网风电和太阳能发电装机容量分别为 7 167 万千瓦和 4 820 万千瓦,分别比上年多投产 4 595 万千瓦和 2 168 万千瓦,新增并网风电装机规模创新高。新增水电和核电装机分别为 1 323 万千瓦与 112 万千瓦。新增生物质发电装机 543 万千瓦。2020 年,新增发电装机以新能源为增量主体。并网风电、太阳能发电新增装机合计 11 987 万千瓦,超过上年新增装机总规模,占 2020 年新增发电装机总容量的 62.8%,连续四年成为新增发电装机的主力。2020 年,包括煤电、气电、生物质发电在内的火电新增装机占全部新增装机的 29.53%,与 2015 年相比降低 21 个百分点;水电新增装机占比为 6.93%。

到"十四五"时期末,预计可再生能源发电装机占我国电力总装机的比例将超过 50%。可再生能源在全社会用电量增量中的占比将达到 2/3 左右,在一次能源消费增量中的占比将超过 50%,可再生能源将从原来能源电力消费的增量补充,变为能源电力消费的增量主体。

(二)中国电力消费情况

1. 全社会用电量同比增长 3.1%,增速趋缓

2020 年,我国全社会用电量平稳增长,增速略缓。根据中电联数据,2020 年,全社会用电量 75 110 亿千瓦时,同比增长 3.1%。受新冠肺炎疫情影响,2020 年电力需求和电力供应都出现了诸多变数,呈现出不确定性,尤其是第二、三产业受冲击较大。"十三五"时期全社会用电量年均增长 5.7%,较"十二五"时期回落 0.6 个百分点。2021 年是"十四五"规划的开局之年、全面建设社会主义现代化国家新征程的开启之年。疫情变化和外部环境存在诸多不确定性,国内外经济环境复杂,我国经济面临转型升级的重要任务,能源发展也将进入关键期。

2. 第一产业和居民用电拉动作用明显,电力消费结构持续优化

2020 年,第二、三产业用电增幅较小。分产业看,第一产业用电量859 亿千瓦时,同比增长 10.2%,是唯一实现两位数增长的产业。第二产业用电量 51 215 亿千瓦时,同比增长 2.5%。第三产业用电量 12 087 亿千瓦时,同比增长 1.9%。城乡居民生活用电量 10 950 亿千瓦时,同比增长 6.9%。第二、三产业用电增速分别为 2.5%、1.9%,增速较 2019 年分别下降 1.3 和 7.6 个百分点。

五、中国电力体制改革进程及成果

(一)中国电力行业发展历程

1. 第一阶段(1985—1997 年):多种经营阶段

20 世纪 80 年代初至 1997 年,为加快电力行业发展,国家出台了鼓励集资办电、多家办电的政策,推动了电力投资体制改革,解决了电力供应严重短缺的问题。这一时期的突出矛盾是存在着政企合一和垂直一体化垄断两大问题。1991 年,能源部党组又进一步确定了"电为核心,多种产业,三大支柱,协调发展"的十六字方针,并指出"电力多种经营要向产业化、集团化方向发展"。这个阶段的电力多种经营,主要是结合电力企业的改革、减人增效,向产业化发展,全面提高"两个效益"。

2. 第二阶段(1998—2002 年):剥离非主营业务

1998 年至 2002 年是战略性改革发展阶段。这个阶段主要是确定战略发展思路是实现与市场接轨,谋求按市场规则构建规范化、市场化发展的新格局。2002 年初,国务院颁布了《关于印发电力体制改革方案的通知》,在方案中提出"对现有国家电力公司系统所拥有的辅助性业务单位和'三产'、多种经营企业进行调整重组"的要求。多种经营的企业普遍在探索调整的方向及重组的途径问题,同时也在加快市场化的进程,抓紧规范化管理的探讨和实践。

3. 第三阶段(2003—2015 年):厂网分离

2006 年 11 月,国务院审议并原则通过《关于"十一五"深化电力体制改革的实施意见》,提出了深化电力体制改革的三项主要任务是抓紧处理"厂网分开"遗留问题,逐步推进电网企业主辅分离改革,加快电力市场建设,着力构建符合国情的统一开放的电力市场体系,形成与市场经济相适应的电价机制,实行有利于节能环保的电价政策,进一步转变政府职能,坚持政企分开,健全电力市场监管体制。

4. 第四阶段(2015 年至今):电力市场化改革阶段

2015 年 5 号文提出"厂网分离、竞价上网"、建立电力调度交易中心、建立区域电力市场、实施两部制电价、逐步实行输电配电分离等。2015 年 9 号文新一轮电力市场化改革起步,建立电力市场化定价机制,标志着计划电向市场电提速。

(二)中国电力体制改革目标与制度构建

1. 我国电力交易制度构建的阶段性目标和最终目标

(1)我国电力交易制度构建的阶段性目标。着力进行区域性与全国性电力市场体系的初步构建,全面开放发、输、配电业务,允许"电力代输"以及直供电力等交易模式。在由原有国家电力公司继续承担电力最后供应义务和调度义务的前提下,开放民营公司进入各类电力业务经营。此方案程序比较简单,有利于维护电力供应的稳定与充分,并且得以避免分割国家电力公司时所可能遭遇的抗争与阻力。

（2）我国电力交易制度构建的最终目标。在阶段性目标得以实现的基础上，再进一步深化市场化和自由竞争的程度，最终将区域性和全国性的电力市场垂直分割为发电、输电、配电以及售电业务四种电力企业，并将采取类似电力池的交易模式或双向合约交易模式，成立集中交易的电力交易所，成立独立系统调度制度。

2. 我国电力交易制度构建的路线图

基于我国电力行业传统垄断运营形态的根深蒂固，各类主体之间利益关系的错综复杂，推进电力体制改革的动力大小不一，我国电力体制改革和电力交易制度的构建一定是一个渐进的、分阶段推进的进程。在我国电力交易制度的构建中应该设计一个路线图，采用法制化手段，保证参与主体的理性预期的形成和电力体制改革的合法性和科学性。路线图的一个核心思想是：针对我国国情而言，打破国家电力公司的经济垄断应该是一个渐进的过程，而不是为了反垄断而反垄断。

（1）输电制度的重新设计。在探讨电力交易制度构建的问题时，解除竞争限制的主要关键在于如何排除输电网络的"瓶颈性垄断"或是所谓的"关键设施垄断"。因为基于输电网络在电力行业中的枢纽性质，如果它的所有权仍然属于特定企业，其他必须使用该网络的主体在一定条件下将受其限制，进而可能影响潜在竞争对手进入市场的意愿。电网企业既具有自然垄断性，又是关系国家经济和人民生活的重要公用企业，着重对垄断电网企业进行监管是"厂网分离"后，应该在电网与配电实行内部分开核算的基础上，彻底改变各个地区供电局与输电网公司之间的隶属关系或产权联系，尽快实施输配分离、配售分离。不论是国有或是非国有，均需对输电、配电运营者进行有效的监管，限制输电公司直接经营配电公司和上划代管地方独立配电公司。这样改革以后的配电公司的定位明确负责维护配电网络的安全运行，为本地用户继续提供输配电服务并将电能直接送至用户，为外地用户提供网络零售转运服务

（2）开放用户选择权。允许更多的用户直接从发电企业购电，有利于改变电网企业独家购买电力的格局，削弱电网企业的垄断势力，为电力供

给各个环节改进效率提供激励。目前,我国电力改革侧重在发电环节引入竞争,对解决输电、配电和售电环节垄断考虑不够。目前终端用户选择供电商的权利受到过于严格的限制。随着配电网设施的完善和技术条件及市场环境的成熟,应进一步扩大具有选择权的用户范围,放宽用户和售电商的选择权,取消用户选择电力供应商需要核准的规定,允许一切符合条件的发电厂商参加直供,实现大用户和售电商与电力供给者之间的自由选择。

(3)电力代输。代输就是输电网络拥有者对电力交易的双方进行输电服务。由于一般发电企业和输电网络拥有者通常分属不同公司,因此代输行为常常发生。在电力交易中,代输行为是确实存在且无法避免的,代输行为本身牵涉的层面甚广,影响到排程、调度与系统稳定。

我国电力交易制度的构建精神在于分离竞争式市场发电和售电,加上垄断性市场输电及配电。分离发电业务及输电业务是我国电力市场化改革过渡性阶段的主要任务,而分离出售电业则是未来最终的趋势,主要目的是确保输电网络公平开放,并避免兼营上、下游企业彼此"交叉补贴"的不公平竞争现象的出现。

(三)我国电力体制改革的阶段性成果

我国已初步形成在空间范围上覆盖区域、省级,在时间周期上覆盖年度、月度、月内的中长期交易及日前、日内实时电力现货交易,在交易标的上覆盖电能量、辅助服务、可再生能源消纳权重等交易品种的市场体系结构。2020年,我国电力市场参与主体不断增多,电力市场化交易规模及占比持续扩大,交易机构股份制改造取得积极进展,市场开放度显著提升,市场活力进一步释放。

1. 输配电价监管体系基本完善

2020年1月,国家发展改革委印发《区域电网输电价格定价办法》和《省级电网输配电价定价办法》。据此定价办法,在完善定价制度、严格成本监审的基础上,9月核定了第二监管周期5个区域电网输电价格,制定出台了省级电网第二监管周期输配电价,印发了《关于核定 2020—2022 年区域电网输电价格的通知》和《关于核定 2020—2022 年省级电网输配电价的通知》,考虑到 2020 年应对新冠肺炎疫情降电价(电费)的影响,新的输配电价从 2021 年起执行。这标志着我国输配电价监管体系基本完善。与第一监管周期相比,第二监管周期输配电价核定在诸多方面取得了重要突破,表现为"一个全面、三个首次",即全面完善了定价规则,规范了定价程序,实现了严格按机制定价;首次实现了对所有省级电网和区域电网输配电价核定的一次性全覆盖,首次核定了分电压等级理论输配电价,首次将"网对网"外送输电价格纳入省级电网核价。

2. 电力交易机构股份制改造提速

2020 年 2 月,国家发展改革委、国家能源局印发《关于推进电力交易机构独立规范运行的实施意见》,明确电力交易机构单一股东持股比例不得超过 50%。截至 2020 年 7 月,国家电网公司经营区内北京电力交易中心和 27 家省级电力交易机构全部完成股份制改造,28 家电力交易机构共引入非电网企业股东超过 240 家,四成电力交易机构引入民营企业参股,国家电网公司对 28 家电力交易机构的持股比例全部降至 80% 以下。其中,北京电力交易中心增资协议签约,引入 10 家投资主体,国家电网公司股权被稀释至 70%。

2020 年 9 月,广州电力交易中心有限责任公司增资项目在北京产权交易所正式披露。本次增资完成后,南方电网公司持股比例约为 39%,南方五省区政府出资企业持股比例约 39%,新进不超过 7 家投资者合计持股不超过 22%。广州电力交易中心有望成为全国首家实现电网企业持股比例低于 50% 的电力交易机构。

3. 电力中长期交易规则更加完善

2020 年 6 月,国家发展改革委、国家能源局联合印发《电力中长期交易基本规则》,对 2016 年发布的《电力中长期交易基本规则(暂行)》进行了修订,重点从市场准入退出、交易组织、价格机制、安全校核、市场监管和风险防控等方面进行补充、完善和深化,新增"配售电企业、储能企业"等市场成员,新增月内(多日)交易周期,提出"滚动撮合交易"这一交易方式和"允许探索容量市场和容量补偿机制的设计",用户侧购电价格增加了辅助服务费用,丰富了交易周期、交易品种和交易方式,优化了交易组织形式,提高了交易的灵活性和流动性。

4. 电力现货市场开展长周期结算试运行

继 2019 年全国首批 8 个电力现货市场建设试点全部启动结算试运行之后,2020 年试点连续结算试运行的周期进一步拉长,同时相关配套规则进一步完善。2020 年 3 月底,国家发展改革委办公厅、国家能源局综合司联合印发《关于做好电力现货市场试点连续试结算相关工作的通知》。4 月 30 日,甘肃电力现货市场结算试运行在稳定有序运行 43 天后退出,率先完成长周期结算试运行。6—7 月,福建实现全月连续结算试运行。8 月,山西、南方(以广东起步)电力现货市场开展了首次全月结算试运行,标志着从试点走向实际现货市场运行更近了一步。其中,南方(以广东起步)试点是全国唯一实现发用两侧同时参与的市场,与其他 7 个试点有显著区别。11 月,山东实现全月结算试运行,并试行容量补偿电价,取得了初步效果。

5. 电力辅助服务市场实现全国全覆盖

2020 年,全国范围基本建立电力辅助服务市场机制,完成《完善电力辅助服务补偿(市场)机制工作方案》主要目标。一是覆盖范围进一步扩大,实现全国全覆盖。区域省间辅助服务市场方面,国网经营区内除西南区域外,其他五个区域相继出台了区域省间辅助服务市场运营规则,其中,华中电力调峰辅助服务市场 2020 年 4 月首次开展调电结算试运行。南方区域统一调频辅助服务市场系统于 11 月 17 日正式投入运行,是全国首个上线运行的区域调频市场系统,该调频市场预计年底启动试运行。省内辅助服务市场方面,国网经营区内除上海、四川、西藏外,其余省份均出台了辅助服务市场运营规则。4 月,福建调频辅助服务市场在试运行一年后转入正式运行。5 月,湖南省电力辅助服务市场启动模拟运行。6 月,《湖北电力调峰辅助服务市场运营规则(试行)》印发。11 月,《江西省电力辅助服务市场运营规则(试行)》印发;国家能源局华北监管局修订《河北南网电力调峰辅助服务市场运营规则》。二是市场参与主体日趋多元。河北、浙江、安徽等 13 个省级和 1 个区域级市场明确了需求侧响应资源和储能的市场主体地位化。三是主要为调峰辅助服务,部分省市开展了调频辅助服务和备用辅助服务。五个区域全部开展了省间调峰辅助服务,湖南省开发了适应湖南电网的深度调峰交易、启停调峰交易、旋转备用交易和紧急短时调峰交易四个交易品种。

6. 增量配电改革稳步前行

自增量配电改革启动以来,国家发展改革委、国家能源局分五批次明确了 459 个试点,其中,国网范围内试点 483 个,陆续发布二十余份文件,从项目业主确定、配电区域划分、增量配电网投资建设与运营、部分试点退出等多方面予以指导和规范,并展开项目督查,但总体看,增量配电业务虽稳步前行,取得初步成效,但总体效果不及预期。网对网的身份与电价、调度、存量资产处置、难以接入电源等问题制约项目试点落地。据《2020 年增量配电发展研究白皮书》统计,在前四批 404 个试点中,取消24 个试点、202 个试点确定招标方式、250 个试点确定业主、118 个试点公布股比、150 个试点确定供电范围、138 个试点取得电力业务许可证(供电类)。

(四)我国电价制度及其构建

从本质上看,电力系统的长期稳定需要取决于价格机制、投资机制和售电利润三者之间的平衡。电力交易的实质是要求发电企业的电量与电价均由市场竞争决定。但上网电价由政府定价向市场竞争转变,首要前提是形成竞争性主体,但目前我国竞争性市场尚未真正形成。

1. 还本付息电价

为调动社会各方面投资办电的积极性,解决电力瓶颈问题,1985 年国务院发布了多家办电和多渠道集资办电的政策,并与此相适应,实行多种电价制度:一是对集资兴建的电厂实行还本付息电价,允许新建成的电力项目按照还本付息的需要核定电价;二是实行"燃运加价"政策,允许电价随着燃料、运输价格的调整而相应调整。

2. 1998 年经营期电价

1998 年以前我国发电企业的上网电价都是由发改委物价部门制定的,主要是在核定电厂发电成本、各项费用及还贷支出的基础上,以保证电厂获得一定的内部收益率为原则来倒推计算电价。因此,以往的上网电价没有一个统一的市场价格水平,而是一厂一价,甚至是一台机组一个电价,上网电价的透明度也较低。这种典型的成本定价对提高电厂的运营效率丝毫没有帮助。在综合考虑电力项目经济寿命周期内各年度的成本和还贷需要的基础上,通过计算电力项目每年的现金流量,按照"使项目在经济寿命周期内各年度的净现金流量能够满足按项目注册资本金计算的财务内部收益率为基础"测算电价,这一政策主要是将按电力项目还贷期还本付息需要定价改为按社会平均现金成本定价,同时统一了电力企业的资本金收益率水平。

3. 2002 年"厂网分开"后"竞价上网"前实行的临时上网电价

从原国家电力公司系统分离出没有上网电价的发电企业,执行政府价格主管部门按补偿成本原则核定的临时上网电价。电网公司保留的电厂中已核定上网电价的继续执行政府价格主管部门制定的上网电价,未核定上网电价的电厂按补偿成本原则核定临时上网电价。独立发电企业的上网电价由政府价格主管部门根据发电项目经营寿命周期,按照合理成本、合理收益的原则核定,同时期建设的同类型发电机组上网电价应实行同一价格水平,超发电量上网电价、自备电厂上网电价由政府价格主管部门按照兼顾供需双方利益的原则核定。

4. 2004 年标杆电价

所谓标杆电价,是分地区对新建的燃煤电站根据平均造价和平均运行成本定一个上网电价。从 2004 年起投产(含已建未投产)的燃煤机组, 无论机组规模、投资方,也不管是进口机组还是国产机组,都统一执行这个价格。此外,国家在东北地区实行了竞价上网的改革试点,约有 29 个电厂参与竞争,年电量规模约 110 亿千瓦时。

5. 改革后的电价:两部制电价

上网电价宜采用两部制电价,即由国家确定定价原则的容量电价和市场竞价产生的电量电价。"两部制电价"是由容量电价和电量电价两部分组成。容量电价是为弥补大部分固定成本而设置的,电量电价是为了弥补变动成本并产生利润,因而能较好地实现"合理补偿成本并获得合理利润"的原则。

容量电价根据边际成本和少量收益构成,对不同电能质量的电厂(机组)分类别(如基荷、腰荷)支付。对网内各机组容量成本进行加权平均,确定电网的平均年容量电价。容量电价可以保证发电企业固定成本的回收,它与上网协议中规定的保证年发电量有关,而与实际发电量无关,即按容量电价和保证年发电量付给发电企业容量电费。电网公司可根据购买电量价格来确定某一时段是否要求发电厂提供电量,当不需要时就可以只向发电厂支付容量电费。容量电价是为了得到可靠的备用容量,电网公司有义务向发电厂支付容量电费。发电厂需要有容量电费收入以支付固定成本,要求发电厂提供电量不会影响容量电费收入。确定容量电价最重要的因素是贷款偿还期限的长短,期限过短将导致电价不合理,使项目变得不经济,10~15 年的期限是比较合适的。

电量电价根据变动成本和合理收益而定。在此基础上为体现公平性原则,针对电在时间和空间上的不同特征和不同用户的用电特征,又可将电价分为容量电价、电量电价、峰谷电价、分时电价、季节电价、可中断负荷电价等。电量电价反映的是以燃料为主的成本,电量电价随发电厂实际供给电网电量的多少而变化。主要包括变动的燃料成本和 O&M 成本;变动的燃料成本是指机组因发电而耗费的燃料成本;变动的 O&M 成本是指发电厂在发电过程中所需的其他辅助可变动成本,以及事先未做计划的维护费用。其他辅助可变动费用包括启动费、热值调整费、热备用费等。

6. 电价改革长期目标：售电环节引入竞争机制，开展电能金融交易

在"厂网分开""网售分开"的基础上，建立完整的竞争性的电力市场，政府制定电力市场交易规则，发电的购售价格在竞争中形成。开放电网必将是一个我国电力体制改革与电力交易制度的里程碑。开放电网是在"关键设施开放接续通联"的精神下，将输电业务分离出来，使得发电企业得以公平地使用输电网络传送电能给其他电力企业或是终端用户。对我国而言，开放电网并不仅仅意味着将电网公司重组为国家电网公司与南方电网公司，或将发电侧与输电侧分离，而是指真正将输电业务独立出来。

在开放电网的架构下，我国电力交易制度最终可能演变成以双边合约和金融合约交易为主导方式，以自愿性场内集中竞价交易为主、场外交易为辅的新型电力交易方式。我国电力交易制度中最终可能不会出现一个专门的电力交易调度中心，而是委托或强制要求输电公司负责调度，并保持调度的中立性。同时建立一个非歧视性的监管机构及可以反映价格信息的批发市场，以确保电力批发市场的高效率管理和可靠运作。上网电价的构成见图8—1。

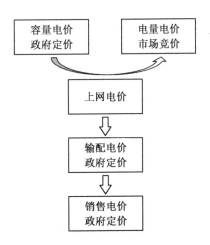

图8—1　上网电价的构成

第九章　碳排放与碳交易市场

一、能源转型与"双碳"目标

（一）能源转型的概念

能源问题是人类社会的重要问题,人类文明发展史同时也是一部人类能源利用史,能源转型是人类能源利用史发展进步的里程碑。能源转型是指人类能源利用从木柴到煤炭、从煤炭到油气、从油气到新能源、从有碳到无碳的发展趋势,是能源形态、能源技术、能源结构、能源管理等能源体系主体要素发生根本性转变的过程。世界能源转型主要目的是建设绿色地球,推动人类社会能源生产与供给体系的绿色、清洁、高效、安全发展。

纵观人类能源利用史,世界能源体系经历了能源形态从单一能源到多元化能源类型的形态转变,能源技术从简单燃烧、粗放利用到加工提炼的技术进步,能源结构从天然能源到产品能源、从一次能源到二次能源的结构调整,能源管理从分散、无序利用到有序、集中式利用的管理发展;能源主体要素的根本性转变催生了两次世界能源转型,促进了人类文明从原始文明发展到农业文明、工业文明。

从人类文明和社会发展的角度分析,能源转型是人类文明发展和进步的驱动力。历次能源转型均推动和促进了人类生产力的进步和社会发展的进程。第一次能源转型开启了煤炭的利用,催生了人类文明进入"蒸汽时代";第二次能源转型开启了石油和天然气的大规模利用,保障了人类文明相继进入"电气时代"和"信息时代";第三次能源转型以新能源替代化石能源,将推动人类文明"智能时代"的来临。

(二)第三次世界能源转型的内涵

1. 以共商共议、全球协作机制为核心的政治协同是世界能源转型的政治内涵

国际社会达成二氧化碳减排共识、建立全球协作机制、提出"碳中和"目标等国际政治协同体制、机制是世界能源转型的基础和保障。2015 年12 月,国际社会达成二氧化碳减排共识、达成有法律约束力的气候协议,截至 2020 年 12 月,全球 195 个主权国家中已有 187 个国家成为《巴黎协议》的缔约方。以国际能源署、联合国环境规划署和世界气象组织为代表的国际组织积极推动全球能源领域的对话和合作,逐步建立全球协作机制;欧盟、中国和日本相继提出将采取更加有力的政策和措施,实现能源利用与碳循环系统的"碳中和"目标。

2. 能源资源型向能源技术型转变是世界能源转型的技术内涵

高能效、智慧化是能源技术进步的核心,节能提效是能源技术和能源战略的首位。提高能源效率具有可观的经济、环境和社会效益,可有效降低一次能源需求总量,有效控制温室气体排放,降低能源利用对环境的影响。能效改进途径主要包括提高材料效率、材料回收、再利用和替代。智能源技术发展与进步是能源资源型向能源技术型转型的关键。新能源发电技术、智能电网和储能技术是智能源技术发展的三大关键领域。新能源发电技术的发展趋势是将新能源与新材料、新能源与生物科技、新能源与可控核反应的深度融合。新能源发电技术主要包括潮汐涡轮机、微型斯特林发动机、太阳能电池定位机器人、第二代生物燃料、光电透明玻璃、第三代生物燃料、空间太阳能、微型核反应堆、惯性约束核聚变、钍反应堆等。智能电网技术的发展方向主要为人工智能与能源网络相结合,包括智能电网技术、分布式发电/供电技术、智慧化能源网络技术等。智能电

网技术将传统的集中式、单一的发电与供电模式升级为更灵活、更节能的分布式与集中式相结合、用电与储能和供电自适应的智慧化电力系统,从而实现跨用户、跨地区、跨国家的能源互联互通。储能技术将材料技术与储能技术有机结合,是能源供给和消费间运输与传递的载体,其发展趋势包括燃料电池、锂空气电池、氢能储存与运输、蓄热等技术。

3. 智能源水平不断提升,能源供给端与消费端协同发展、协同转型是世界能源转型的管理内涵

世界能源转型同时也是能源管理模式的深刻转型,智能源管理模式以能源结构电气化、能源管理智能化为核心,能源供给端与能源消费端需协同发展、协同转型。能源供给端通过清洁化、低碳化转型,推动新能源逐步替代化石能源,促进能源消费结构调整为供给端以电气化二次能源为主导。同时,能源消费端加强智能化管理转型,通过分布式与集中式协同发展、平衡用能,不断提高新能源在储能、终端消费等领域的份额。能源供给端建立开放型能源供给体系,鼓励以分布式可再生能源和天然气热、电、冷三联供为主的分布式能源发展,鼓励投资建设新能源发电设施,完善新能源发电设施接入电网支持政策。利用能源互联网技术、微电网技术等提高可再生能源的就地消纳能力和利用比例,加强新能源技术研发,降低新能源投资成本,推动能源供给结构的低碳化、清洁化转型。智能源管理水平的不断提高,即能源消费结构电气化、能源管理智能化程度的提升是能源结构和能源管理转型的趋势和方向。2019年,电力在能源消费终端中占比仅为20%;通过电气化转型,预计到2050年,电力在能源消费端的份额将提升至50%~60%。同时,全球新能源发电量占比将大幅提高。太阳能、风力、水力、核能等新能源均以电力的形式输出,预计到2035年新能源发电量占世界总发电量的比重将达到55%~60%,到2050年,占比将升至75%~80%。因此,能源消费端电气化水平的提高可促进新能源的产业发展。同时,能源消费端智能化水平的提高可促进电储能和氢能技术的应用。加强智慧化电网中新能源的调峰作用,推动电储能、氢能技术的应用,推动分布式储能系统的发展,加强能源互联网与储能技术的深度融合。

(三)世界能源转型的意义

1. 世界能源转型是实现国家和区域能源安全和能源保障的必然选择

能源安全是关系到国计民生的根本性问题。世界能源生产和消费的空间、地域不均衡,形成了"两带三中心"的地缘政治格局,决定了当前世界不同国家和地区采取不同的能源安全战略。中东—独联体和美洲油气生产带是欧洲、亚太油气消费中心的主要来源和通道。欧洲和亚太地区能源消费结构整体上属于典型的进口依赖型,其特点是高油气消费量、低油气产量。欧洲地区由于化石能源资源相对匮乏,能源转型意愿最强烈,因此采取了大力发展新能源的能源安全策略。

2. 世界能源转型是推动世界经济发展和经济增长的新动力

随着新能源产业的快速发展,新能源直接或间接提供的社会就业岗位呈快速上升趋势,成为推动社会发展和经济增长的新驱动力。目前,新能源产业劳动力密度高于化石能源,在投资带动下,新能源吸纳的岗位数远超因新能源替代而引起的化石能源领域就业岗位的减少量。2019年,新能源产业领域共提供 1 146 万个就业岗位,分布式太阳能、生物质能、水电和风电是最大就业领域。中国是新能源产业发展最快的国家,新能源提供的社会就业岗位达 440 万个,占世界新能源产业就业岗位总数的 38%。此外,新能源就业市场的发展间接带动了相关专业教育和技能培训的发展。

新能源产业将成为拉动世界经济发展和促进社会就业的新引擎。国际可再生能源署预测,到 2050 年,世界能源低碳转型领域的年均投资额将超过 3.2 万亿美元,约占当年世界 GDP 总量的 2%,累计投资将超过 95.0 万亿美元,可提供超过 1 亿个就业岗位。

3. 世界能源转型将重塑世界竞争格局,成为主导世界地缘政治格局的新力量

以石油和天然气为主导能源的时代形成了以石油地缘政治格局为特征的世界竞争格局,也称为"石油地缘政治时代"。由于石油的资源稀缺性和其在工业中的不可替代性,石油与地缘政治之间的密切关系是其他任何工业原料都无法企及的,以石油为主导的化石能源成为构建世界政治格局的主导力量。国际石油市场是由原油供应、原油需求和国际原油价格机制三大要素构成,对国际石油市场的控制始终是石油地缘政治的核心内容。在世界能源转型的背景下,国际竞争的焦点也将逐渐转移到低碳技术价值链的控制上,即新能源和低碳技术的研发、制造和消费服务价值链。控制低碳技术价值链是一个关乎竞争力、经济发展、能源主权和国家安全的重大挑战。随着新能源逐步替代化石能源,世界能源转型必将重塑世界竞争格局,成为主导世界地缘政治格局的新力量。

4. 切实履行《巴黎协定》要求,实现能源利用"碳中和"目标

当前,化石能源碳排放仍然是全球碳排放的主力。2019 年,世界化石能源利用引起的二氧化碳年排放量达 368×10^8 吨,占全球碳排放总量 431×10^8 吨的 85.4%。切实履行《巴黎协定》要求,实现全球碳排放量以 6% 的年均速度减排,要求世界各国共同努力加快煤炭退出一次能源消费、加快石油消费尽早达峰、加快天然气消费占比提升和加快新能源产量规模持续增长,以实现化石能源和清洁能源消费结构的大互换。世界能源体系迫切需要采取可持续发展政策,通过世界能源转型实现碳循环系统的碳源和碳汇体系间的动态平衡,控制温室气体引起的气温上升趋势,实现大气圈中碳"净零"富集和能源利用的"碳中和"目标,以有效应对全球气候变化。

(四)高碳排引发气候危机,"碳达峰""碳中和"计划迫在眉睫

1. 温室气体过度排放,导致全球气候问题泛滥

工业革命以来,由于世界各国工业的快速发展,全球温室气体放量明

显增加。过高的温室气体排放为地球带来了各种各样的自然灾害,气候问题频发。根据美国国家海洋和大气管理局(NOAA)测量数据,全球年平均气温相较于半个世纪前,增长已经超过 1℃。如今相关科学研究也已经证实,全球气温上升与温室气体排放有密切关系。其中,二氧化碳占温室气体排放的 84%,是解决气候问题的重中之重,近半个世纪以来,全球二氧化碳平均浓度从 250ppm 上升到 400ppm 左右。

2. 各国均已将"碳达峰""碳中和"提上日程

"碳达峰"是二氧化碳排放量由增转降的历史拐点,"碳中和"是实现二氧化碳"净零排放"。"碳达峰"与"碳中和"紧密相连,前者是后者的基础和前提,达峰时间的早晚和峰值的高低直接影响"碳中和"实现的时长和实现的难度。后者是对前者的紧约束,要求达峰行动方案必须要在实现"碳中和"的引领下制定。"碳中和"与"碳达峰"时间点则代表了一国减排的时间点与决心,也将间接反映该国减少二氧化碳排放的整体路径。

如今世界各国正在积极响应"碳达峰""碳中和"号召,全球已经有 54 个国家的碳排放实现达峰,各国"碳中和"也均已提上日程。根据 OCED 数据,1990 年、2000 年、2010 年和 2020 年以前碳排放达峰国家的数量分别为 18、31、50 和 54 个。2020 年,排名前十五位的碳排放国家中,美国、俄罗斯、日本、巴西、印度尼西亚、德国、加拿大、韩国、英国和法国已经实现碳排放达峰。中国、马绍尔群岛、墨西哥、新加坡等国家承诺在 2030 年以前实现达峰。

二、中国"双碳 30·60"目标

(一)中国碳排放现状如何

大多数中国碳排放数据库只统计了二氧化碳排放量,没有包括甲烷、一氧化二氮和氟化气体。各个研究机构对中国目前每年碳排放量的测算也不尽一致,但大致范围是在 100 亿吨/年左右。

2020 年全年中国共排放 103.76 亿吨二氧化碳。燃煤电厂、钢铁和水泥这三个行业排放量占比超过全国总量的 60%。其中,燃煤电厂排放量高达 35.39 亿吨,占比超过总量的 1/3,为 34.11%,是碳排放量最大的行业;其次是钢铁、水泥行业,这两个行业分别排放了 15.98 亿吨和 11.12 亿吨二氧化碳,对总量的贡献均超过 10%,分别为 15.4% 和 10.71%。石油化工、工业燃煤供热和工业燃煤锅炉等 20 个行业贡献了剩下不到 40% 的二氧化碳排放量。

表 9-1 中国各细分行业碳排放数据(2020 年)

行业大类	细分行业	CO_2 排放(亿吨)	占比(%)
电力	燃煤电厂	35.39	34.11
工业	钢铁	15.98	15.4
工业	水泥	11.12	10.71
工业	石油化工	5.49	5.29
工业	工业燃煤供热	5.00	4.82
工业	工业燃煤锅炉	4.16	4.01
移动源	汽油车	3.98	3.46
移动源	柴油车	3.59	3.46
工业	其他工业锅炉	3.51	3.38
民用	其他民用燃烧	2.67	2.58
工业	民用燃煤供热	2.57	2.47
民用	乡村民用燃煤	2.48	2.39
工业	其他建材生产	1.92	1.85
移动源	非道路机械	1.51	1.45
工业	有色金属冶炼	1.39	1.34
电力	其他燃料电厂	1.26	1.22
民用	城镇民用燃煤	1.25	1.2
工业	其他燃料供热	0.5	0.48
民用	民用生物质	0	0
溶剂使用	溶剂使用源	0	0
合计		103.76	100

从行业大类来看,工业排放了最多的二氧化碳,排放量为51.63亿吨,占比50%;电力位列第二,排放了36.66亿吨二氧化碳,占比35%;移动源(汽油车、燃油车和非道路机械)排放了9.08亿吨二氧化碳,占比9%;民用行业排放了6.4亿吨二氧化碳,占比6%。比较意外的数据是,在大众印象中深刻污染环境的燃油车等交通工具移动源,实际上每年只贡献了9%的碳排放,不到电力碳排放的1/4(图9—1)。

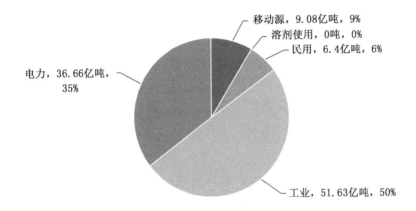

图9—1　中国碳排放的行业分布

(二)中国"碳中和"实现路径:三步走

2021年两会"碳中和""碳达峰"上升成为国家重要战略,我国要力争二氧化碳排放2030年前达到峰值,力争2060年前实现"碳中和"。而如今中国已经是碳排放第一大国,且已经连续13年成为全球最大的温室气体排放国。2019年中国共计排放二氧化碳105亿吨,超过了排名第二的美国(50亿吨)和第三的欧盟(33.3亿吨)排放量之和,占据全球二氧化碳排放的28%。

我国承诺到2030年单位国内生产总值二氧化碳排放将比2005年下降65%以上。根据测算,我国2028年二氧化碳排放峰值约为109亿吨。2030年降为102亿吨,较现有模式情景多减排19亿吨。如果自2010年

起算,我国到 2030 年达到二氧化碳排放峰值 120 亿吨年均增速仅为 2%
左右。对中国来说,"碳中和""碳达峰"的"30·60"目标时间紧,任务重,
必须要技术政策多管齐下,多种机制相互配合,才能完成这一艰巨的战略
目标。

(1)尽早达峰(2030 年前)。以化石能源总量控制为核心,实现 2028
年全社会"碳达峰",峰值控制在 109 亿吨左右,能源活动峰值在 102 亿吨
左右。2030 年的碳强度比 2005 年下降 70%,提前完成及超额兑现自主
减排承诺。

(2)快速减排阶段(2030—2050 年)。以全面建成中国能源互联网为
关键,2050 年前电力系统实现净零排放,标志着我国"碳中和"取得决定
性成效。2050 年全社会碳排放降到 13.8 亿吨,相比碳排放峰值降低
90%。人均碳排放降到 1.0 吨。

(3)全面中和阶段(2050—2060 年)。以深度脱碳和碳捕捉、增加林
业碳汇为重点,能源和电力生产进入负碳阶段,2055 年左右实现"碳中
和"。2060 年通过保持适度规模负排放,控制和减少我国累计碳排放量。

(三)2030 年前"碳达峰"的挑战

一是能源需求持续增长的挑战。经济年均增速 5% 左右,既要控排
放,又要保增长。二是重型化产业结构带来的挑战。工业化和城镇化的
快速发展,第二产业增加值占比 39%,传统产业增长带来大量投放,高能
耗产业占比仍然很高。三是高碳化能源结构带来的挑战。中国化石能源
占一次能源消费比重 85%,煤炭占比 58%,清洁能源占一次能源消费比
重只有 15%,能源消费的碳排放强度比世界平均水平高 30%,迫切需要
调整能源消费结构。

(四)2060 年前"碳中和"目标加速中国经济和能源转型

"碳中和"意味着社会经济活动的二氧化碳排放和二氧化碳吸收总和
为零(包含非二氧化碳的温室气体),我国目前碳排放主要来源是能源、工

业过程、农业、废物处理，碳吸收主要来自森林绿化。

对内长期来看，"碳中和"将会完成中国的能源转型，以非化石能源为主的电能将成为一次能源主体，一次能源消费中电气化率达到100％，终端能源消费中氢能达到30％，完成净零排放。相比传统化石能源，可再生能源的资源规模是前者的800倍，因此制造业属性远大于资源属性，即使在平价之后中国制造业也能更好地发挥优势，在光伏、风电、锂电池和氢能等产业产生规模效应和技术迭代后实现能源成本的进一步下降，带来更经济的成本。考虑到中国新能源产业的全球市场地位，我们认为能源转型也将有利于中国在能源供给上摆脱对海外的依赖。到2050年随着中国新能源车的渗透率达到约60％，石油进口会下降到40％以下的水平，进一步提升国家的能源安全，而当中国完成可再生能源＋氢能的平价，甚至我们可能会成为能源出口国，改变目前的全球能源版图。随着"碳中和"目标的提出，中国未来能源转型发展的方向已经确定。预计到2060年，中国经济会达到人均GDP 4.8万美元水平，带来能源需求67.3亿吨标准煤，较现在提升38％。如果以目前的能源结构不变，将会产生每年160亿吨二氧化碳的碳排放。预计随着"十四五"开始执行"碳中和"目标，中国将在2028年达到碳排放峰值（134亿吨二氧化碳），较现在的115亿吨上升16％。而之后中国将通过电力领域提升非化石能源比例完成电力"碳中和"，非电领域先推动天然气替代，再推动氢能替代，完成能源"碳中和"，并在需求端通过碳排放权总量控制＋交易的形式推动新技术在工业和交通等领域的应用、加速"碳中和"进程，从高碳向低碳最后向零碳三步走，完成2060年对能源、工业和农业领域的"碳中和"。

（五）"碳中和"的重点行动

1. 从需求端的清洁发展跨越行动

首先，需求端加大新能源领域投资。从累计投资和年度产值两个角度看"碳中和"主题投资的规模。在2060年中国人均GDP达到4.8万美元，单位GDP能源消费达到0.12千克标准煤/美元的假设下，估计中国在 2060 年能源消费为 67.3 亿吨标准煤（对应 1 亿 EJ），其中终端电能消费比例 70%，剩余由氢能满足。国内绿色能源总投资 2060 年将会累计达到 55 万亿元。其中，国内光伏新增装机 20 万亿元，风电新增装机 14 万亿元，核电新增装机 5 万亿元，储能新增装机 7 万亿元，清洁制氢新增装机 9 万亿元；叠加海外光伏新增装机 47 万亿元也主要由国内光伏产业链承接，预计国内清洁能源行业将受益于总价值 102 万亿元的绿色能源投资。国内新能源年度产值有望从 2020 年的 0.77 万亿元增长到 2060 年的 10 万亿元水平。其中清洁发电有望从 0.7 万亿元扩张到 6 万亿元，覆盖我国全部电力需求。其次，按照集约高效、优化布局的原则，集约化开发建设大型清洁能源基地，具体包括：一是全面提速太阳能开发，规划开发 18 个大型太阳能发电，到 2030、2050、2060 年光伏装机分别达到 10 亿、32.7 亿和 35.5 亿千瓦，光热总装机分别达到 0.25 亿、1.8 亿和 2.5 亿千瓦，形成集中式与分布式并举开发格局。二是集约高效开发风电，规划开发 21 个大型陆上风电项目，2030、2050、2060 年风电装机分别达到 8 亿、22 亿和 25 亿千瓦，形成西北陆上、东南海上风电并举的局面。三是积极稳妥开发水电，建设七大流域水电基地，2030、2050、2060 年常规水电装机分别达到 4.4 亿、5.7 亿和 5.8 亿千瓦，形成西南水电集约开发格局。四是安全有序发展核电，2030、2050、2060 年核电装机分别达到 1.1 亿、2 亿和 2.5 亿千瓦。

2. 从供给侧看，化石能源转型行动

碳排放减量可能相当于另一次供给侧改革。未来高碳排放板块的新产能投放审批可能更为严格，而落后产能的退出有望提速，基础材料龙头在成本曲线上的优势地位有望进一步凸显，短期的供需错配或利好商品价格及板块龙头。碳排放交易下节能减排是长期环保趋势，能源行业是人类工业化的基础，因此"碳中和"并不仅仅是对于能源行业的一个转变，也将对工业领域的方方面面造成影响。中国将会在"十四五"期间建立完善的碳排放监测、管理、交易体系，通过总量控制和价格引导相结合的方式推动各个行业在进一步降低能耗的基础上，向降低排放的方向发展。

预计对于电能替代,特别是氢能替代和碳捕捉的技术投入将会有所加大,在应用端多管齐下实现"碳中和"目标。按照清洁低碳、结构优化的原则,以严控煤电规模、优化气电功能和布局为重点,合理有序减少化石能源使用。一是严控新增煤电、淘汰落后产能。煤电 2025 年左右达峰,峰值控制在 11 亿千瓦,2030 年降到 10.5 亿千瓦,2060 年煤电装机全部退出。二是科学发展气电,发挥调峰作用。2025、2030 和 2060 年气电装机分别达到 1.85 亿、3.3 亿和 3.2 亿千瓦。三是推动煤电转型、有序实现改建。积极发展生物质燃料发电和燃氢发电,2025 年和 2030 年生物质能消费总量分别达到 1.6 亿吨和 2 亿吨标准煤,分别发电 3 000 万千瓦和 4 000 万千瓦。到 2030 年清洁电力制氢经济性超过化石能源,电制燃料产业实现规模化发展,电解水制氢超过 400 万吨。2050 年燃氢发电装机 1 亿千瓦,2060 年燃氢发电装机 2 亿千瓦。四是降低燃油消耗,推动非能利用。力争 2030 年左右石油消费达峰,峰值 10.6 亿吨标准煤,到 2060 年下降到 2.2 亿吨标准煤。

3. 能源互联互通行动

首先,加快建设以特高压为骨干网架的东西部两个同步电网,加强与周边国家互联互通,形成"西电东送、北电南供、多能互补、跨国互联"的电网总体格局。2030 年形成东部"九横五纵"、西部"三横两纵"的格局,2050 年全面建成坚强可靠的东、西部同步电网,2060 年电网配置能源进一步提升。其次,构建中国电—碳市场。2030 年实现电力与碳市场整体融合,2025 年前形成完整的电—碳市场管理体系。

4. 全部电能替代行动

工业领域:钢铁行业发展电炉钢、氢能炼钢,2030 年电气化率比 2017 年提高 11%;化工领域发展电制原材料技术,2050 年氢产量 5 000 万吨。交通领域 2060 年电动汽车保有量 3.9 亿辆,替代率超过 90%,加快高速电气化铁路建设和电动飞机技术等。

5. 产业转型升级行动

一是着力培育战略性新兴产业,到 2030 年战略性新兴产业占 GDP

比重超过 20％，2060 年战略性新兴产业实现全面领跑。二是优化传统高耗能产业格局，2030 年六大高耗能行业占工业增加值比重降到 20％左右，2060 年高耗能行业能效水平全球领先，构建低碳生产体系。三是全面加速优化产业结构，以知识技术密集型和生产型服务业为主导产业，2030、2050、2060 年服务业吸纳就业人口比重分别超过 60％、70％和 75％。

三、中国碳交易市场发展演变过程

（一）《京都议定书》签订之后各类减碳机制应运而生

1.《联合国气候变化框架公约》（UNFCCC）应运而生

包括联合国在内的各大国际组织都对全球变暖表达了忧虑，并采取了具体行动，各国齐心减排，达成了多项协议致力于减少全球二氧化碳排放量，解决如今严峻的气候问题。1992 年 6 月，在巴西里约热内卢举行的联合国环境与发展大会上通过了《联合国气候变化框架公约》（UNFCCC），这是世界上第一个全面控制温室气体排放的国际公约，旨在将大气中温室气体浓度维持在一个稳定的水平。《联合国气候变化框架公约》于 1994 年 3 月 21 日正式生效，为国际社会在应对气候变化问题上确定了一个基本框架，并明确了"共同但有区别责任（CBDR）"等基本原则，即对温室气体排放负有主要历史和现实责任的工业化发达国家率先减排，并向发展中国家提供资金、技术等支持。这一公约拉开了全球减少碳排放的序幕。

2. 1997 年著名的《京都议定书》达成

《京都议定书》于 1997 年 12 月在日本京都由联合国气候变化框架公约参加国第三次会议制定，其目标为"将大气中的温室气体含量维持在一个适当的水平，进而防止剧烈的气候改变对人类造成伤害"。《京都议定书》于 1998 年 3 月 16 日至 1999 年 3 月 15 日间开放签字,共有 84 国签署,条约于 2005 年 2 月 16 日开始强制生效,到 2009 年 2 月,一共有 183 个国家签字参与。此后,全球各类减少碳排放机制相继出现,开启了碳交易的先河。

3.《京都议定书》中提及三大灵活减排机制

清洁发展机制(CDM):意在促进发达国家和发展中国家之间的合作,出自《京都议定书》第十二条。这一机制规定发达国家可以通过提供资金和技术的方式支援发展中国家的减排事业,在发展中国家落地减排项目。发展中国家获取了资金与技术,而发达国家可以通过这些项目的减排效果获取"经核证的减排量"(CER),经核证的减排量则可以用于发达国家缔约方抵消等量的碳排放量。

联合履行机制(JI):意在推动发达国家内部的合作,来自《京都议定书》第六条。与清洁发展机制类似,只不过参与主体从"发达国家—发展中国家"换成了"发达国家—发达国家"。其中一方发达国家在另一方发达国家落地节能减排项目,东道主方得到了资金与技术,出资方得到"减排单位"(ERU)。"减排单位"和"经核证的减排量"性质一样,仅叫法不同,出资方也可抵消等量的碳排放量。

国际排放贸易(IET):允许发达国家之间相互转让部分"允许排放量",来自《京都议定书》第十七条。即指一个发达国家,将其超额完成减排义务的指标,可以以贸易的方式转让给另外一个未能完成减排义务的发达国家,并同时从转让方的允许排放限额上扣减相应的转让额度。

通过清洁发展机制、联合履行机制和国际排放贸易三大机制有机结合,全球实现了不同机制下的减排工作:发达国家通过国际排放贸易约束倒逼自身产业结构调整减排,或通过联合履行机制在本国设立清洁项目实现减排;发展中国家通过清洁发展机制在本国设立清洁项目实现减排。而中国则主要通过清洁发展机制参与到国际碳交易市场中。

（二）中国的碳交易市场不断完善

1. 第一阶段：清洁发展机制主导阶段（2011 年前）

世界上第一个 CDM 项目于 2004 年 11 月注册成功，此后 2005 年 2 月 16 日《京都议定书》正式生效，为 CDM 市场的快速发展提供坚实的基础。同时，随着欧盟碳排放交易体系（EU-ETS）等需求市场的不断发展，CDM 项目规模亦日益壮大。2004 年 6 月 30 日，国家发展改革委、科技部、外交部联合签署的《清洁发展机制项目运行管理暂行办法》开始实施，北京安定填埋场填埋气收集利用项目向国家发改委报审后拿到了 001 号的 CDM 批准证书，成为我国政府批准的第一个 CDM 项目，标志着我国进入了通过清洁发展机制（CDM）与世界碳交易市场进行互动的发展阶段。

截至 CDM 项目市场停滞前（即 2012 年前），我国共批准 CDM 项目 5 074 个。其中，CDM 项目以新能源和可再生能源领域为主，获批项目共计 3 733 个，占总项目数比例高达 73.57%。目前我国 CDM 涉及项目共包含九大类——节能和提高能效、甲烷回收利用、垃圾焚烧发电、新能源和可再生能源、N_2O 分解消除、造林和再造林、燃料替代、HFC-23 分解、其他类型。根据 UNFCCC 官网提供的数据，从项目类型看，我国已经获得批准的新能源和可再生能源项目共计 3 733 个，节能和提高能效项目共计 632 个，甲烷回收利用项目共计 476 个，占据了我国 CDM 项目的主导地位。

从地理分布来看，CDM 项目多集中于四川省、云南省、内蒙古自治区等地。根据 UNFCCC 官网提供的数据，从项目地理位置分布来看，四川省共有获批项目 565 个、云南省有 483 个、内蒙古自治区有 381 个、甘肃省有 269、河北省有 258 个、山东省有 249 个、新疆维吾尔自治区有 201 个、湖南省有 200 个、山西省有 187 个、贵州省有 175 个，位列前十。

从实际减排效果来看，全国 31 个省市自治区共计实现减排量（估算年减排量）达 7.82 亿吨二氧化碳当量。UNFCCC 将各大 CDM 项目进行了年减排量预估,并将各类温室气体的减排转化为以每吨二氧化碳当量(tCO_2e)为计量单位。其中受 CDM 设立项目影响,四川、内蒙古等地效果较为明显,新能源和可再生能源行业、节能和提高能效行业减排效果明显。根据 UNFCCC 官网统计资料,我国通过 CDM 项目减排效果最为明显的前十大地区分别为四川省(0.89 亿吨二氧化碳当量)、山西省(0.56 亿吨二氧化碳当量)、内蒙古自治区(0.55 亿吨二氧化碳当量)、云南省(0.50 亿吨二氧化碳当量)、江苏省(0.44 亿吨二氧化碳当量)、浙江省(0.43 亿吨二氧化碳当量)、山东省(0.43 亿吨二氧化碳当量)、辽宁省(0.34 亿吨二氧化碳当量)、甘肃省(0.32 亿吨二氧化碳当量)、河北省(0.31 亿吨二氧化碳当量);通过 CDM 项目减排效果最为明显的前三大项目类型分别为新能源和可再生能源(4.59 亿吨二氧化碳当量)、节能和提高能效(0.97 亿吨二氧化碳当量)、甲烷回收利用(0.82 亿吨二氧化碳当量)。

2. 第二阶段:区域性碳交易市场主导阶段(2011—2021 年)

由于全球经济萧条、市场与环境成本矛盾突出、后京都时代减排责任未能落实、以及各国内部政策加强等多种原因,CDM 市场持续萎缩,目前已几乎停滞。在此背景下,我国开始着手在碳交易上另辟蹊径。2011年,国务院常务会议讨论通过了《"十二五"控制温室气体排放工作方案》,并表示我国将开展低碳发展的试验试点,探索建立碳排放交易市场,加快建立温室气体排放统计核算体系。紧随其后,国家发改委印发了《关于开展碳排放权交易试点工作的通知》,批准北京、上海、天津、重庆、湖北、广东和深圳 7 个省市开展碳交易试点工作。

从总成交额来看,各地交易所均运作良好,广东交易所、湖北交易所整体规模较大。根据各大交易所官方网站提供的数据,截至 2021 年 7 月初,广东碳排放权交易所累计成交额达 33.02 亿元,位列七大交易所之首。湖北碳排放权交易所与深圳碳排放权交易所累计成交额达 17.02 亿与 11.799 亿元,位列第二与第三。与此同时,北京交易所累计成交额为 9.04 亿元,上海交易所为 5.18 亿元,天津交易所为 4.08 亿元,重庆交易所为 0.42 亿元,依次递减。

从涉及行业来看,上海交易所纳入行业范围较为宽泛。上海碳排放配额交易所共纳入钢铁、石化、化工、电力、有色、建材、纺织、造纸、橡胶、化纤、航空、机场、港口、铁路、商业等多个行业,纳入企业数量较多,涉及行业最为广泛。

从交易种类来看,多数交易所仅涉及二氧化碳交易。但重庆交易所较为特别,共涉及二氧化碳、甲烷、全氟化碳、六氟化硫等多种气体的交易,形式较为独特。在七大碳交易所试点取得初步成功的同时,各市场价格不统一、交易信息不对称等问题逐渐暴露,且愈发严重。这也使得全国统一碳交易市场的出现成为应有之义。

3. 第三阶段:全国性碳市场主导阶段(2021 年后)

全国碳排放权交易于 2021 年 7 月 16 日正式开市。2021 年初,生态环境部正式发布《碳排放权交易管理办法(试行)》,对全国碳排放权交易及相关活动进行了规定,包括碳排放配额分配和清缴,碳排放权登记、交易、结算,温室气体排放报告与核查等,正式拉开了我国全国性碳交易市场的序幕。与此同时,生态环境部首先将发电行业纳入全国碳排放交易市场,并印发了配套的配额分配方案和 2 225 家重点排放单位名单。

我国的全国性碳交易市场采用"双城"模式,即上海环交所负责交易系统建设,湖北武汉负责登记结算系统建设。交易标的目前主要由碳排放配额(CEA)和国家核证自愿减排量(CCER)组成。其中,上海环交所已经出台了《关于全国碳排放权交易相关事项的公告》,规定了碳排放配额的相关交易规定,而对于国家核证自愿减排量,目前国家有关部门还没有出台关于其在全国性碳交易市场的全部交易细则。

(三)中国碳交易市场发展现状

1. 交易体系:全国市场将以配额市场为主导

从整体机制来看,我国碳市场涉及强制性的配额交易市场和中国核证自愿减排量市场两大市场。其中,强制性的配额市场为主导市场,核证自愿减排量市场为辅,二者相辅相成。根据《碳排放权交易管理办法(试行)》的规定,配额市场和自愿交易市场能够通过抵消机制产生联动。具体来说,重点排放单位可使用国家核证自愿减排量或生态环境部另行公布的其他减排指标。

其中,配额市场是指纳入重点排放单位名单的企业,国家每年将根据其碳排放情况向其分配一定量的配额二氧化碳排放权,碳排放配额可以在这些企业中进行交易。若企业最终年二氧化碳排放量少于国家给予其的碳排放配额,则盈余的碳排放配额可以作为商品出售;若企业最终年二氧化碳排放量多于国家给予其的碳排放配额,则短缺的二氧化碳配额则必须要从全国性碳交易市场中进行购买。因此,在高排放企业中碳排放权作为商品可以在企业之间进行流通,通过市场化手段完成碳排放权的合理分配。

但若仅有强制性的配额市场,则只能鞭策高排放企业减排,并没有对低排放企业进行“奖励”,自愿减排市场可作为对低碳企业的补充奖励而设立。仅有强制性的配额市场并不能激起节能减排行业企业减少碳排放的主观能动性。而自愿减排交易市场和强制性的配额市场略有不同。具有低碳属性的企业可以向相关部门递交自愿减排交易申请,将公司内部项目申报为自愿减排项目。一旦成功申请下自愿减排项目,则可以获得中国核证减排量(CCERs)。核证减排量可以用于抵消其不超过5％的二氧化碳排放量。如今我国七大市场中换算方式均为1单位核证减排量可抵消1吨二氧化碳当量的排放量。

2. 交易细则

(1)限制涨跌幅10％,与A股同时进行。

(2)交易场所——上海、武汉“双城制”。根据2022年1月11日上海环境能源交易所董事长赖晓明接受采访时透露的信息,我国的全国性碳交易市场会采用“双城”模式,即上海负责交易系统建设,湖北武汉负责登记结算系统建设。根据生态环境部的相关规定,全国碳排放权交易机构成立前,由上海环境能源交易所股份有限公司(以下简称"交易机构")承担全国碳排放权交易系统(以下简称"交易系统")账户开立和运行维护等具体工作。

(3)覆盖行业——初期很可能仅覆盖电力行业。根据上海环交所发布的《关于全国碳排放权交易相关事项的公告》,全国碳排放权交易市场覆盖的温室气体种类和行业范围将由生态环境部拟订,截至2021年7月尚未公开。但根据先前的信息,国家发改委2016年1月19日发布的《关于切实做好全国碳排放权交易市场启动重点工作的通知》中曾经提及电力行业亦成为首批纳入全国碳排放权交易体系的重点行业之一。因此各方推断,在全国碳交易市场启动初期很可能只覆盖电力行业,但未来全国性碳市场将会以电力行业作为突破口,按照"成熟一个、纳入一个"的原则来纳入其他行业。石化、化工、建材、钢铁、有色金属、造纸、国内民用航空等行业将被逐步纳入。

(4)参与主体——高碳排放的数千家"温室气体重点排放单位"企业。根据生态环境部发布的《碳排放权交易管理办法(试行)》,本次纳入全国性碳排放交易主体的企业(主要是CEA交易)具体名单尚未确定,但生态环境部已经给出大致范围:属于全国碳排放权交易市场覆盖行业的、年度温室气体排放量达到2.6万吨二氧化碳当量的"温室气体重点排放单位"。国家每年将根据其碳排放情况向其分配一定量的配额二氧化碳排放权,碳配额可以在这些企业中进行交易。

(5)交易模式——可以进行大宗交易。碳排放配额的交易可以采取协议转让、单向竞价等多种方式。协议转让包括挂牌协议交易和大宗协议交易。在挂牌协议交易方面,单笔买卖最大申报数量应当小于10万吨二氧化碳当量,其开盘价为当日挂牌协议交易第一笔成交价。当日无成交的,以上一个交易日收盘价为当日开盘价。收盘价为当日挂牌协议交易所有成交的加权平均价。挂牌协议交易的成交价格在上一个交易日收盘价的±10%之间确定。对于大宗协议交易,单笔买卖最小申报数量应当不小于10万吨二氧化碳当量。大宗协议交易的成交价格在上一个交易日收盘价的±30％之间确定。

（6）交易时间——与 A 股基本相同。根据上海环交所发布的《关于全国碳排放权交易相关事项的公告》，全国碳交易市场交易时间与 A 股基本相同。除法定节假日及交易机构公告的休市日外，采取挂牌协议方式的交易时间为每周一至周五上午 9：30 至 11：30、下午 13：00 至 15：00；采取大宗协议方式的交易时间为每周一至周五下午 13：00 至 15：00。

3. 市场化路径——碳交易所如何助力"碳中和"

实现"碳中和"需要的资金之大，不可能仅仅依靠政府补贴，也需要市场发力。碳交易所就是一种市场化途径。全国碳排放权交易也于 2021 年 7 月 16 日正式开市。尤其重要的是，不论是中国的还是欧盟的，碳市场的交易对象都是化石能源碳，方向是准确的。

第一种情况，如果企业减排成本低于碳交易市场价时，企业会选择减排，减排产生的份额可以卖出从而获得盈利。

第二种情况，当企业减排成本高于碳市场价时，会选择在碳市场上向拥有配额的政府、企业或其他市场主体进行购买，以完成政府下达的减排量目标。若未足量购买配额以覆盖其实际排放量则面临高价罚款。

通过这一套设计，碳交易市场将碳排放内化为企业经营成本的一部分，而交易形成的碳排放价格则引导企业选择成本最优的减碳手段，包括节能减排改造、碳配额购买或碳捕捉等，市场化的方式使得在产业结构从高耗能向低耗能转型的同时，全社会减排成本保持最优化。

4. 碳交易实现的过程

假设年初有两个公司 A 和 B，A 公司每年规定排放二氧化碳 100 吨/年，B 公司也是规定排放二氧化碳 100 吨/年；政府发放给 A 公司的碳配额是 100 吨/年，发放给 B 公司的碳配额也是 100 吨/年；年底，A 公司通过节能改造，仅排放二氧化碳 80 吨，多余的 20 吨二氧化碳配额就可以在碳交易市场上出售获得利润。反观 B 公司，可能为了扩大产能，加班加点生产，没有时间和资金去搞节能改造，导致二氧化碳排放达到 120 吨，同政府给的 100 吨碳配额相比,多排放了 20 吨二氧化碳。此时,B 公司只能去碳交易市场上购买 20 吨碳配额。这样 A 公司剩余的碳配额就满足了 B 公司的碳排放需求,碳交易最终得以实现。最终的效果是,A 和 B 的二氧化碳排放总量锁定在 200 吨,没有超过起初 200 吨的配额限制,完成了碳减排目标。

根据已有规划全国碳市场上线交易,首先,从电力系统推进,电力工业覆盖中国二氧化碳排放量的 35%;第二步将会引入建材行业的水泥和有色金属行业的电解铝,这两个行业引入后,覆盖的二氧化碳排放量会达到 47%;之后引入化工、建材、石化等八大行业,这八大行业会覆盖全国二氧化碳排放量的 70%。未来还会从生产领域扩展到生活领域,在我们生活中也会逐步引入碳市场的概念和实际应用,也就是我们个人的碳足迹。

5. 碳交易所面临的挑战

首先,要准确地测算不同经济主体的碳排放量,这本身就不容易;其次,碳交易市场涵盖的范围应该如何界定。可能在开始阶段把一些主要的、相对比较清楚的碳排放经济主体或厂商包括进来,但是这毕竟不是全部,甚至可能不占碳排放的大部分,从长远来看,怎样把更多的碳排放经济主体纳入碳交易体系,也是一个挑战。再次,碳排放的定价机制。目前来看,开始阶段大家都认为应该是免费的配额,随着时间推进,对市场运行机制更加了解之后,可能会走向竞拍的模式。从世界经验来看,欧盟碳交易市场早在 2005 年就已启动,但仍然经历了价格暴跌和价格震荡等问题,欧盟这 16 年的实践中,也并没有因为有了碳交易所就实现了"碳中和",只是在一定程度上缓和了碳排放的速度。从长远来看,碳交易市场是一个重要机制,但是在短期不能寄予太高期望。从其他国家的经验,包括欧洲碳交易市场的经验来看,碳交易所发展的过程——重新创建的市场走向成熟是一个相当长的过程。而且这里也会出现很多问题。最关键的是,过去没有碳交易市场,现在人为地通过政策或者机制的设计来创造一个新的市场,这就涉及所谓的交易成本的问题。

第十章　中国区域发电量与碳排放相关性的实证研究

一、研究背景与意义

(一)研究背景

全球变暖已成为当今世界的焦点问题,政府间气候变化委员会(IPCC)认为地球碳循环变化是导致全球变暖的主要原因。地球碳循环变化主要是由于人类大量使用化石燃料引起的。化石燃料的燃烧产生了大量的温室气体(主要是二氧化碳),导致地表温度大幅度升高。地表温度的升高引起了海水膨胀,造成了海平面上升。同时,气候的长期变化引起了干旱、强降水、热浪和热带气旋等极端天气,严重影响人们的生命财产安全。

面对气候问题的各种挑战,联合国和各国政府已经积极行动起来了。1992 年的《联合国气候变化框架公约》明确了工业化发达的国家应负主要责任,确定了发达国家应率先减排。1997 年通过的《京都议定书》是人类历史上首次以法规的形式限制温室气体排放的政府间协议。2005 年,《京都议定书》正式生效,进一步明确了发达国家的减排目标。2008 年 7 月,八国首脑发布宣言,确定了到 2050 年减少温室气体 50% 的目标。为了实现这一目标,全世界各个国家都积极行动起来了。我国向来都积极参与温室气体减排行动。根据国际温室气体排放公约,我国制定了《中国气候变化的应对方案》。2009 年 12 月,气候大会期间,我国承诺,到 2020 年中国单位 GDP 的 CO_2 排放要比 2005 年下降 $40\% \sim 45\%$。此外,国家的"十二五"规划也进一步明确了减少碳排放的指标。

中国是世界上增长最快的经济体,经济的快速发展带来了电力需求的迅猛增长。中国电力企业联合会发布的《2015年度全国电力供需形势分析预测报告》,公布了我国2014年的电力数据。数据显示,截至2014年底,中国的年发电量达到了5.65万亿千瓦时,居世界第一位。另外,我国是一个长期以煤电为主、电力生产粗放的国家,电力产业主要以火电为主,2014年火力发电量占全国总发电量的74.8%,年煤耗量占全国总煤炭消费量的一半以上,发电企业造成的CO_2排放一直是我国CO_2排放的主要部分,电能在我国被视为一种极不清洁的二次能源产品。因此,电力行业也成为我国能耗最大和CO_2排放最高的行业之一。所以,实现电力部门的节能减排,将是推动低碳经济、应对全球气候变化和实现电力可持续发展的核心战略。

(二)研究意义

目前,关于发电量的研究主要集中在发电量的预测、发电量的计算以及发电量的分配等方面,而关于碳排放的研究主要是碳排放特征、碳排放的影响因素、碳排放的计算方法、碳排放的测算等方面。关于发电量与碳排放之间关系的研究几乎没有,为了探索两者之间的相关性,提出我国电力行业低碳化发展的应对策略,本书的研究具有重要意义。

首先,分析了我国各类电源装机容量、增长速度情况,并进行了发电量的区域分析,对全面了解我国各区域电源结构具有重要意义。

其次,通过测算全国和分省的碳排放总量、人均碳排放量以及碳排放强度,并对碳排放进行了区域分析,对全面了解我国碳排放的历史现状以及区域差异具有重要意义。

再者,实证分析了全国以及分区域发电量与二氧化碳排放之间的因果关系和影响方向的差异,为我国的电源结构调整和节能减排提供了参考依据。

最后,基于STIRPAT模型重点分析了发电量、经济增长对碳排放影响的区域差异,对进一步了解碳排放的影响因素具有重要意义。

此外,对我国电力行业的减排潜力进行了研究,并给出了相应的政策建议,对我国电力减排工作具有重要意义。

二、国内外研究现状

(一)碳排放的研究综述

1. 国外研究现状

近年来,由于碳排放问题日益严重,关于碳排放问题的研究日益增多。国外关于碳排放的研究内容较为丰富,主要是研究碳排放与经济增长之间的关系的:

首先,协整理论和格兰杰因果检验为探究两者关系提供了一种有效的分析方法。Philip Kofi Adom 等使用边界协整的方法调查研究了三个非洲国家(加纳、塞内加尔、摩洛哥)经济增长与二氧化碳排放量之间的长期均衡关系,研究结果表明加纳和塞内加尔存在双向的长期均衡关系,而摩洛哥只存在单向的长期均衡关系。Usama Al-mulali 等使用规范协整回归(CCR)探索了拉丁美洲和加勒比海国家二氧化碳排放与经济增长之间的因果关系,发现 60%的国家有双向的长期均衡关系。Lin-Sea Lau 等认为马来西亚也存在双向的长期均衡关系。Rashid Sbia 等将 ARDL 边界测试方法应用于协整检验,证实了阿联酋也存在长期均衡关系。

其次,基于环境库兹曲线(EKC)的研究。Holtz-Eakin D. 和 Thomas M. 的研究认为,经济学水平和建模理论水平会影响对 EKC 曲线的估计。一些学者的研究表明 EKC 曲线是存在的:Behnaz Saboori 和 Jamalludin Sulaiman 基于向量误差修正模型发现新加坡和泰国长期存在 EKC 曲线。Pendo Kivyiro 和 Heli Arminen 基于自回归分布滞后模型研究 6 个撒哈拉以南的非洲国家,结果表明刚果(金)、肯尼亚和津巴布韦存在 EKC 曲线。Hassan Heidari 等应用平稳过渡的面板回归(PSTR)模型发现 EKC 曲线存在的东盟国家有:印度尼西亚、马来西亚、菲律宾、新加坡和泰国;还有一些学者如 Marzio Galeott、Fabien Prieur、Pendo Kivyiro 和 Heli Arminen 认为 EKC 曲线是不存在的。Lantz 和 Feng 认为一些欠发达国家人均收入与人均二氧化碳排放之间是一个正的线性关系,同时 Matloub Hussain 和 Muhammad Irfan Javaid 通过对土耳其的研究,证明了两者之间也是单调递增的线性关系;还有一些学者认为经济增长与环境质量之间并不是一种简单的倒 U 型关系。例如,Moomaw 和 Unruh 认为 OECD 中的大多数国家存在 N 型曲线。Nektarios Aslanidis 和 Susana Iranzo 利用分层贝叶斯估计的方法研究发现:工业化水平较高的国家则会出现倒 U 型曲线,并有可能演变成 N 型,而 Burcu Ozcan 采用面板数据的方法研究中东国家发现,有五个中东国家是正 U 型,三个是倒 U 型。

2. 国内研究现状

关于碳排放的研究,我国学者起步较晚。主要集中在三个方面:碳排放与经济增长、碳排放的影响因素以及碳排放的区域差异。

(1)碳排放与经济增长

刘耀彬、付加锋等、林伯强、许广月、魏下海等、郑丽琳通过实证分析认为碳排放与经济增长间呈倒 U 型关系。陆虹通过构建状态空间模型,发现人均碳排放与人均 GDP 之间呈现交互影响作用,并不是简单的倒 U 型关系。胡初枝、易艳春等基于 EKC 模型的研究却发现经济增长与碳排放之间呈 N 型曲线关系。龙志和和陈青青构建了面板数据的 EKC 模型,对全国及分区域的碳排放与经济增长之间的相互关系进行了研究,结果发现全国和东部地区存在倒 N 型 EKC 曲线关系,而中西部地区则是单调递增的线性关系;另外还有一些研究发现,倒 U 型曲线是不存在的,例如王耀中、李卫兵等。

(2)碳排放的影响因素

关于碳排放影响因素的研究,国内学者大多是利用对数均值迪氏指数分解法(以下简称 LMDI 分解法)进行的研究。例如:王锋、邓吉祥、侯建朝、谭忠富、王常凯、谢宏佐等。

基于 LMDI 分解法得出了一系列结论:郭朝先认为经济增长是我国 CO_2 增长的最主要因素,能源利用效率则是抑制 CO_2 增长的最主要因素。薛勇等通过测算亚洲金融危机期间 CO_2 排放量的变化,发现国内最终需求、出口成长和出口结构的改变可以促进 CO_2 排放的增长,而能源替代则会抑制 CO_2 的排放。贺红兵认为经济增长是碳排放增长的最重要影响因素,而能源燃烧是碳排放的最直接影响因素。仲云云、仲伟周的研究结果表明:人均 GDP 决定了碳排放的增长,而能源强度则抑制了碳排放的增长。赵志耘、杨朝峰认为经济增长和城市化是促进碳排放增长的主要因素,能源利用效率则是抑制碳排放的主要因素。鲁万波等从产业结构的角度分析发现总产值和产业结构为第一、第二助长因素,能源强度和能源结构为第一、第二制约因素。霍沫霖等对电力工业碳排放强度进行研究发现,发电煤耗下降是碳排放强度下降的长期原因。任晓松、赵国浩分析了工业碳排放,发现人均工业产值对工业碳排放影响最大。

(3)碳排放的区域差异

徐大丰认为我国的碳排放总量存在明显的区域差异,东部地区明显高于中西部地区。张珍花等以碳排放多少进行了区域划分,结果发现轻度排放区的差异在缩小,而中度与重度排放区的差异在逐步扩大。曹洪刚等运用泰尔指数法分别以人口和经济增长两种权重指标来研究碳排放的区域差异,结果发现两种指标的区域差异都呈下降趋势,且前者的区域差异小于后者。杨骞、刘华军认为能源结构、能源强度、产业结构以及人均 GDP 是导致碳排放区域差异的主要因素。

刘华军、赵浩以碳排放强度作为指标进行了实证研究,结果显示:我国的碳排放强度在空间分布上具有明显的非均衡特征,且区域差异逐渐增大。彭觅等关于碳排放强度区域差异的研究发现:工业水平较高的省份,碳排放强度较高。以交通和生活为主的省份,碳排放强度较低,且制造业的产业结构对碳排放强度起抑制作用。

庞丽对我国农业碳排放的区域差异进行了评价,结果表明:农业碳排放总量和碳排放强度的区域差异逐渐缩小。

王群伟等通过构建二氧化碳排放绩效指标研究发现:我国二氧化碳排放绩效总体上偏低,区域二氧化碳绩效差异较为明显。此外,王媛等认为区域分工是造成省级碳排放绩效区域差异的主要因素。

唐建荣、王清慧基于泰尔熵指数系统分析了碳排放效率的差异。研究结果表明:各区域的碳排放效率存在很大差距,总体上呈现东高西低、中部改善迅速的态势。周五七、聂鸣则研究了工业碳排放效率,结果表明东部工业碳排放效率显著高于中部、东北与西部,西部、中部、东北三大区域的工业碳排放效率差距较小。

(二)电力行业减排潜力研究综述

目前关于电力行业减排潜力的研究主要分为两类:一类是研究发电技术、电源结构以及减排政策等因素带来的减排潜力;另一类是基于情景分析的方法,根据国家规划、经济发展水平和技术水平构建不同的情景来预测未来的减排潜力。

1. 国外研究综述

Nils M. 和 Stuart H. 重点研究了碳捕获和储存技术(carbon capture and storage,CCS)对电力行业碳减排的影响。N. Markusson 把 CCS 技术视为解决气候变化问题的关键技术。Raymond 认为 CCS 技术和新兴可再生能源技术包括风能、太阳能、地热和生物质能,是未来实现低碳电力的重要途径。

Andrew 通过仿真分析了美国的西部电网,结果发现:减少电力碳排放的关键是加强风电和生物质能发电。Alam Hossain 等基于孟加拉国的情景分析,认为大力发展可再生能源可以减少碳排放。Sebastian 和 Matthew 基于美国减排情景分析认为碳定价政策对减排影响显著。Grimston 认为间歇性可再生能源(尤其是风能和太阳能)是实现低碳电力的重要途径。Gül 和 Romeo 基于英国电力市场的情景分析,认为技术条件和电价水平会影响节能减排。

2. 国内研究综述

基于技术减排，我国学者进行了一系列研究。张颖等通过建立LEAP模型评估了我国电力行业碳减排潜力，基于三种不同政策情景分析了我国 2000—2030 年的碳排放情况，发现减排能否实现主要取决于措施执行力度和技术进步投资。康重庆等全面阐述了低碳电力面临的挑战，认为电力行业减排潜力巨大，但技术要求较高。丁军威等创造性地提出了基于发电技术的研究方法。霍沫霖等认为水电、核电、陆上风电、生物质能发电在技术减排中具有巨大潜力。

而陈启鑫等则认为电源规划在电力系统节能减排中起到了关键作用。刘贞的分析认为产业结构、电源结构、节能政策和节能减排技术对电力行业碳减排的影响巨大。同时，刘贞等在 2014 年的研究中发现：加大节能减排技术的投入和使用是实现电力减排的关键，此外还应大力发展清洁电源，改善我国的电源结构。顾佰和等探索了电力行业 2015 年和 2020 年的碳减排潜力，利用 LMDI 分解法对电力碳排放的减排影响因素进行了分解，研究发现减少终端电力消费、提高火力发电效率以及加强低碳能源发电量是实现电力减排的重要途径。

关于电力行业减排潜力的研究，还有一些学者研究的是发电调度模式对减排潜力的影响，例如，史述红等的年度差别电量计划以及曾鸣的节能发电调度。

(三)研究思路

根据目前国内外碳排放的研究现状，同时结合自身的专业知识，本书主要研究以下几个问题：

(1)探讨我国电源结构现状以及各类电源装机容量和增长情况。

(2)测算全国以及分省碳排放总量、人均碳排放和碳排放强度，并进一步研究区域分布差异特征。

(3)探究全国发电量和二氧化碳排放量之间的因果关系。

(4)研究不同区域发电量和二氧化碳排放量之间的因果关系(将全国

按照发电量多少分为低、中、高发电量以及全国整体四个区域进行比较)。

(5)研究不同区域发电量、经济增长对碳排放的影响因素差异。

(6)分析我国电力行业碳排放的减排潜力,并提出相应的政策建议。

三、我国电源结构以及发电量的区域分析

(一)我国电源结构整体现状

我国 2000 年以来发电装机容量以及年增长率见图 10-1。由该图可知,我国装机容量逐年增长,截至 2014 年底,全国发电装机容量为 13.6 亿千瓦,同比增长 9.0%。发电装机容量年增长率自 2002 年以来呈直线增长,并在 2006 年达到峰值,年增长率高达 20.6%。此后增速大幅度降低,到 2008 年以后趋于平缓,近年来稳步增长。

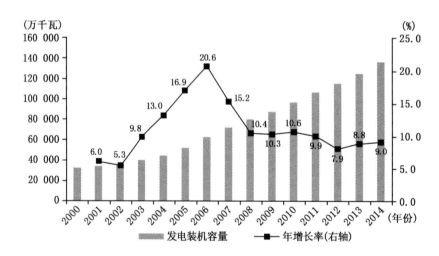

图 10-1 2000—2014 年发电装机容量及年增长率

我国 2000 年以来各类电源发电量如图 10-2 所示,图中可以清晰地看出,我国发电量直线增长,2014 年发电量达到 5.65 万亿千瓦时,其中火力发电量与发电量增长趋势较为接近,这说明在我国火电机组发电量

比重较高,火电是我国最主要的发电方式,其次是水电,而其他类型发电量增长较为缓慢。

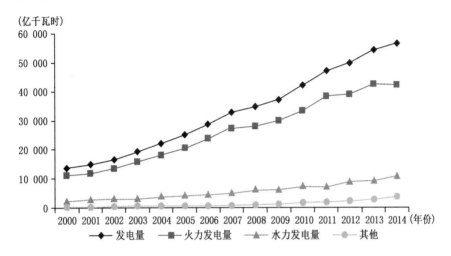

图 10－2　2000—2014 年各类电源发电量

我国 2000 年以来各类电源发电量所占比重如图 10－3 所示,可以清晰地看出,我国火力发电量占比逐年下降,2014 年约为 75%,非化石能源发电量占比逐年上升,2014 年约为 25%。非化石能源发电量中水电比重较高。

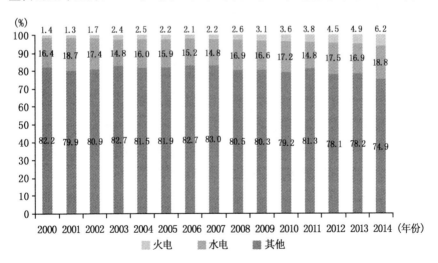

图 10－3　2000—2014 年各类电源发电量占比

(二)分类电源结构现状分析

受我国地域条件以及资源禀赋的影响,我国电源分布不平衡, 图 10—4 给出了我国 2014 年各类电源装机容量结构饼图,由图 10—4 可 知,火电是我国主要的发电方式,火电装机容量占总装机容量比重 67.32%,非化石能源占比约为 32.68%。非化石能源中以水电 (22.16%)为主,其次是风电(7.04%)、太阳能(1.95%)、核电(1.46%), 下面将进一步分析我国各类电源结构现状。

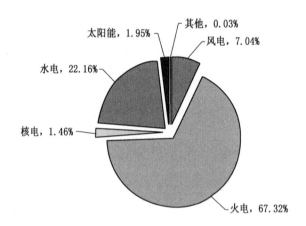

图 10—4　2014 年各类电源装机容量

1. 火电

我国 2000 年以来火电装机容量以及年增长率见图 10—5,由该图可 知,我国火电装机容量逐年增长,2014 年装机容量达到 9.2 亿千瓦,比 2013 年增长 6.2%。火电装机容量年均增速趋于平稳,年增长率自 2006 年以来大幅度下降,近年来一直稳步降低。

2. 水电

我国 2000 年以来水电装机容量以及年增长率见图 10—6。由该图 可知,我国水电装机容量逐年增长,2014 年水电装机容量达到 3 亿千瓦, 年增长率达到 7.8%。就增长速度而言,我国水电装机容量增速在 2008

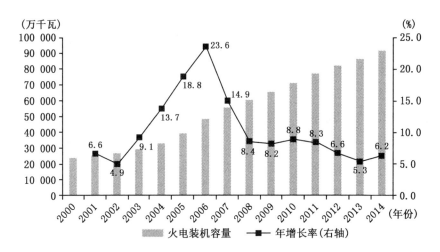

图 10－5 2000—2014 年火电机组装机容量及年增长率

年达到峰值,约为 16.4％;2008 年以后,水电装机容量增速略微放缓,至
2013 年有了大幅度回升。

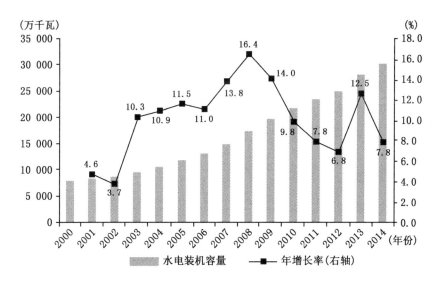

图 10－6 2000—2014 年水电机组装机容量及年增长率

3. 核电

我国 2000 年以来核电装机容量以及年增长率见图 10－7。由该图可知,我国核电装机容量波动增长,2014 年全国核电装机容量 1 988 万千瓦,同比增长 36.1％,是 2013 年增速的两倍。核电装机容量增长率受国家政策影响变化幅度较大,2002 年由于我国核电技术日益成熟,核电装机容量有了大幅度增长,受 2008 年福岛核电站核泄漏影响,我国核电装机增速为零。自 2011 年以后年增长率有了大幅度回升。

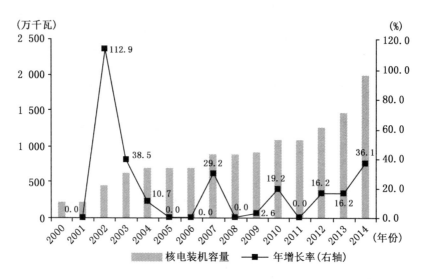

图 10－7 2000—2014 年核电机组装机容量及年增长率

4. 风电

我国 2000 年以来风电装机容量以及年增长率见图 10－8。由该图可知,我国风电装机容量 2005 年以前基本为零,尔后 4 年以超过 90％的速度增长。2014 年,主要受风电上网电价政策调整预期影响,全国的并网风机容量约为 9 581 万千瓦,比上年增长了 26.9％。就增长速度而言,我国风电装机容量增速在 2009 年达到峰值,高达 109.8％,尔后增速放缓,在 2014 年略有回升。

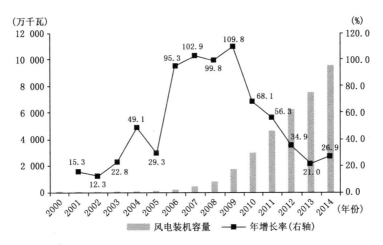

图 10-8 2000—2014 年风电机组装机容量及年增长率

5. 太阳能

我国 2000 年以来太阳能装机容量以及年增长率见图 10-9。由该图可知,我国太阳能发电装机容量在 2009 年以前基本为零,2009 年以后以年均超过 100% 的增长速度持续增长,并在 2011 年达到峰值,年增长率高达 312.5%。2014 年太阳能装机容量达到 2 652 万千瓦,年增长率达到 46.5%。

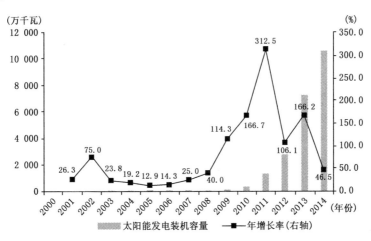

图 10-9 2000—2014 年太阳能装机容量及年增长率

(二)发电量的区域分析

从发电量的角度来看,各区域发电量逐年增长,2000 年之前增长缓慢,2000 年以后增长迅猛,各区域的发电量曲线变化趋势基本相似。各区域发电量中,东部地区比重较大,超过 50%,远高于中部和西部地区;从火力发电量的角度来看,东部地区比重仍然最高,其次是中部、西部地区。其中,东部地区的火力发电量在 2008 年首次出现负增长,近年来波动频繁,西部地区火电增长则较为平缓(见表 10—1、图 10—10、图 10—11)。

表 10—1 　　　　　　　　区域发电量与火力发电量 　　　　　单位:亿千瓦时

年份	发电量			火力发电量		
	东部	中部	西部	东部	中部	西部
1995	4 989.1	3 277.3	1 803.9	4 279.4	2 678.6	1 065.9
1996	5 401.6	3 473.1	2 061.1	4 699.2	2 885.9	1 192.4
1997	5 758.7	3 577.6	2 019.3	4 976.2	2 997.5	1 267.0
1998	5 765.2	3 582.3	2 062.2	5 037.6	2 982.0	1 247.1
1999	6 179.5	3 657.0	2 152.3	5 480.5	3 119.1	1 268.7
2000	6 964.2	3 967.0	2 355.6	6 217.3	3 337.9	1 329.7
2001	7 571.2	4 352.0	2 884.8	6 558.6	3 653.5	1 555.4
2002	8 291.3	4 734.4	2 998.3	7 378.0	4 057.1	1 852.6
2003	9 875.7	5 666.8	3 573.5	8 684.2	4 839.0	2 280.4
2004	11 114.1	6 798.2	4 120.8	9 874.3	5 538.0	2 543.6
2005	12 632.1	7 768.8	4 601.7	11 173.8	6 437.3	2 862.4
2006	14 377.2	8 865.1	5 415.0	12 718.5	7 501.8	3 475.8
2007	15 977.4	10 614.7	6 223.4	14 258.0	8 975.5	3 995.8
2008	16 613.1	11 349.0	6 706.8	13 721.8	9 236.6	4 113.9
2009	17 376.5	12 135.6	7 634.4	15 216.1	9 991.6	4 620.1
2010	19 770.8	13 591.6	8 709.1	17 121.3	11 048.3	5 149.7
2011	21 833.9	15 244.0	10 052.4	19 380.8	12 824.5	6 131.7
2012	22 411.2	16 037.4	11 427.0	18 934.0	12 691.4	6 241.5
2013	23 925.6	16 959.4	13 090.7	20 779.4	14 138.6	7 234.5

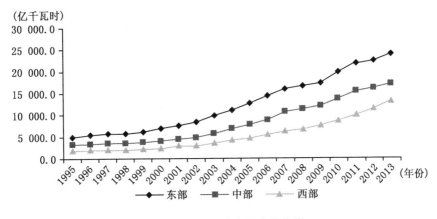

图 10－10　区域发电量变化曲线

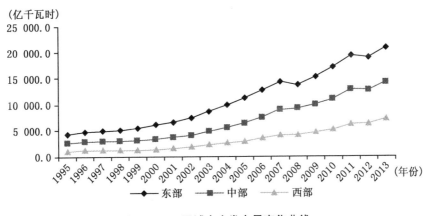

图 10－11　区域火力发电量变化曲线

四、碳排放的测算以及区域分析

（一）碳排放的测算

关于我国碳排放的测算方法，依据《IPCC 清单》的基本方法，以排放系数法为主，从能源消费活动、工业生产过程两个方面出发，分别计算碳排放量,再经过汇总得到碳排放总量。全国能源消费碳排放测算中选取煤炭、石油、天然气作为基础数据,而在区域能源碳排放测算中则选取煤炭、焦炭、汽油、煤油、柴油、燃料油、天然气7种能源作为基础数据;工业碳排放则以水泥生产量、钢铁生产量和含氮化肥量作为基础数据。

能源活动中碳排放主要来源于化石燃料的燃烧,根据能源消耗、燃烧值、碳排放因子和氧化系数,得到二氧化碳估算式如下:

$$CE^t = \sum_i CE_i^t = \sum_i E_i^t \times V_i \times EF_i \times O_i \times 44/12 \quad (10-1)$$

式中:CE^t 为第 t 年的二氧化碳排放总量(吨);CE_i^t 为第 t 年燃料 i 的二氧化碳排放总量;E_i^t 为第 t 年燃料 i 的能源消耗总量;V_i 为燃料 i 的燃烧值;EF_i 为燃料 i 的碳排放因子(吨/千焦);O_i 为燃料 i 的氧化系数。

表 10—2 列出了燃烧值 V_i、碳排放因子 EF_i 和氧化系数 O_i 的值。

表 10—2　　　　　　　　　　燃烧值、碳排放因子和氧化系数

燃料	燃烧值(kJ/kg、kJ/m³)	碳排放因子(tc/kJ)	氧化系数
原煤	20 934	25.8	0.90
原油	41 868	20.0	0.98
焦炭	16 766	12.1	0.99
汽油	43 124	19.1	0.98
煤油	43 124	19.6	0.98
柴油	42 705	20.2	0.98
燃料油	41 868	21.1	0.98
天然气	38 931	15.3	0.99

数据来源:《IPCC 报告》。

工业碳排放则以水泥生产量、钢铁生产量和含氮化肥量作为基础数据,根据各类二氧化碳排放系数来计算。表 10—3 列出了水泥生产量、钢铁生产量和含氮化肥量的二氧化碳排放系数。

表 10－3   二氧化碳排放系数

类别	排放系数
水泥	0.52
钢铁	0.29
含氮化肥	1.46

1. 能源活动中碳排放的测算

根据上文给出的碳排放的测算方法计算可得 1980—2014 年能源消费碳排放,结果见表 10－4。

表 10－4   能源消费碳排放   单位:万吨

年份	碳排放量			碳排放总量	年增长率
	煤炭	石油	天然气		
1980	100 483.47	26 695.25	3 046.8	130 225.52	—
1981	99 781.85	25 085.18	2 697.92	127 564.94	−2.04%
1982	106 895.24	24 797.05	2 578.73	134 271.02	5.26%
1983	113 170.31	25 317.13	2 628.57	141 116.01	5.10%
1984	123 472.79	26 139.83	2 734.75	152 347.38	7.96%
1 985	134 400.14	27 691.61	2 801.93	164 893.68	8.24%
1986	141 666.87	29 380.51	2 981.79	174 029.17	5.54%
1987	152 839.95	31 144.91	3 009.96	186 994.82	7.45%
1988	163 636.04	33 501.57	3 111.81	200 249.42	7.09%
1989	170 344.27	34 985.09	3 257	208 586.36	4.16%
1990	173 796.38	34 688.81	3 304.68	211 789.87	1.54%
1991	181 881.5	37 402.16	3 445.53	222 729.19	5.17%
1992	187 897.67	40 330.84	3 441.2	231 669.71	4.01%
1993	199 154.42	44 461.27	3 631.89	247 247.58	6.72%
1994	211 692.65	45 170.11	3 758.01	260 620.77	5.41%
1995	226 753.2	48 519.21	3 844.47	279 116.88	7.10%
1996	238 377.66	53 220.15	4 028.45	295 626.26	5.91%
1997	229 341.88	59 472.87	4 256.85	293 071.61	−0.86%

年份	碳排放量			碳排放总量	年增长率
	煤炭	石油	天然气		
1998	213 273.65	59 860.06	4 390.34	277 524.06	−5.31%
1999	229 487.22	63 644.37	4 657.75	297 789.34	7.30%
2000	232 378.03	67 942.12	5 374.16	305 694.31	2.65%
2001	222 345	70 038.44	6 002.59	298 386.03	−2.39%
2002	233 216.07	74 868.34	6 327.64	314 412.05	5.37%
2003	278 725.19	83 115.9	7 348.3	369 189.39	17.42%
2004	318 852.61	93 203.37	8 602.99	420 658.97	13.90%
2005	381 858.76	98 270.36	10 382.75	490 511.87	16.61%
2006	420 092.88	105 646.6	12 165.75	537 905.23	9.66%
2007	449 212.5	111 143.36	15 282.33	575 638.19	7.01%
2008	462 964.98	113 468.91	17 616.41	594 050.3	3.20%
2009	487 237.12	115 928.87	19 398.98	622 564.97	4.80%
2010	514 253.52	130 609.15	23 311.5	668 174.17	7.33%
2011	564 839.05	132 785.63	28 285.85	725 910.53	8.64%
2012	580 809.72	140 979.67	31 703.21	753 492.61	3.80%
2013	699 029.52	146 939.22	36 955.37	882 924.11	17.18%
2014	678 757.67	153 426.16	38 702.62	870 886.45	−1.36%

由表 10—4 可知,能源消费的碳排放总量在 1980—2014 年之间逐年增加,35 年间增长到了 8.3 倍。其中 1980 年到 2002 年增长较为缓慢,年增长率皆在 10% 以下,而 2003 年能源消费的碳排放总量增加了 17.42%,并且以每年超过 13% 的年增长率快速增长了三年,这是经济快速增长带来了能源需求的增加,从而引发了碳排放量的上升。2006—2013 年年均增长率约在 7% 左右,这是由于我国的减排工作取得了阶段性的进展,但 2014 年的能源碳排放出现了首次下降,这说明我国的减排取得了阶段性成果。

图 10—12 描绘出 1980—2014 年三种能源消费碳排放的折线图:

从图 10—12 可以清晰地看出,化石燃料消费引起的碳排放变化呈现

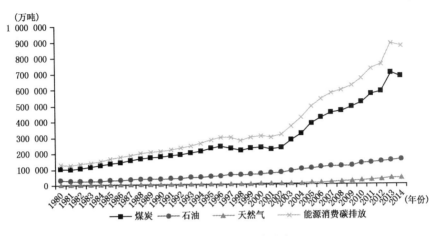

图 10—12 能源消费碳排放

出随着时间的推移逐渐增多的趋势,其过程大致可以分为三个阶段:
(1)缓慢增长期(1980—1995 年前后),该阶段碳排放量由 1980 年的
13.02 亿吨上升到 1995 年的 27.91 亿吨,年均增长率约为 7.6%;(2)波
动上升期(1995—2000 年):该阶段化石燃料消费引起的碳排放由 27.91
亿吨增加到 30.57 亿吨,年均增长率约为 1.9%,其中 1998 年出现了下
降;(3)快速增长期(2001—2014 年):化石燃料消费引起的碳排放由
30.57 亿吨增加到 88.29 亿吨,年均增长率约为 14.5%。

从能源消费的种类来看,煤炭消费产生的碳排放的走向与碳排放总
量的走向最为接近,这是因为煤炭消费一直处于我国能源消费的主导地
位,煤炭消费碳排放决定了能源消费碳排放的总体趋势,即使近年来煤炭
消费比重有所下降,但是仍处于主导地位,能源消费主要依靠煤炭的现实
在短期内很难改变。石油碳排放增长较为平缓,作为清洁能源的天然气,
在 2005 年有了明显增长,这得益于我国以气代煤政策的实施。

2. 工业生产过程中碳排放的测算

根据上文给出的碳排放的测算方法计算可得 1980—2014 年工业生
产碳排放,结果见表 10—5,分类碳排放折线图见图 10—13。

表 10—5　　　　　　　　　　　工业生产过程中碳排放的测算　　　　　　　　　单位:万吨

年份	碳排放量			碳排放总量	年增长率
	水泥	钢铁	合成氨		
1980	3 114.54	3 707.92	2 186.2	9 008.66	—
1981	3 233.1	3 556.08	2 165.76	8 954.95	−0.60%
1982	3 712.97	3 711.91	2 257.6	9 682.48	8.12%
1983	4 221.75	3 997.6	2 448.57	10 667.91	10.18%
1984	4 797.78	4 342.22	2 682.6	11 822.6	10.82%
1985	5 692.05	4 673.85	2 509.45	12 875.35	8.90%
1986	6 476.4	5 214.26	2 442.43	14 133.09	9.77%
1987	7 263.75	5 621.81	2 833.28	15 718.84	11.22%
1988	8 195.46	5 936.46	2 900.06	17 031.98	8.35%
1989	8 201.49	6 152.23	3 019.44	17 373.16	2.00%
1990	8 178.69	6 627.7	3 108.34	17 914.73	3.12%
1991	9 851.79	7 092.19	3 214.34	20 158.32	12.52%
1992	12 020.58	8 085.1	3 355.23	23 460.9	16.38%
1993	14 347.32	8 946.15	3 201.05	26 494.52	12.93%
1994	16 426.02	9 250.81	3 558.02	29 234.85	10.34%
1995	18 548.63	9 525.5	4 038.21	32 112.34	9.84%
1996	19 156.37	10 112.92	4 517.53	33 786.83	5.21%
1997	19 957.78	10 882.19	4 380.44	35 220.41	4.24%
1998	20 904	11 546.29	4 575.93	37 026.22	5.13%
1999	22 347	12 412.33	5 010.31	39 769.64	7.41%
2000	23 283	12 835.87	4 911	41 029.87	3.17%
2001	25 780.56	15 146.76	5 003.86	45 931.17	11.95%
2002	28 275	18 216.55	5 365.94	51 857.49	12.90%
2003	33 621.16	22 209.14	5 581.14	61 411.45	18.42%
2004	37 705.98	28 259.97	6 037.25	72 003.19	17.25%
2005	41 685.07	35 285.12	6 710.6	83 680.79	16.22%
2006	48 233.83	41 868.74	7 207.74	97 310.31	16.29%
2007	53 085.73	48 874.98	7 549.81	109 510.51	12.54%

续表

年份	碳排放量			碳排放总量	年增长率
	水泥	钢铁	合成氨		
2008	55 518.73	50 250.41	7 119.31	112 888.46	3.08%
2009	64 115.13	57 155.29	7 499.14	128 769.57	14.07%
2010	73 394.56	63 652.89	7 248.3	144 295.75	12.06%
2011	81 871.09	68 452.93	7 668.94	157 992.96	9.49%
2012	86 183.79	72 308.59	8 071.46	166 563.85	5.42%
2013	94 229.30	77 818.41	8 388.14	180 435.85	8.33%
2014	96 571.55	79 912.00	8 321.26	184 804.81	2.42%

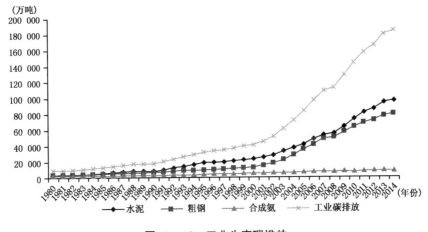

图 10—13　工业生产碳排放

　　从整体上来看,我国工业生产过程中排放的碳排放量呈指数形式递增,碳排放量从 1980 年的 0.9 亿吨增加到 2013 年的 18.48 亿吨,增长超过 20 倍,由图 10—13 可知,水泥和钢铁产生的碳排放在工业生产过程中占有重要比重,远远高于合成氨产生的碳排放。自 1982 年水泥碳排放首次超越钢铁碳排放后,两者几乎保持同步上升的趋势,尤其是 2000 年以后增速尤为明显,年增长率均超过 10%,这是由于工业的快速发展以及城市化进程的加速,带来了水泥、钢铁以及合成氨需求的增加,从而引起碳排放的增长。

3. 碳排放的历史与现状

为了能够进一步了解我国各个时期碳排放的历史过程,本节从碳排放总量、人均碳排放、碳排放强度(单位 GDP 产生的碳排放)三个角度来进行分析,具体数据见表 10—6。

表 10—6 1980—2013 年我国碳排放现状

年份	碳排放总量 (万吨)	年增长率 (%)	人均碳排放量 (吨/人)	年增长率 (%)	碳排放强度 (吨/万元)	年增长率 (%)
1980	139 234.18	—	1.41	—	9.91	—
1981	136 519.89	−1.95	1.36	−3.29	9.24	−6.77
1982	143 953.5	5.45	1.42	3.80	8.94	−3.28
1983	151 783.92	5.44	1.47	4.05	8.51	−4.80
1984	164 169.98	8.16	1.57	6.76	7.99	−6.12
1985	177 769.03	8.28	1.68	6.76	7.62	−4.64
1986	188 162.26	5.85	1.75	4.22	7.4	−2.83
1987	202 713.66	7.73	1.85	5.97	7.14	−3.57
1988	217 281.4	7.19	1.96	5.52	6.87	−3.70
1989	225 959.52	3.99	2	2.45	6.86	−0.21
1990	229 704.6	1.66	2.01	0.21	6.71	−2.19
1991	242 887.51	5.74	2.1	4.38	6.49	−3.23
1992	255 130.61	5.04	2.18	3.83	5.97	−8.08
1993	273 742.1	7.29	2.31	6.08	5.62	−5.83
1994	289 855.62	5.89	2.42	4.71	5.26	−6.36
1995	311 229.22	7.37	2.57	6.25	5.09	−3.26
1996	329 413.09	5.84	2.69	4.75	4.9	−3.71
1997	328 292.02	−0.34	2.66	−1.34	4.47	−8.76
1998	314 550.27	−4.19	2.52	−5.06	3.97	−11.16
1999	337 558.98	7.31	2.68	6.44	3.96	−0.28

续表

年份	碳排放总量（万吨）	年增长率（%）	人均碳排放量（吨/人）	年增长率（%）	碳排放强度（吨/万元）	年增长率（%）
2000	346 724.17	2.72	2.74	1.94	3.75	−5.27
2001	344 317.2	−0.69	2.7	−1.38	3.44	−8.30
2002	366 269.54	6.38	2.85	5.69	3.36	−2.49
2003	430 600.84	17.56	3.33	16.86	3.59	6.86
2004	492 662.17	14.41	3.79	13.74	3.73	3.94
2005	574 192.66	16.55	4.39	15.86	3.9	4.67
2006	635 215.54	10.63	4.83	10.05	3.83	−1.83
2007	685 148.7	7.86	5.19	7.30	3.62	−5.55
2008	706 938.76	3.18	5.32	2.66	3.41	−5.88
2009	751 334.53	6.28	5.63	5.76	3.31	−2.70
2010	812 469.92	8.14	6.06	7.62	3.24	−2.26
2011	883 903.48	8.79	6.56	8.27	3.22	−0.63
2012	920 056.46	4.09	6.79	3.58	3.11	−3.40
2013	1 063 360.00	15.58	7.81	15.01	3.34	7.33
2014	1 055 691.25	−0.72	7.72	−1.24	3.12	−6.58

由表 10—5 可知，2013 年全国碳排放总量已突破 100 亿吨，是 1980 年的 7.6 倍，达到了新的历史高度，其中 2003—2006 年、2013 年碳排放年增长率超过了 10%，远高于其他阶段；从人均碳排放量来看，人均碳排放逐年增长，与碳排放总量增长速度大致相同，而碳排放强度逐年降低的趋势，说明 GDP 的增长速度远高于碳排放的增长速度。

由图 10—14 可知，自 1980 年以来，全国累计碳排放总量总体上呈上升趋势，但增加幅度每年各不相同，其中 1980—1996 年为低速增长阶段，碳排放以年均 6% 的增长率增长。1997—2001 年为波动增长阶段，其中三年出现了负增长；2002 年以来，碳排放出现了快速增长的趋势，年均增长率超过了 10%。人均碳排放曲线与碳排放总量曲线走势基本相同，这

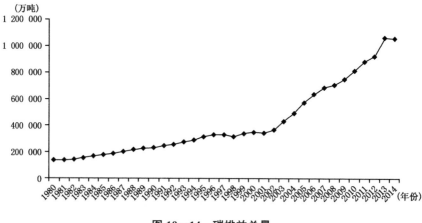

图 10—14 碳排放总量

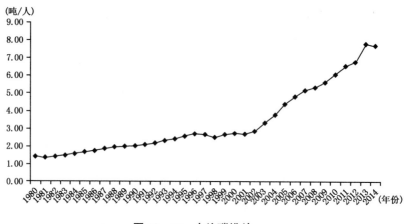

图 10—15 人均碳排放

说明人口并不是引起碳排放增长的主要因素；同时，碳排放强度在1980—2000年间快速下降，这是由于经济的快速发展，2000年以后碳排放强度波动降低，这是由于能源消费量大幅度增加、产能过剩造成的。

（二）分省碳排放的测算

我国地域辽阔、自然资源分布不均，加之不同区域社会经济、历史条

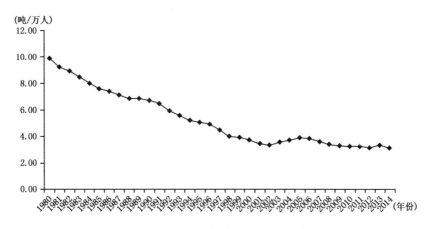

图 10—16 碳排放强度

件存在较大差异,导致区域经济发展水平呈现较严重的不均衡性,同时也导致了碳排放区域分布极不均衡。

本节测算了 1995—2013 年全国各地区的碳排放,关于我国碳排放的测算方法,参照本书第三章第一节的测算方法。

各省(市、自治区) 的人口、GDP 以及能源消费量的基础数据均来源于相应各期的《中国统计年鉴》和《中国能源统计年鉴》。由于能源消费量数据单位不同,煤炭、焦炭、原油、汽油、煤油、柴油、燃料油消费量的单位是万吨,天然气的消费量单位是亿立方米,所以统一折算为万吨标准煤,各种能源折标准煤系数来自《中国能源统计年鉴 2008》附表。人均 GDP 的数据以 2005 年为基期,计算出 1995—2013 年的人均 GDP,以消除价格因素的影响。

需要说明的是,由于重庆市于 1997 年设为直辖市,为了数据的统一,将其归入四川省。此外,由于年鉴资料中缺乏中国港澳台、西藏等地区的相关数据,因此最终用于分析的数据只有 29 个省市。

下面主要从碳排放总量、人均碳排放量以及碳排放强度三个方面来分析我国碳排放区域差异。

1. 分省碳排放总量

分省碳排放总量测算结果如表10—7所示。

首先,碳排放总量增长的趋势明显。从排放总量上来看,各省碳排放量在1995—2014年间基本上有较大幅度的增长,特别是在2000—2005年间,大部分省份增加了50%以上。而在2000年以前增长速度不快,甚至山东、山西、辽宁、重庆四川、黑龙江、湖南、上海、陕西、吉林、江西等一些省份在1995—2000年间出现略微下降。这与当时受东南亚金融危机影响,我国经济趋缓等因素具有一定关系。而在2000—2005年间各个省份碳排放总量之所以大幅增加,与我国加入WTO以后出口大幅增加、经济增长过快有很大关系。

其次,碳排放总量的区域差异很大。从区域差异来看,碳排放总量较高的省份集中在山东、山西、河北、辽宁等环渤海省份以及江苏省,而年均增长率较高的省份为内蒙古、宁夏、福建、海南等,碳排放总量与年均增长率极不对称。

表10—7　　　　　　　　各地区碳排放总量　　　　　　　单位:千万吨

地区	1995年	2000年	2005年	2009年	2010年	2011年	2012年	2013年	2014年	均值	年均增长率
山东	19.5	18.1	53.3	73.1	81.3	85.9	89.9	93.9	93.2	47.6	9.12%
山西	28.7	27.5	48.9	54.8	58.5	64.4	67.2	70.2	69.7	45.1	5.09%
河北	22.5	24.6	48.9	63.3	69.0	78.0	79.0	81.0	80.4	45.0	7.38%
江苏	17.5	17.9	35.8	45.2	50.6	59.2	60.5	63.2	62.7	33.3	7.40%
河南	15.1	16.7	34.1	46.4	50.7	56.0	51.7	54.0	53.6	31.5	7.34%
辽宁	20.6	20.3	29.8	39.3	42.9	46.3	47.4	49.5	49.1	29.7	4.99%
内蒙古	8.6	11.0	26.6	46.9	51.8	64.9	68.1	71.2	70.7	29.6	12.47%
重庆四川	17.5	16.2	24.6	38.4	39.5	42.1	43.3	45.2	44.9	26.6	5.41%
广东	13.3	16.6	28.8	34.9	38.7	42.5	41.3	43.1	42.8	26.2	6.74%
湖北	11.9	13.3	18.8	25.6	29.2	33.5	33.3	34.8	34.5	20.1	6.16%
浙江	9.0	11.8	21.1	28.8	30.3	32.0	31.3	32.7	32.5	19.8	7.47%
安徽	10.0	12.1	16.0	24.9	26.1	28.4	29.5	30.8	30.6	17.7	6.48%
黑龙江	12.4	12.3	17.1	22.0	24.2	26.1	27.8	29.0	28.8	17.4	4.85%
湖南	10.9	7.3	18.0	22.8	24.3	26.7	26.0	27.2	27.0	16.0	5.21%
贵州	7.4	9.4	15.6	20.0	20.2	22.3	24.4	25.5	25.3	14.8	7.13%
上海	10.3	12.1	15.4	16.7	18.0	18.6	17.9	18.7	18.6	14.4	3.40%
陕西	7.6	5.7	11.4	19.5	23.4	26.5	31.0	32.3	32.1	13.9	8.40%
云南	5.9	6.5	15.7	20.1	21.3	22.0	22.9	23.9	23.7	13.6	8.08%

续表

地区	1995年	2000年	2005年	2009年	2010年	2011年	2012年	2013年	2014年	均值	年均增长率
吉林	9.1	8.1	13.6	17.3	19.3	22.2	22.1	23.0	22.8	13.5	5.32%
新疆	5.3	5.7	8.3	15.3	16.9	20.3	24.7	25.8	25.6	10.7	9.15%
福建	3.8	5.0	11.0	16.2	16.8	19.9	19.3	20.1	20.0	10.4	9.77%
江西	5.9	5.3	9.5	12.0	14.1	15.8	15.6	16.3	16.2	9.2	5.84%
广西	4.8	4.8	8.9	12.3	14.3	16.0	16.8	17.5	17.4	8.9	7.50%
天津	5.3	5.7	8.7	11.1	11.9	13.0	13.6	14.2	14.1	8.5	5.59%
甘肃	5.1	5.3	8.0	9.6	11.3	12.9	13.6	14.2	14.1	8.0	5.81%
北京	7.0	7.0	8.1	8.1	8.3	7.5	7.4	7.3	7.2	7.5	0.23%
宁夏	1.9	2.0	5.8	8.9	10.6	14.4	14.8	15.4	15.3	6.3	12.22%
青海	1.0	1.0	1.3	3.0	2.8	3.3	4.0	4.2	4.2	1.9	8.53%
海南	0.5	0.7	1.0	1.8	2.0	2.4	2.6	2.7	2.7	1.3	9.68%

下面以 2014 年碳排放总量为横坐标，以 1995—2014 年碳排放的增长速度为纵坐标，并以各省份碳排放总量的平均值和增长速度的平均值作为两条轴线可以将这个平面分为四个象限，见图 10—17。

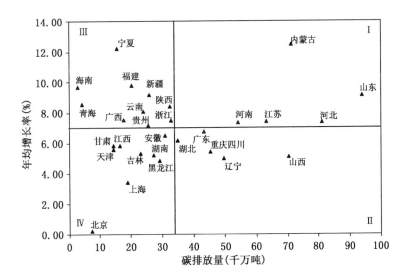

图 10—17 碳排放区域分布

由图 10—17 可得碳排放的四种类型：

第Ⅰ象限：总量大且增长快类型，包括山东、内蒙古、河北、江苏、河南

5 个省份。其中山东的碳排放总量均值最大,约为 9.39 亿吨,内蒙古的年均增长速度最快,年均增长率为 12.47%。

第Ⅱ象限:总量大且增长慢类型,包括湖北、广东、重庆四川、辽宁、江西 5 个省份。其中山西的碳排放总量均值最大,约为 7.02 亿吨,广东的年均增长速度最快,年均增长率为 6.74%。

第Ⅲ象限:总量小且增长快类型,包括宁夏、海南、福建、新疆、青海、广西、云南、陕西、贵州、浙江 10 个省份。其中浙江的碳排放总量均值最大,约为 3.27 亿吨,宁夏的年均增长速度最快,年均增长率为 12.22%。

第Ⅳ象限:总量小且增长慢类型,包括甘肃、江西、天津、安徽、湖南、吉林、黑龙江、上海、北京 9 个省份。其中安徽的年均碳排放总量(3.08 亿吨)和年均增长速率(6.48%)均为最高,而北京的年均碳排放总量(0.73 亿吨)和年均增长速率(0.23%)均为最低。

2. 分省人均碳排放量

人均碳排放是以人口为单位研究碳排放的一个指标。在目前各个区域在排放历史、人口数量以及经济发展水平等方面存在巨大差异的情况下,以地区碳排放总量进行研究具有一定的局限性。同时,众多研究表明,近百年来的二氧化碳排放主要是由人类活动造成的,所以人均碳排放指标更能体现人类享有的公平发展的权利。

表 10-8　　　　　　　　各地区人均碳排放量　　　　　　　　单位:吨/人

地区	1995 年	2000 年	2005 年	2009 年	2010 年	2011 年	2012 年	2013 年	2014 年	均值	年均增长率
山西	9.3	8.5	14.6	16.0	16.4	17.9	18.6	19.3	19.1	13.3	4.13%
内蒙古	3.8	4.7	11.1	19.1	21.0	26.1	27.4	28.5	28.1	12.1	11.91%
宁夏	3.7	3.6	9.7	14.3	16.8	22.6	22.8	23.6	23.3	10.3	10.81%
上海	7.2	7.5	8.1	7.6	7.8	7.9	7.5	7.7	7.6	7.8	0.37%
天津	5.7	5.7	8.4	9.0	9.2	9.6	9.6	9.7	9.6	7.5	3.00%
辽宁	5.0	4.9	7.1	9.1	9.8	10.6	10.8	11.3	11.2	6.9	4.58%
河北	3.5	3.7	7.1	9.0	9.6	10.8	10.8	11.1	11.0	6.5	6.62%
新疆	3.2	3.1	4.1	7.1	7.7	9.2	11.1	11.4	11.3	5.2	7.34%
山东	2.2	2.0	5.8	7.7	8.5	8.9	9.3	9.6	9.5	5.1	8.48%
吉林	3.5	3.0	5.0	6.3	7.0	8.1	8.0	8.4	8.3	5.0	4.97%

续表

地区	1995 年	2000 年	2005 年	2009 年	2010 年	2011 年	2012 年	2013 年	2014 年	均值	年均增长率
北京	5.6	5.1	5.3	4.3	4.2	3.7	3.6	3.5	3.5	4.9	−2.66%
黑龙江	3.4	3.2	4.5	5.7	6.3	6.8	7.2	7.6	7.5	4.6	4.49%
江苏	2.5	2.4	4.7	5.8	6.4	7.5	7.6	8.0	7.9	4.3	6.71%
贵州	2.1	2.5	4.2	5.7	5.8	6.4	7.0	7.3	7.2	4.1	7.14%
浙江	2.0	2.5	4.2	5.5	5.6	5.9	5.7	6.0	5.9	3.9	6.14%
陕西	2.2	1.6	3.1	5.2	6.3	7.1	8.3	8.6	8.5	3.8	7.99%
青海	2.1	2.0	2.4	5.3	5.0	5.8	7.0	7.3	7.2	3.6	7.11%
湖北	2.1	2.4	3.3	4.5	5.1	5.8	5.8	6.0	5.9	3.5	6.14%
河南	1.6	1.8	3.6	4.9	5.4	6.0	5.5	5.7	5.6	3.3	7.21%
甘肃	2.1	2.1	3.2	3.8	4.4	5.0	5.3	5.5	5.4	3.2	5.47%
云南	1.5	1.5	3.5	4.4	4.6	4.7	4.9	5.1	5.0	3.0	6.94%
安徽	1.6	2.0	2.6	4.1	4.4	4.8	4.9	5.1	5.0	2.9	6.50%
福建	1.2	1.5	3.1	4.4	4.5	5.3	5.1	5.3	5.2	2.9	8.84%
广东	1.9	1.9	3.1	3.4	3.7	4.0	3.9	4.1	4.0	2.8	4.19%
湖南	1.7	1.1	2.9	3.6	3.7	4.0	3.9	4.1	4.0	2.5	4.95%
重庆四川	1.2	1.4	2.2	3.5	3.6	3.8	3.9	4.1	4.0	2.4	6.92%
江西	1.4	1.3	2.2	2.7	3.2	3.5	3.5	3.6	3.6	2.1	5.21%
广西	1.1	1.0	1.9	2.5	3.1	3.5	3.6	3.7	3.7	1.9	7.27%
海南省	0.7	0.9	1.3	2.1	2.3	2.7	2.9	3.0	3.0	1.5	8.40%

我国各省市人均碳排放量的测算结果见表 10－8，人均碳排放超过 15 吨/人的省份有三个，分别是内蒙古（18.7 吨/人）、山西（16.5 吨/人）和宁夏（15.3 吨/人），远高于其他省份。人均碳排放排名后三位的是江西（2.8 吨/人）、广西（2.7 吨/人）、海南（2.1 吨/人），远低于全国平均水平 6.43 吨/人。

3. 分省碳排放强度

单位 GDP 碳排放是考察经济活动中碳排放的重要指标，这一指标能够反映各地区能源结构和能源利用效率的综合情况以及各区域经济发展的碳成本情况，同时区域经济水平也是造成我国碳排放区域差异的主要原因。

表 10—9 　　　　　　　　　　碳排放强度 　　　　　　　　单位:吨/万元

地区	1995年	2000年	2005年	2008年	2009年	2010年	2011年	2012年	2013年	均值	年均增长率
山西	16.3	10.3	11.6	8.4	8.1	8.2	7.9	7.7	7.2	11.0	−4.11%
宁夏	7.6	5.1	9.5	9.4	10.1	12.6	11.9	11.6	10.8	8.6	2.39%
贵州	8.8	7.5	7.8	6.4	5.9	6.0	6.0	5.9	5.5	7.4	−2.25%
内蒙古	5.3	4.5	6.8	7.7	7.8	8.9	8.6	8.4	7.8	6.3	2.62%
河北	5.4	3.9	4.9	4.1	4.0	4.2	3.9	3.7	3.5	4.3	−2.03%
甘肃	6.4	4.3	4.2	3.2	3.4	3.6	3.5	3.4	3.2	4.2	−3.46%
吉林	6.0	3.6	3.7	3.1	3.1	3.3	3.0	2.9	2.7	3.8	−3.90%
新疆	4.9	3.5	3.2	3.8	3.8	4.2	4.7	4.6	4.3	3.8	−0.41%
辽宁	6.2	4.0	3.7	3.2	3.1	3.1	2.9	2.8	2.6	3.8	−4.20%
云南	4.1	3.0	4.5	3.8	3.6	3.4	3.3	3.2	3.0	3.7	−1.39%
青海	4.3	3.0	2.4	3.5	3.1	3.2	3.7	3.6	3.4	3.4	−0.98%
安徽	4.5	3.6	3.0	3.0	2.9	2.8	2.7	2.7	2.5	3.3	−2.85%
黑龙江	5.4	3.5	3.1	2.6	2.6	2.5	2.5	2.4	2.2	3.3	−4.33%
陕西	4.6	2.3	2.9	3.2	3.5	3.6	3.9	3.8	3.5	3.2	−1.09%
湖北	4.3	3.2	2.9	2.5	2.6	2.7	2.5	2.4	2.2	3.1	−3.14%
河南	3.4	2.5	3.2	2.8	2.8	2.8	2.4	2.4	2.2	2.8	−2.06%
重庆四川	3.9	2.4	2.3	2.3	2.1	2.1	2.0	1.9	1.8	2.5	−3.83%
湖南	4.0	1.8	2.7	2.2	2.2	2.2	2.0	1.9	1.8	2.4	−4.01%
山东	2.6	1.6	2.9	2.6	2.6	2.5	2.4	2.4	2.2	2.3	−0.44%
江西	3.5	2.1	2.3	1.9	2.0	2.1	1.9	1.9	1.8	2.2	−3.43%
天津	3.3	2.3	2.2	1.8	1.8	1.8	1.7	1.7	1.6	2.2	−3.66%
广西	2.9	1.9	2.2	2.0	2.1	2.2	2.1	2.0	1.9	2.1	−1.92%
上海	2.7	2.1	1.7	1.2	1.1	1.1	1.0	0.9	0.8	1.7	−5.66%
江苏	2.3	1.5	1.9	1.6	1.6	1.7	1.6	1.6	1.5	1.7	−2.00%
福建	1.4	1.2	1.7	1.6	1.5	1.6	1.5	1.4	1.3	1.4	0.16%
浙江	1.6	1.4	1.6	1.4	1.3	1.3	1.2	1.1	1.0	1.4	−1.95%
北京	2.4	1.6	1.2	0.7	0.7	0.6	0.5	0.5	0.5	1.3	−8.55%
海南	1.4	1.2	1.1	1.3	1.3	1.4	1.4	1.4	1.3	1.3	0.07%

我国各省市碳排放强度的测算结果见表10—9,碳排放强度排名前四位的分别是山西(11.0吨/元)、宁夏(8.6吨/元)、贵州(7.4吨/元)、内蒙古(6.3吨/元),远高于其他省份,其中内蒙古和山西是重度排放区,同

时也是人均碳排放较高的地区。碳排放强度最低的是北京,这是由于北京经济水平较高的原因。

(三)碳排放的区域分析

我国基于经济发展水平以及地理位置将全国划分为东部、中部、西部的区域划分方法已然不适合本书的研究。为了更好地研究碳排放的区域差异,本节以碳排放总量为区域划分标准,将我国各省市划分为重度排放区、中度排放区、轻度排放区三个区域,具体划分标准为:年均碳排放量大于 50 000 万吨的地区为重度排放区;年均碳排放量在 25 000 万~50 000万吨之间的为中度排放区;年均碳排放量小于 25 000 万吨的为轻度排放区。根据 1995—2014 年各省市年均碳排放量进行划分,具体划分结果:重度排放区包括重庆四川、内蒙古、辽宁、河南、江苏、河北、山西、山东 8个省份,其中山东、山西和河北的年均碳排放量远高于其他地区,分别为9.04 亿、8.56 亿和 8.55 亿吨;中度排放区包括吉林、云南、陕西、上海、贵州、湖南、黑龙江、安徽、青海、浙江、湖北和广东 12 个省份,其中排放最多的是广东省,为 4.98 亿吨,最少的是吉林省,为 2.56 亿吨;轻度排放区包括宁夏、北京、甘肃、天津、广西、江西、福建、新疆、海南 9 个省份,其中宁夏和北京的碳排放量最低。

下面将按照新的区域划分进行区域分析。

1. 碳排放总量的区域分析

表 10－10　　　　　　　　　碳排放总量的区域分布

年份	重度排放区			中度排放区			轻度排放区		
	总量 (10^7t)	均值 (10^7t)	增速 (%)	总量 (10^7t)	均值 (10^7t)	增速 (%)	总量 (10^7t)	均值 (10^7t)	增速 (%)
1995	150.0	18.7	—	108.5	9.0	—	39.7	4.4	—
1996	152.6	19.1	1.7	113.5	9.5	4.7	40.3	4.5	1.5
1997	150.5	18.8	−1.4	114.8	9.6	1.2	38.5	4.3	−4.6
1998	150.4	18.8	−0.1	114.0	9.5	−0.7	38.9	4.3	1.0

续表

年份	重度排放区			中度排放区			轻度排放区		
	总量 (10^7 t)	均值 (10^7 t)	增速 (%)	总量 (10^7 t)	均值 (10^7 t)	增速 (%)	总量 (10^7 t)	均值 (10^7 t)	增速 (%)
1999	146.7	18.3	−2.5	112.5	9.4	−1.3	39.3	4.4	1.1
2000	152.3	19.0	3.9	116.2	9.7	3.3	41.5	4.6	5.5
2001	161.7	20.2	6.1	119.9	10.0	3.2	42.7	4.7	3.1
2002	181.7	22.7	12.4	127.6	10.6	6.5	46.0	5.1	7.7
2003	208.4	26.0	14.7	147.4	12.3	15.5	53.8	6.0	17.0
2004	245.4	30.7	17.8	166.7	13.9	13.1	62.1	6.9	15.4
2005	302.0	37.8	23.1	192.8	16.1	15.7	69.4	7.7	11.8
2006	335.0	41.9	10.9	214.4	17.9	11.2	75.3	8.4	8.5
2007	368.7	46.1	10.1	231.7	19.3	8.1	83.8	9.3	11.3
2008	390.2	48.8	5.8	242.7	20.2	4.8	87.2	9.7	4.1
2009	407.5	50.9	4.4	255.5	21.3	5.3	95.4	10.6	9.3
2010	444.3	55.5	9.0	277.9	23.2	8.8	106.2	11.8	11.4
2011	496.8	62.1	11.8	304.1	25.3	9.4	122.3	13.6	15.1
2012	507.2	63.4	2.1	311.4	26.0	2.4	128.4	14.3	5.0
2013	528.2	66.0	4.1	325.2	27.1	4.4	133.7	14.9	4.1
2014	519.1	64.9	−1.72	323.1	26.9	−0.66	138.5	15.4	3.6

表 10−10 给出了我国碳排放总量的区域分布。由表 10−10 可知，1995—2014 年各区域碳排放总量仍在不断增加，这是由于经济增长和能源消费所带来的不可避免的结果。其中重度排放区的碳排放总量占全国的 55% 以上，贡献了超过一半的碳排放，是全国最主要的碳排放源，其次是中度排放区，占全国的 35%，而轻度排放区不超过 10%。

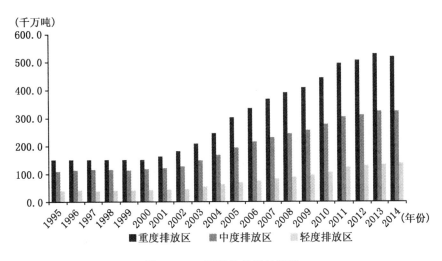

图 10—18 碳排放总量柱形图

图 10—18 描绘出了各区域碳排放总量变化的柱形图。由该图可知，重度排放区的碳排放总量增长幅度较大，2014 年已达到 51.9 亿吨，其次是中度排放区，而轻度排放区的碳排放总量增长较为缓慢。

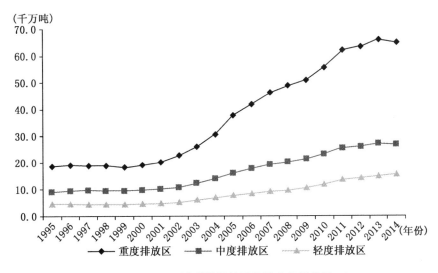

图 10—19 区域碳排放总量均值变化折线图

图10-19描绘出了各区域碳排放总量均值变化的折线图。由该图可知,重度排放区的碳排放总量的均值远远高于其他区域,2000年以后增速超过了10%,而中度排放区和轻度排放区的趋势较为一致,且增长较为缓慢;近年来,各区域碳排放增长速度整体上有着减缓的趋势,这是由于节能减排工作顺利开展的缘故。

2. 人均碳排放的区域分析

表10-11给出了我国人均碳排放量的区域分布。由该表可知,2010年重度排放区人均碳排放量已突破10吨/人,2014年达到12.0吨/人,2014年人均碳排放量中度排放区为7.6吨/人、轻度排放区为6.6吨/人。

表10-11　　　　　　　　人均碳排放量的区域分布

年份	重度排放区		中度排放区		轻度排放区	
	均值（吨/人）	增速（%）	均值（吨/人）	增速（%）	均值（吨/人）	增速（%）
1995	3.6	—	2.6	—	2.7	—
1996	3.7	1.3%	2.8	5.8%	2.8	1.7%
1997	3.7	0.2%	2.8	1.6%	2.7	−3.8%
1998	3.6	−1.7%	2.7	−4.8%	2.7	−0.1%
1999	3.5	−3.9%	2.7	−0.7%	2.7	−0.4%
2000	3.7	5.0%	2.6	−2.2%	2.7	0.9%
2001	3.9	6.1%	2.7	2.3%	2.8	5.7%
2002	4.4	13.1%	2.8	3.8%	3.1	9.7%
2003	5.0	14.5%	3.1	13.2%	3.7	18.7%
2004	5.8	15.8%	3.4	10.0%	4.0	7.5%
2005	7.0	20.4%	3.9	13.4%	4.3	9.1%
2006	7.8	10.8%	4.3	11.0%	4.6	5.9%
2007	8.5	9.4%	4.6	7.0%	5.0	9.3%
2008	9.0	6.0%	4.9	5.5%	5.2	2.9%

续表

年份	重度排放区		中度排放区		轻度排放区	
	均值 (吨/人)	增速 (%)	均值 (吨/人)	增速 (%)	均值 (吨/人)	增速 (%)
2009	9.4	3.9%	5.1	4.2%	5.6	7.8%
2010	10.1	7.5%	5.4	6.8%	6.2	10.4%
2011	11.5	13.6%	5.9	9.2%	7.2	17.5%
2012	11.7	2.6%	6.2	4.0%	7.5	3.6%
2013	12.2	3.8%	6.4	3.9%	7.7	2.6%
2014	12.0	−2.0%	7.6	−0.8%	6.6	2.1%

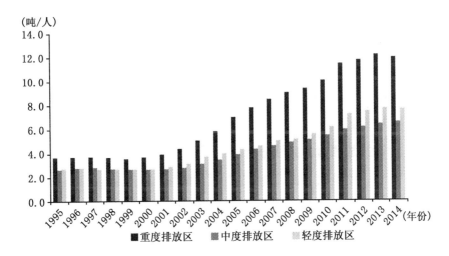

图 10—20　区域人均碳排放量变化柱形图

图 10—20 描绘出了各区域人均碳排放量变化的柱形图。由该图可知,1995—2014 年各区域人均碳排放量仍在不断增加,其中重度排放区依然是人均碳排放最高的区域,但轻度排放区的人均碳排放量自 2000 年首次超过中度排放区,一直保持领先,这是由于轻度排放区人口比重较小的原因。

图 10—21 描绘出了各区域人均碳排放量的变化曲线。由该图可知,

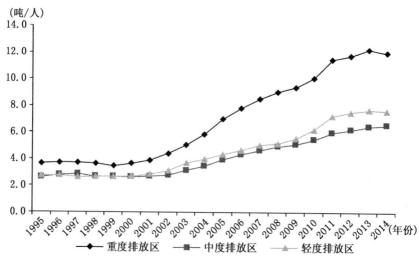

图 10－21　区域人均碳排放量变化折线图

重度排放区人均碳排放量较高,增长较快。而中度排放区与轻度排放区的增长趋势较为接近,区域差异不太明显。近年来,人均碳排放增速有明显放缓的趋势。

3. 碳排放强度的区域分析

表 10－12 给出了我国碳排放强度的区域分布。由该表可知,各区域碳排放强度逐年下降,其中重度排放区的碳排放强度从 1995 年的 5.7 吨/万元下降到 2014 年的 2.6 吨/万元,降低了一半;2014 年中度排放区的碳排放强度为 2.5 吨/万元,比 1995 年(4.3 吨/万元)下降了 1.8 吨/万元,而轻度排放区碳排放强度降幅较小。

表 10－12　　　　　　　碳排放强度的区域分布

年份	重度排放区		中度排放区		轻度排放区	
	均值 (吨/万元)	增速 (%)	均值 (吨/万元)	增速 (%)	均值 (吨/万元)	增速 (%)
1995	5.7	—	4.3	—	3.7	—
1996	5.3	−6.9%	4.2	−3.4%	3.5	−7.0%

年份	重度排放区		中度排放区		轻度排放区	
	均值（吨/万元）	增速（%）	均值（吨/万元）	增速（%）	均值（吨/万元）	增速（%）
1997	4.8	−8.9%	3.9	−6.1%	3.1	−12.4%
1998	4.4	−7.7%	3.6	−8.5%	2.8	−7.0%
1999	4.0	−10.5%	3.3	−8.9%	2.7	−6.4%
2000	3.8	−3.0%	3.0	−7.5%	2.6	−2.7%
2001	3.8	−1.3%	2.9	−4.5%	2.6	1.1%
2002	4.0	4.9%	2.8	−3.1%	2.7	5.0%
2003	4.2	4.3%	3.0	6.7%	3.1	13.7%
2004	4.3	4.5%	3.0	2.3%	3.0	−2.7%
2005	4.7	7.4%	3.1	2.5%	3.1	0.8%
2006	4.6	−1.6%	3.2	1.0%	2.9	−4.2%
2007	4.4	−4.9%	2.9	−7.1%	2.9	−1.6%
2008	4.2	−2.9%	2.9	−2.1%	2.8	−2.7%
2009	4.1	−3.8%	2.8	−1.8%	2.9	1.7%
2010	4.0	−1.5%	2.7	−3.2%	3.0	3.9%
2011	4.2	4.3%	2.8	1.3%	3.3	12.4%
2012	4.0	−5.3%	2.7	−1.9%	3.2	−2.9%
2013	2.8	−29.2%	2.6	−2.4%	3.2	−2.5%
2014	2.6	−7.69%	2.5	−6.55%	3.1	−3.2%

图10－22描绘出了各区域碳排放强度变化柱形图,图10－23描绘出了各区域碳排放强度变化曲线,由图可知,1995—2014年各区域碳排放强度整体上呈下降趋势,其中重度排放区下降幅度较大,轻度排放区变化幅度较小。2014年,轻度排放区的碳排放强度已超过重度排放区和中度排放区。

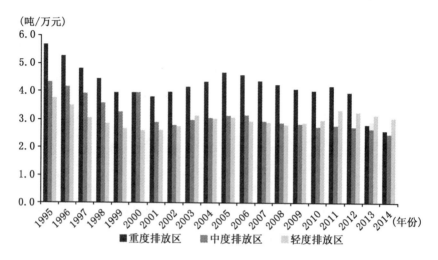

图 10—22　区域碳排放强度变化柱形图

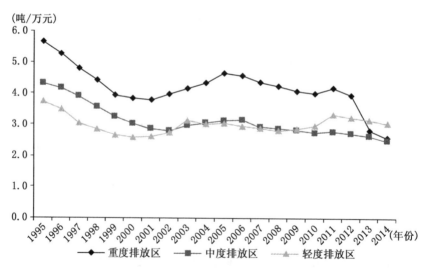

图 10—23　区域碳排放强度变化折线图

五、发电量与碳排放的实证检验

本节从全国以及分区域的角度对发电量与碳排放之间的相关性进行

了实证研究,为我国的电源结构调整以及节能减排提供了参考。

(一)全国整体的实证检验

本节利用中国 1980—2013 年的时间序列数据,以二氧化碳排放总量作为碳排放指标,对发电量和碳排放之间的关系进行了协整分析,同时建立了误差修正模型,并运用格兰杰因果关系检验的方法,反映电力行业发展过程中发电量与二氧化碳排放量之间的规律性变化。

1. 描述性统计

表 10-13 对时间变量进行了描述性统计,图 10-24 直观地刻画了相关变量的变动趋势。从表 10-13 和图 10-24 可知,全国二氧化碳排放量基本保持持续增长的走势。特别地,在 2000 年之前它们均保持平稳增长,但是自 2000 年之后呈现迅速增加态势,这主要是因为在 2000 年以前,电力行业发展缓慢从而减少了二氧化碳的排放,但在 2001 年之后,电力行业的快速发展和能源消费的增加,导致了二氧化碳排放量的增加。

表 10-13　　　　　　　　　　时间序列的描述性统计

变量	含义	单位	样本数	均值	最大值	最小值	标准差
CO_2	排放总量	10^8 t	34	42.27	126.77	13.65	30.1
GC	发电量	10^8 kW·h	34	16 883.9	53 975.9	3 006	1.49

2. 单位根检验

为了避免伪回归,在进行协整检验和回归分析之前,需要检验各个变量的平稳性,通常采用单位根的检验方法。本书使用 Eviews8.0 软件,使用 ADF 的检验方法进行单位根检验。为了尽可能消除变量数量级不同和数据异方差的影响,对本书涉及的变量采取对数化处理,各变量分别用 $\ln GC$、$\ln CO_2$ 表示。

检验结果如表 10-14 所示,其中(-1)、(-2)分别表示一阶差分、二阶差分。检验类型 (C, T, K) 中的 C、T、K 分别表示常数项、时间趋势项和滞后阶数,滞后阶数 K 依据 AIC 和 SIC 准则确定,下表同。

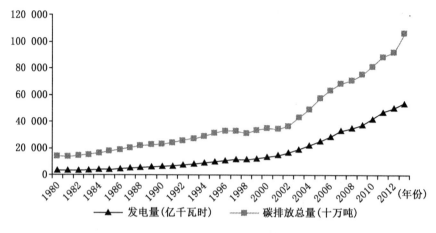

图 10—24　二氧化碳、发电量的演变趋势

表 10—14　　　　　　　　　　　　ADF 单位根检验

变量	检验类型 (C,T,K)	ADF 检验值	各显著性水平下的临界值			P 值	检验结果
			1%	5%	10%		
lnGC	$C,T,4$	−1.412 229	−4.309 82	−3.574 24	−3.221 72	0.835 7	不平稳
lnGC(−1)	$C,T,3$	−3.567 636	−4.309 82	−3.574 24	−3.221 72	0.050 7	平稳
lnGC(−2)	$C,T,3$	−3.169 212	−4.323 97	−3.580 62	−3.225 33	0.110 9	不平稳
$lnCO_2$	$C,T,0$	−0.511 111	−4.262 73	−3.552 97	−3.209 64	0.977 9	不平稳
$lnCO_2$(−1)	$C,T,0$	−4.816 483	−4.273 27	−3.557 75	−3.212 36	0.002 6	平稳
$lnCO_2$(−2)	$C,T,7$	−2.273 506	−4.394 30	−3.612 19	−3.243 07	0.431 3	不平稳

由表 10—14 可知,两个变量都是不平稳的,而一阶差分平稳,二阶差分不平稳,因此所有变量均为一阶单整,可以进行协整分析。

3. 协整检验与经验估计

尽管所有变量均为 I(1)序列,但并不说明它们之间一定存在长期的协整关系。关于协整检验,本书使用"E-G 两步法"来检验其长期均衡关系。

首先对序列 lnGC、$lnCO_2$ 回归,得到回归模型(1):

$$lnCO_{2t} = 0.70lnGC_t + 6.19 \qquad (10-2)$$

式中：$\ln CO_{2t}$ 为第 t 年的二氧化碳排放总量的对数值；$\ln GC_t$ 为第 t 年发电量的对数值。

由于 D-W 统计量比较小，通过 LM 检验判断残差序列是否存在自相关，结果如表 10—15 所示，结果显示残差序列存在自相关。考虑加入适当的滞后项得到的 $\ln CO_2$、$\ln GC$ 的分布滞后模型（2）。

$$\ln CO_{2t} = 1.18\ln GC_t + 1.05\ln CO_{2t}(-1) - 1.20\ln GC_t(-1) - 0.49$$

$$(10-3)$$

式中：$\ln CO_{2t}$ 为第 t 年的二氧化碳排放总量的对数值；$\ln GC_t$ 为第 t 年发电量的对数值；$\ln CO_{2t}(-1)$ 为第 t 年的二氧化碳排放总量的对数值的滞后一期；$\ln GC_t(-1)$ 为第 t 年的发电量的对数值的滞后一期。

LM 检验结果显示：模型（2）的异方差检验统计量为 0.244 776，相应的概率值为 0.884 8，远大于检验水平 $\alpha = 0.05$，因此可以认为估计方程估计所得到的残差序列不存在自相关。

表 10—15　　　　　　　　　　　　　　LM 检验

参数	F-statistic	Prob. F(2,27)	Obs * R-squared	Prob. Chi-Square(2)
模型（1）	37.102 72	0.000 0	24.211 64	0.000 0
模型（2）	0.100 884	0.904 4	0.244 776	0.884 8

现在对模型（2）的残差做 ADF 检验，结果见表 10—16，从表 10—16 中可以看出残差序列是平稳的。

表 10—16　　　　　　　　　　　　残差 ADF 平稳性检验

变量	检验类型	ADF 检验值	各显著性水平下的临界值			P 值	检验结果
			1%	5%	10%		
模型（3）	$(C,T,0)$	−5.971 714	−2.639 21	−1.951 68	−1.610 57	0.000 0	平稳
模型（4）	$(C,T,0)$	−5.121 721	−2.639 21	−1.951 68	−1.610 57	0.000 0	平稳

根据协整关系的定义可以认为序列 $\ln CO_2$ 与 $\ln GC$ 之间存在协整关系，从协整方程可以看出：发电量的估计系数为正，表明碳排放和发电量

之间存在正相关关系。碳排放和发电量的协整关系也符合中国的实际情况：发电量的增长会对碳排放造成影响，随着发电量不断扩大，能源需求增加，碳排放必然增加。碳排放的滞后期系数为正表明当期的碳排放对未来环境质量将产生正的影响。

4. 误差修正模型

协整方程仅仅描绘出了发电量与碳排放之间的长期均衡关系，为了了解两者之间的短期关系，需要使用误差修正模型。通过加入适当的滞后期，利用 Eviews8.0 估算出误差修正模型如下：

$$D(\ln CO_{2t}) = 1.08D(\ln GC_t) - 0.02D[\ln CO_{2t}(-1)] \atop + 0.95R(-1) - 0.04 \qquad (10-4)$$

式中：$D(\ln CO_{2t})$为第 t 年的二氧化碳排放总量对数值的一阶差分；$D(\ln GC_t)$为第 t 年发电量对数值的一阶差分；$D[\ln CO_{2t}(-1)]$为第 t 年的二氧化碳排放总量对数值的一阶差分的滞后一期；$R(-1)$为残差项的滞后一期。

在误差修正模型中，各变量的回归系数都通过了显著性检验，系数估计值是很显著的。由误差模型可知，碳排放的短期变动可以分为三个部分：第一部分是由于本期发电量变动的影响（弹性为 0.780）；第二部分是前一期碳排放变动（弹性为 0.792）和滞后二期的发电量（弹性为 -0.625）的影响；第三部分是前一期碳排放偏离长期均衡关系的调整力度（-0.864），接近 -1，调节效果明显。

5. 格兰杰因果检验

发电量与碳排放之间存在长期的均衡关系，但两者之间是否存在因果关系，因果关系的方向如何，还需进一步检验，需要通过对 $\ln GC$、$\ln CO_2$ 进行因果关系检验，分别取滞后期为 2、3、4 进行因果关系检验，结果如表 10-17 所示。

表 10－17　　　　　　　　　　　格兰杰因果检验结果

原假设	滞后长度	F 检验统计量	F 统计量的概率值	对原假设的判断
$lnGC \rightarrow lnCO_2$	2	2.913 10	0.071 5	10%水平下拒绝原假设
$lnCO_2 \rightarrow lnGC$		2.764 27	0.080 9	10%水平下拒绝原假设
$lnGC \rightarrow lnCO_2$	3	3.783 64	0.023 6	5%水平下拒绝原假设
$lnCO_2 \rightarrow lnGC$		1.503 52	0.239 0	接受原假设
$lnGC \rightarrow lnCO_2$	4	2.331 07	0.089 3	10%水平下拒绝原假设
$lnCO_2 \rightarrow lnGC$		1.396 86	0.269 3	接受原假设
$D(lnGC) \rightarrow D(lnCO_2)$	2	0.303 86	0.740 5	接受原假设
$D(lnCO_2) \rightarrow D(lnGC)$		4.941 80	0.015 2	5%水平下拒绝原假设
$D(lnGC) \rightarrow D(lnCO_2)$	3	0.339 78	0.796 7	接受原假设
$D(lnCO_2) \rightarrow D(lnGC)$		3.282 12	0.038 7	5%水平下拒绝原假设
$D(lnGC) \rightarrow D(lnCO_2)$	4	0.394 95	0.809 8	接受原假设
$D(lnCO_2) \rightarrow D(lnGC)$		2.261 47	0.098 6	10%水平下拒绝原假设

根据表 10－17 的分析结果可知：从长期来看，滞后长度为 2 时，存在从序列 $lnGC$ 到 $lnCO_2$ 的双向因果关系；滞后长度为 3、4 时，存在从序列 $lnGC$ 到 $lnCO_2$ 的单向因果关系。综合分析结果，可以大致认为 $lnGC$ 是 $lnCO_2$ 的格兰杰原因，即发电量增长导致碳排放的增加。短期来看，滞后长度为 2、3、4 时，存在 $lnCO_2$ 到 $lnGC$ 的单向因果关系，这说明碳排放是引起发电量增加的短期原因。

6. 研究结论

实证分析结果表明，发电量和二氧化碳排放量之间存在稳定的长期均衡关系。长期中，发电量与二氧化碳排放量之间均存在正相关，随着电力行业的发展，二氧化碳排放量呈现不断增加的趋势，这对我国二氧化碳减排、低碳发展带来了巨大的压力。同时，二氧化碳排放的滞后期系数为正，表明当期的碳排放对未来环境质量将产生正的影响，如果不及时治理，气候破坏将会越来越严重。

其次，通过误差项模型可知，发电量的增长必然推动碳排放的增加。

最后,格兰杰因果检验也表明发电量对二氧化碳排放存在着显著影响。但二氧化碳排放不是发电量变化的格兰杰原因,二氧化碳排放量的多少对发电量的变化不存在显著的影响。换言之,二氧化碳减排的努力并不会对我国发电企业的发展产生负面影响。

(二)区域发电量与碳排放的实证检验

1. 发电量的区域划分

我国各省份的发电量相差较大,人口较多、资源丰富和经济发达的省份通常发电量较多,如广东、江苏、山东。表10—18根据1995—2013年各省发电量的平均值进行了重新排序。

由表10—18不难发现:目前从地理位置上将全国划分为东部、中部、西部的方法已经不适合进行区域分析。如东部地区的海南省1995—2013年平均发电量为90.6亿千瓦时,明显低于东部地区其他省份;中部地区的河南省平均1 419.14亿千瓦时,明显高于中部地区其他省份;西部地区的内蒙古自治区、重庆与四川也较西部其他省份平均发电量要高。

表10—18 　　　　　　　　**中国29个省份发电量** 　　　　单位:亿千瓦时

省份	1995年	2013年	平均值
海南	31.53	230.74	90.67
北京	132.21	335.82	201.33
青海	60.42	600.34	250.37
天津	133.65	624.27	342.88
宁夏	107.77	1 096.46	379.28
江西	176.48	874.57	401.46
吉林	284.6	769.51	436.47
新疆	120.43	1 611.69	438.15
甘肃	237.75	1 194.98	534.11
广西	217.29	1 259.47	567.52

续表

省份	1995 年	2013 年	平均值
黑龙江	388.01	833.99	581.85
陕西	236.77	1 508.69	631.17
上海	403.42	959.51	674.71
湖南	332.94	1 347	713.31
云南	228.42	2 148.42	772.04
安徽	310.32	1 965.76	813.28
福建	261.55	1 767.66	819
贵州	231.55	1 676.28	828.81
辽宁	540.08	1 544.33	930.97
湖北	452.74	2 158.22	1 176.57
山西	505.97	2 627.92	1 308.32
内蒙古	278.54	3 520.7	1 341.78
河北	607.17	2 499.37	1 343.8
重庆四川	575.97	3 224.72	1 410.32
河南	547.71	2 861.77	1 419.14
浙江	401.48	2 939.3	1 442.4
山东	739.24	3 510.94	1 894.43
江苏	700.41	4 289.41	2 006.78
广东	821.06	3 964.8	2 150.17

从表 10—18 可以看出,平均发电量基本能够反映各省近年来的发电多少。本书按照发电量的平均值重新进行了区域划分,具体如下:

其一,低发电量地区(平均发电量小于 500 亿千瓦时的省份),包括:海南省、北京市、青海省、天津市、宁夏回族自治区、江西省、吉林省、新疆维吾尔自治区共 8 个省份;

其二,中发电量地区(平均发电量介于 500 亿千瓦时和 1 000 亿千瓦时之间的省份),包括:甘肃省、广西壮族自治区、黑龙江省、陕西省、上海市、湖南省、云南省、安徽省、福建省、贵州省、辽宁省共 11 个省份；

其三,高发电量地区(平均发电量高于 1 000 亿千瓦时的省份),包括:湖北省、山西省、内蒙古自治区、河北省、重庆四川、河南省、浙江省、山东省、江苏省、广东省共 10 个省份。

这样的区域划分能够直接从发电量的角度准确地反映区域碳排放与发电量之间的相关性,能够更好地分析出该区域的发电量是否是碳排放产生的原因,可能会得出与以往研究不一样的结论。

2. 实证检验

下文我们首先对全国整体、高发电量地区、中发电量地区、低发电量地区进行单位根检验和协整检验,然后通过面板向量自回归模型(PVAR)和面板误差修正模型(PVEC)进行回归分析。通过比较,指出发电量与二氧化碳排放量之间关系的区域差异。

(1)面板数据的单位根检验

为了避免伪回归,在进行协整检验和回归分析之前,通常采用单位根的检验方法检验各个变量的平稳性。本书同时选用 LLC、IPS、ADF 和 PP 四种检验方法进行面板单位根检验。检验结果如表 10—19 所示。

由单位根检验的结果可知,无论全国整体还是其他地区,变量都是不平稳的,而一阶差分平稳,因此所有变量均为一阶单整,可以进行协整分析。

表 10—19 面板数据的单位根检验

检验方法		统计量 P 值				
		LLC 检验	IPS 检验	ADF 检验	PP 检验	结论
全国	$\ln CO_2$	1.365	7.205	6.794	4.912	不平稳
	$D(\ln CO_2)$	−8.924***	−7.899***	164.809***	178.359***	平稳
	$\ln GC$	3.302	9.486	6.556	11.599	不平稳
	$D(\ln GC)$	−9.597***	−8.396***	179.783***	219.535***	平稳

续表

检验方法		统计量 P 值				
		LLC 检验	IPS 检验	ADF 检验	PP 检验	结论
高发电量	$\ln CO_2$	0.261	3.864	2.492	1.270	不平稳
	$D(\ln CO_2)$	-4.120^{***}	-2.942^{***}	37.621^{***}	36.817^{***}	平稳
	$\ln GC$	-0.556	3.734	3.063	3.467	不平稳
	$D(\ln GC)$	-5.887^{***}	-4.770^{***}	58.331^{***}	66.109^{***}	平稳
中发电量	$\ln CO_2$	1.940	5.411	2.290	2.198	不平稳
	$D(\ln CO_2)$	-6.308^{***}	-5.511^{***}	69.841^{***}	63.500^{***}	平稳
	$\ln GC$	1.177	5.517	2.364	7.027	不平稳
	$D(\ln GC)$	-5.958^{***}	-5.789^{***}	74.081^{***}	91.129^{***}	平稳
低发电量	$\ln CO_2$	3.288	5.424	1.810	1.443	不平稳
	$D(\ln CO_2)$	-4.988^{***}	-5.250^{***}	57.346^{***}	78.048^{***}	平稳
	$\ln GC$	5.892	7.453	1.129	1.105	不平稳
	$D(\ln GC)$	-4.719^{***}	-3.863^{***}	47.371^{***}	62.298^{***}	平稳

注：D 表示变量的一阶差分，*** 、** 、* 分别表示在 1%、5%、10%的显著性水平下拒绝原假设，滞后阶数的选择遵循 AIC 和 SIC 准则，数据均采用四舍五入精确到小数点后三位。

（2）面板数据的协整检验

采用 Pedroni 检验和 Kao 检验进行面板数据的协整检验。表 10－20 给出了检验结果，8 种统计量中绝大部分至少以 10%的显著性水平拒绝了原假设。所以可以认为无论是全国还是其他地区，二氧化碳排放总量与发电量之间存在长期均衡的协整关系。

表 10－20　　　　　　　　　　面板数据的协整检验

检验方法	统计量名	统计量 P 值			
		全国	高发电量	中发电量	低发电量
Pedroni 检验	Panle v-statistic	3.738^{***}	2.021^{**}	2.760^{***}	1.577^{*}
	Panle rho-statistic	-1.948^{**}	-1.124	-1.048	-1.190
	Panle PP-statistic	-3.407^{***}	-1.911^{**}	-1.799^{**}	-2.153^{**}

续表

检验方法	统计量名	统计量 P 值			
		全国	高发电量	中发电量	低发电量
Pedroni 检验	Panle ADF-statistic	-5.282^{**}	-2.874^{***}	-2.844^{***}	-3.350^{***}
	Group rho-statistic	0.742	0.486	0.378	0.427
	Group PP-statistic	-2.386^{***}	-1.155	-1.577^{*}	-1.403^{*}
	Group ADF-statistic	-5.457^{***}	-3.580^{***}	-3.541^{***}	-2.236^{**}
Kao 检验	ADF-statistic	-5.889^{***}	-2.562^{***}	-4.189^{***}	3.807^{***}

注：***、**、* 分别代表 1%、5%、10% 显著性水平拒绝原假说。

（3）面板向量自回归模型

对面板数据分别以 $\ln CO_2$ 和 $\ln GC$ 作为因变量进行回归，结果如表 10-21 所示，从总体来看，各个模型的 R^2 都比较接近1，F 值也较大，所有系数均至少以 10% 的显著性水平通过了 t 检验，说明四个面板模型均拟合较好。

表 10-21 　　　　　　　　　　向量自回归模型

变量	全国		高发电量	
	$\ln CO_2$	$\ln GC$	$\ln CO_2$	$\ln GC$
$\ln CO_2(-1)$	1.196^{***}	0.170^{***}	1.412^{***}	0.382^{***}
$\ln CO_2(-2)$	-0.235^{***}	-0.189^{***}	-0.434^{***}	-0.398^{***}
$\ln GC(-1)$	0.208^{***}	1.133^{***}	0.142^{**}	1.067^{***}
$\ln GC(-2)$	-0.167^{***}	-0.119^{***}	-0.129^{*}	-0.072^{*}
C	0.153^{***}	0.159^{***}	0.162^{**}	0.264^{***}
R^2	0.993		0.987	
F	17 308.935		3 232.143	

变量	中发电量		低发电量	
	$\ln CO_2$	$\ln GC$	$\ln CO_2$	$\ln GC$
$\ln CO_2(-1)$	1.303^{***}	0.190^{***}	0.976^{***}	0.030
$\ln CO_2(-2)$	-0.357^{***}	-0.229^{***}	-0.036^{*}	-0.057^{*}

续表

变量	中发电量		低发电量	
	$\ln CO_2$	$\ln GC$	$\ln CO_2$	$\ln GC$
$\ln GC(-1)$	0.154**	1.032***	0.223**	1.193***
$\ln GC(-2)$	−0.100**	0.001*	−0.149*	−0.161**
C	0.190**	0.228**	0.169**	0.137**
R^2	0.984		0.988	
F	2 878.771		2 768.716	

注：***、**、*分别代表1%、5%、10%显著性水平拒绝原假说。

①以$\ln CO_2$为被解释变量的回归方程中，碳排放对发电量的弹性系数均为正，说明发电量与碳排放之间存在正相关。从全国来看，发电量每增加1%，碳排放相应增加0.208%。分区域来看，碳排放对发电量弹性系数最高的是低发电量地区，系数为0.223，高发电量地区系数最低为0.142，中发电量地区为0.154。碳排放对发电量的弹性系数高低，表明了发电量对碳排放的贡献程度。高发电量地区的发电方式较为合理，技术水平和能源利用效率相对较高，减排工作很有成效，因此弹性最低，远低于全国平均水平。其次，低发电量地区生产力落后，能源利用效率较低，因此贡献值高于全国平均水平；$\ln CO_2(-1)$的回归系数均为正，说明我国各区域的二氧化碳排放存在明显的路径依赖，滞后项系数的大小反映了依赖程度大。根据表10-21的估计结果不难看出，其中全国整体弹性为1.196，高发电量地为1.412，中发电量地区为1.303，低发电量地区为0.976。弹性系数均在1附近，说明碳排放的短期影响十分显著，高发电量地弹性系数最高，笔者认为这可能是由于高发电量地区土地面积较小、人口较多、二氧化碳不容易被吸收的原因。滞后二期的弹性系数为负，说明二期以后碳排放具有抑制作用，但从绝对作用系数上看，推动作用要远远高于抑制作用。

②以$\ln GC$为被解释变量的回归方程中，发电量对碳排放的弹性系数可理解为发电行业碳排放所占的百分比，弹性系数也均为正。从全国

来看,发电行业碳排放的百分比仅为17%,这说明还存在其他污染源。分区域来看,发电量对碳排放的弹性系数依次为低发电量地区(3%)、中发电量地区(19%)、高发电量地区(38.2%)。这说明高发电量地区的发电企业碳排放比重较高,第二产业占比较高,能源消费量大,而低发电量地区比重较低,远低于全国平均水平。

(4)面板误差修正模型

PVAR 模型分析可以揭示碳排放和发电量之间的长期均衡关系,但这种静态的关系并不能确定变量之间因果关系的方向,因此构建面板误差修正模型(PVEC)来分析碳排放与发电量之间长期与短期的因果关系。将表 10−21 中得到的残差序列作为误差修正项,构建面板误差修正模型:

$$D(\ln CO_{2i,t}) = C_{1i,t} + \sum_{j=1}^{m} \alpha_{1i,j} D(\ln CO_{2i,t-j})$$

$$+ \sum_{j=1}^{m} \beta_{1t,j} D(\ln GC_{i,t-j}) + \lambda_1 ECM_{i,t-1} + \varepsilon_{1i,t}$$

$$(10-5)$$

式中:$D(\ln CO_{2i,t})$ 为 i 地区 t 时期的二氧化碳排放总量对数值的一阶差分;$D(\ln GC_{i,t-1})$ 为 i 地区 $t-j$ 时期的发电量对数值的一阶差分;$D(\ln CO_{2i,t-j})$ 为 i 地区 $t-j$ 时期的二氧化碳排放总量对数值的一阶差分;$ECM_{i,t-1}$ 为 i 地区 $t-1$ 时期误差修正项;$C_{1i,t}$ 为 i 地区 t 时期常数项;$\alpha_{1i,j}$ 为变量 $D(\ln CO_{2i,t-j})$ 的回归系数;$\beta_{1i,j}$ 为变量 $D(\ln GC_{i,t-j})$ 的回归系数;λ_1 为变量 $ECM_{i,t-1}$ 的回归系数;$\varepsilon_{1i,t}$ 为 i 地区 t 时期的扰动项。

$$D(\ln GC_{i,t}) = C_{2i,t} + \sum_{j=1}^{m} \alpha_{2i,j} D(\ln CO_{2i,t-j})$$

$$+ \sum_{j=1}^{m} \beta_{2t,j} D(\ln GC_{i,t-j}) + \lambda_2 ECM_{i,t-1} + \varepsilon_{2i,t}$$

$$(10-6)$$

式中：$D(\ln GC_{i,t})$ 为 i 地区 t 时期的发电量对数值的一阶差分；$D(\ln CO_{2i,t-j})$ 为 i 地区 $t-j$ 时期的二氧化碳排放总量对数值的一阶差分；$D(\ln GC_{i,t-j})$ 为 i 地区 $t-j$ 时期的发电量对数值的一阶差分；$ECM_{i,t-1}$ 为 i 地区 $t-1$ 时期误差修正项；$C_{2i,t}$ 为 i 地区 t 时期常数项；$\alpha_{2i,j}$ 为变量 $D(\ln CO_{2i,t-j})$ 的回归系数；$\beta_{2t,j}$ 为变量 $D(\ln GC_{i,t-j})$ 的回归系数；λ_2 为变量 $ECM_{i,t-1}$ 的回归系数；$\varepsilon_{2i,t}$ 为 i 地区 t 时期的扰动项。

通过回归结果中自变量系数的显著性来判断变量之间是否存在短期因果关系，而长期因果关系则是通过误差修正项系数来判断。回归时自变量取到滞后二期（即 $m=2$），具体结果如表 10－22 所示：

表 10－22　　　　　　　　　　　误差修正模型的回归结果

变量	全国		高发电量	
	$D(\ln CO_2)$	$D(\ln GC)$	$D(\ln CO_2)$	$D(\ln GC)$
ECM	-0.029^{***}	-0.017^{**}	-0.008^{*}	-0.017^{***}
$D(\ln CO_2(-1))$	0.193^{***}	0.168^{***}	0.362^{***}	0.347^{***}
$D(\ln CO_2(-2))$	0.039	0.092	0.008	0.055
$D(\ln GC(-1))$	0.163^{***}	0.119^{***}	0.171^{**}	0.151^{**}
$D(\ln GC(-2))$	0.107^{**}	-0.049	0.073	-0.094
C	0.032^{***}	0.073^{***}	0.025^{***}	0.065^{***}

变量	中发电量		低发电量	
	$D(\ln CO_2)$	$D(\ln GC)$	$D(\ln CO_2)$	$D(\ln GC)$
ECM	-0.047^{***}	-0.034^{**}	-0.048^{**}	-0.029^{*}
$D(\ln CO_2(-1))$	0.312^{***}	0.199^{***}	0.013	0.078
$D(\ln CO_2(-2))$	0.138^{**}	0.073	-0.054	0.138^{**}
$D(\ln GC(-1))$	0.089	-0.007	0.149^{*}	0.157^{**}
$D(\ln GC(-2))$	0.053	0.068	0.153^{*}	-0.155^{*}
C	0.027^{***}	0.069^{***}	0.049^{***}	0.087^{***}

注：***、**、* 分别代表 1%、5%、10% 显著性水平拒绝原假说。

面板误差修正模型的结果显示，无论是全国整体还是其他地区，误差修正项的系数显著性都很好。这说明长期中,两者之间互为因果关系,即发电量是引起碳排放变化的原因,同时碳排放也是引起发电量变化的原因。同时,误差修正项的系数也很显著,而系数符号均为负,符合反向误差修正机制,系数大小也说明了不同地区误差修正项对 $lnCO_2$ 的调整速度,全国范围内,调整速度为 -0.029,它表明每年的碳排放与长期均衡值的偏差中有 2.9% 被修正。分区域来看,低发电量地区的短期调整力度最高,为 -0.048,即调整到均衡状态的速度最快,其次是中发电量地区,为 -0.047,调整力度最弱的是高发电量地区,为 -0.008。

从短期来看,全国整体和高发电量地区,自变量都至少以 10% 的显著性水平通过了检验,说明碳排放与发电量之间互为短期因果关系。中发电量地区的碳排放是发电量变化的原因,而低发电量地区发电量是碳排放变化的原因。

3. 研究结论

实证分析结果表明,我国高、中、低发电量地区的二氧化碳排放量差异十分明显,这主要是由于不同区域资源消耗以及电源结构不同所引起的,根据实证结果提出的相应的政策建议如下:

(1)我国迫切需要调整电源结构

无论是全国整体还是其他三个区域,碳排放与发电量之间都存在长期的均衡关系。我国还是以火力发电为主的电源结构,要从根本上解决节能减排的问题,一方面需要改变电源结构,加快电源结构的调整,在电力系统稳定的前提下逐步减少火电,在做好移民安置和生态保护的前提下积极发展水电,在确保安全的基础上快速发展核电;另一方面要鼓励分布式电源的发展,提高电网对非化石能源和清洁能源的接纳能力,实现绿色发电。

(2)逐步提高火力发电的能源效率

碳排放对发电量弹性系数最低的是高发电量地区,这说明经济发展水平越高的地区,技术水平越高,能源利用效率越高。因此需要鼓励发电企业加大科研投入力度,增加技术原创动力,走自主创新之路,努力减少火电机组的煤耗率,提高发电效率。

(3)不同地区应当采取差异化的减排政策

中发电量地区,发电量只是碳排放长期的原因,不是短期的原因,这说明碳排放可能还有其他元凶,不能只盯住发电治理,需要结合产业结构和能源结构综合治理,才能实现节能减排的目标。

而全国、高发电量地区、低发电量地区的发电量是碳排放存在长期和短期的原因。这些区域碳排放的主要原因可能是发电,经济发展模式要逐步减少对能源的需求,从而减少对化石能源的依赖。发电企业需要通过技术革新,建设"清洁、安全、经济"的电源,实现节能增效的低碳电力。

六、区域发电量、经济增长对碳排放的影响

通过上节的研究发现,碳排放与发电量之间具有长期协整关系,但具体的发电量对于碳排放影响程度大小我们不得而知,本节将基于 STIR-PAT 模型,重点分析发电量、经济增长、人口规模、技术水平等因素对碳排放的影响程度。

(一)计量模型

IPAT 模型是由 Ehrlich 和 Holdren 在 1971 年提出的,具体方程为:

$$I = P \times A \times T \tag{10-7}$$

式中:I 为环境影响;P 为人口规模;A 为人均消费水平或财富水平;T 为技术水平。

该模型假设各变量对环境影响的弹性均为 1,因此不能准确反映各种因素对环境的影响。为了完善 IPAT 模型,Dietz 和 Rosa 在 1997 年提出了 STIRPAT 模型的构想,具体形式为公式(10-8)所示,对 STIRPAT 模型两边同时取对数可得公式(10-8):

$$I = bP^{\alpha} \times A^{\beta} \times T^{\gamma}e \tag{10-8}$$

$$\ln I = \ln b + \alpha \ln P + \beta \ln A + \gamma \ln T + e \tag{10-9}$$

式中：I 为环境影响；P 为人口规模；A 为人均消费水平或财富水平；T 为技术水平；α 为人口规模的弹性；β 为人均消费水平的弹性；γ 为技术水平的弹性；b 为常数项；e 为干扰项。

同时，考虑到 EKC 假说，为了分析发电量、经济增长等因素对碳排放的非线性影响，本书的研究加入了发电量、经济增长的二次项。此外，考虑到碳排放在时间和空间上的滞后效应，因此在模型中加入碳排放的滞后项作为解释变量，最终得到如下的多元回归模型：

$$
\begin{aligned}
\ln CO_{2it} = & \alpha \ln PGDP_{it} + \beta (\ln PGDP_{it})^2 + \gamma \ln GC_{it} \\
& + \lambda (\ln GC_{it})^2 + \mu \ln P_{it} + \upsilon \ln T_{it} \\
& + \rho \ln CO_{2i,t-1} + e_{it}
\end{aligned}
\tag{10-10}
$$

式中：$\ln CO_{2it}$ 为 i 地区 t 时期二氧化碳排放量的对数值；$\ln PGDP_{it}$ 为 i 地区 t 时期人均 GDP 的对数值；$\ln GC_{it}$ 为 i 地区 t 时期发电量的对数值；$\ln P_{it}$ 为 i 地区 t 时期人口规模的对数值；$\ln T_{it}$ 为 i 地区 t 时期技术水平的对数值；$\ln CO_{2i,t-1}$ 为 i 地区 $t-1$ 时期二氧化碳排放量的对数值；e_{it} 为 i 地区 t 时期随机误差扰动项。

（二）基于 STIRPAT 模型的多元面板回归分析

下面我们将从全国整体、低发电量地区、中发电量地区以及高发电量地区的角度分别对碳排放影响因素进行多元面板回归分析。

1. 面板数据的单位根检验

本书使用 Eviews8.0 软件，进行面板数据的单位根检验。为了保持检验的严谨性，本书选取 LLC、Breitung、IPS 和 PP-Fisher 四种面板单位根检验方法。各区域的检验结果如表 10—23 至表 10—26 所示，检验结果表明，所有变量均为一阶单整，因此可以进行协整分析。

表 10—23　　　　　　　　全国面板单位根检验

检验方法	LLC 检验	IPS 检验	ADF 检验	PP 检验	结论
$\ln CO_2$	1.365	7.205	6.794	4.912	不平稳

续表

检验方法	LLC 检验	IPS 检验	ADF 检验	PP 检验	结论
$D(\ln CO_2)$	-8.924^{***}	-7.899^{***}	164.809^{***}	178.359^{***}	平稳
$\ln GC$	3.302	9.486	6.556	11.599	不平稳
$D(\ln GC)$	-9.597^{***}	-8.396^{***}	179.783^{***}	219.535^{***}	平稳
$\ln GC^2$	6.322	12.054	3.949	6.036	不平稳
$D(\ln GC^2)$	-9.750^{***}	-7.997^{***}	174.485^{***}	216.629^{***}	平稳
$\ln P$	-4.116^{***}	10.563	82.305	15.84	不平稳
$D(\ln P)$	-13.540^{***}	-13.253^{***}	257.104^{***}	257.335^{***}	平稳
$\ln T$	-7.301^{***}	-1.192	68.975	86.135	不平稳
$D(\ln T)$	-9.746	-10.362	209.084	205.245^{***}	平稳
$\ln PGDP$	5.77	13.018	11.178	12.181	不平稳
$D(\ln PGDP)$	-7.783^{***}	-5.695^{***}	127.923^{***}	135.015^{***}	平稳
$\ln PGDP^2$	8.621	15.829	6.215	6.323	不平稳
$D(\ln PGDP^2)$	-6.947^{***}	-4.488^{***}	110.901^{***}	118.104^{***}	平稳

注：***、**、*分别代表1％、5％、10％显著性水平拒绝原假说。

表 10－24　　　　　　　低发电量地区面板单位根检验

检验方法	LLC 检验	IPS 检验	ADF 检验	PP 检验	结论
$\ln CO_2$	1.630 17	4.274 51	1.850 52	1.443 4	不平稳
$D(\ln CO_2)$	$-1.950\,33^{**}$	$-2.999\,16^{***}$	$35.482\,5^{***}$	$78.047\,9^{***}$	平稳
$\ln GC$	3.604 78	6.076 88	1.269 14	1.104 63	不平稳
$D(\ln GC)$	$-4.489\,78^{***}$	$-2.869\,81^{***}$	$34.049\,6^{***}$	$60.363\,1^{***}$	平稳
$\ln GC^2$	$-1.259\,28$	0.388 21	17.803 7	18.843 1	不平稳
$D(\ln GC^2)$	$-4.727\,93^{***}$	$-3.019\,1^{***}$	$36.132\,1^{***}$	$68.155\,2^{***}$	平稳
$\ln P$	$-0.973\,57$	1.266 14	9.716 36	9.499 53	不平稳
$D(\ln P)$	$-3.597\,79^{***}$	$-1.776\,5^{**}$	$24.839\,1^{*}$	$60.450\,3^{***}$	平稳
$\ln T$	$-0.333\,6$	0.072 88	13.118 5	16.085 8	不平稳
$D(\ln T)$	$-1.709\,19^{**}$	$-3.666\,95^{***}$	$42.396\,8^{***}$	$68.111\,2^{***}$	平稳

续表

检验方法	LLC 检验	IPS 检验	ADF 检验	PP 检验	结论
$\ln PGDP$	$-2.909\ 7^{***}$	$0.402\ 12$	$12.229\ 7$	$5.193\ 63$	不平稳
$D(\ln PGDP)$	$-1.457\ 84^{*}$	$-1.654\ 68^{**}$	$25.044\ 2^{*}$	$49.516\ 2^{***}$	平稳
$\ln PGDP^2$	$-3.101\ 34^{***}$	$0.699\ 7$	$10.348\ 5$	$3.728\ 83$	不平稳
$D(\ln PGDP^2)$	$-2.026\ 36^{**}$	$-2.134\ 09^{**}$	$28.546\ 1^{**}$	$49.659\ 8^{***}$	平稳

注：***、**、*分别代表1%、5%、10%显著性水平拒绝原假说。

表 10—25 中发电量地区面板单位根检验

检验方法	LLC 检验	IPS 检验	ADF 检验	PP 检验	结论
$\ln CO_2$	$1.251\ 85$	$4.729\ 92$	$2.185\ 85$	$2.198\ 27$	不平稳
$D(\ln CO_2)$	$-3.211\ 8^{***}$	$-3.005\ 1^{***}$	$43.141\ 8^{***}$	$63.499\ 7^{***}$	平稳
$\ln GC$	$1.546\ 08$	$5.453\ 42$	$3.107\ 34$	$7.026\ 93$	不平稳
$D(\ln GC)$	$-3.633\ 26^{***}$	$-3.997\ 5^{***}$	$53.466\ 7^{***}$	$91.128\ 8^{***}$	平稳
$\ln GC^2$	7.823	10.321	3.467	5.046	不平稳
$D(\ln GC^2)$	-8.876^{***}	-4.778^{***}	124.445^{***}	86.519^{***}	平稳
$\ln P$	$-2.455\ 71^{**}$	$-0.554\ 39$	$21.978\ 3$	$46.251\ 4^{*}$	不平稳
$D(\ln P)$	$-5.267\ 2^{***}$	$-4.850\ 72^{***}$	$64.392\ 7^{***}$	100.179^{***}	平稳
$\ln T$	$1.057\ 4$	$0.433\ 98$	17.177	$20.415\ 3$	不平稳
$D(\ln T)$	$-0.997\ 1$	$-2.601\ 91^{***}$	$39.211\ 6^{**}$	$63.288\ 7^{***}$	平稳
$\ln PGDP$	$4.663\ 27$	$8.199\ 44$	$0.319\ 37$	$1.781\ 45$	不平稳
$D(\ln PGDP)$	$-2.820\ 61^{***}$	$-2.237\ 02^{***}$	$35.920\ 8^{**}$	51.568^{***}	平稳
$\ln PGDP^2$	7.521	14.626	7.342	4.213	不平稳
$D(\ln PGDP^2)$	-7.012^{***}	-5.088^{***}	213.435^{***}	130.082^{***}	平稳

注：***、**、*分别代表1%、5%、10%显著性水平拒绝原假说。

表 10—26 高发电量地区面板单位根检验

检验方法	LLC 检验	IPS 检验	ADF 检验	PP 检验	结论
$\ln CO_2$	$-0.155\ 85$	$3.485\ 34$	$2.757\ 93$	$1.270\ 33$	不平稳

续表

检验方法	LLC 检验	IPS 检验	ADF 检验	PP 检验	结论
$D(\ln CO_2)$	$-2.574\ 12^{***}$	$-1.941\ 35^{**}$	$29.558\ 6^{*}$	$36.811\ 7^{***}$	平稳
$\ln GC$	$-0.190\ 49$	$3.963\ 92$	$2.682\ 63$	$3.467\ 26$	不平稳
$D(\ln GC)$	$-4.470\ 29^{***}$	$-3.406\ 24^{***}$	$44.691\ 7^{***}$	66.109^{***}	平稳
$\ln GC^2$	5.242	15.341	5.345	7.456	不平稳
$D(\ln GC^2)$	-8.674^{***}	-7.987^{***}	186.546^{***}	220.529^{***}	平稳
$\ln P$	$0.139\ 9$	$-3.088\ 62^{***}$	$40.942\ 5^{***}$	$23.090\ 2$	不平稳
$D(\ln P)$	$-11.405\ 6^{***}$	$-5.789\ 82^{***}$	$47.458\ 7^{***}$	$76.458\ 2^{***}$	平稳
$\ln T$	$1.129\ 49$	$-0.410\ 32$	$18.588\ 7$	19.59	不平稳
$D(\ln T)$	$-4.404\ 5^{***}$	$-3.359\ 02^{***}$	$43.220\ 4^{***}$	$62.265\ 8^{***}$	平稳
$\ln PGDP$	$1.199\ 81$	$5.253\ 35$	$1.122\ 39$	$0.881\ 02$	不平稳
$D(\ln PGDP)$	$-3.646\ 36^{***}$	$-3.015\ 49^{***}$	$41.789\ 3^{***}$	41.558^{***}	平稳
$\ln PGDP^2$	7.786	25.634	5.676	15.978	不平稳
$D(\ln PGDP^2)$	-8.875^{***}	-5.352^{***}	134.784^{***}	210.323^{***}	平稳

注：***、**、*分别代表 1%、5%、10%显著性水平拒绝原假说。

2. 面板数据的协整检验

本书对面板数据的协整检验主要采用 Kao 检验方法，其原假设是各面板变量之间不存在协整关系。表 10—27 至表 10—30 给出了各区域的检验结果，由表可知，所有 P 值都以 1%的显著性水平拒绝了各变量之间不存在协整关系的原假设。因此，可以判定二氧化碳排放总量与发电量、发电量的平方、人口规模、节能技术水平、人均 GDP 以及人均 GDP 的平方项之间存在长期均衡关系。

表 10—27　　　　　　　　　　　全国整体 Kao 检验

ADF	t 统计量	P 值
	$-7.332\ 541$	$0.000\ 0$
残差变量	$0.001\ 058$	
HAC 变量	$0.001\ 023$	

表 10—28   低发电量地区 Kao 检验

ADF	t 统计量	P 值
	−5.459 54	0.000 0
残差变量	0.006 891	
HAC 变量	0.006 83	

表 10—29   中发电量地区 Kao 检验

ADF	t 统计量	P 值
	−2.740 3	0.003 1
残差变量	0.004 906	
HAC 变量	0.005 544	

表 10—30   高发电量地区 Kao 检验

ADF	t 统计量	P 值
	−3.125 43	0.000 9
残差变量	0.003 206	
HAC 变量	0.003 333	

3. 多元面板回归分析

对面板数据的回归首先需要确定采用的是常截距模型还是变截距模型。本书通过利用协方差分析法构造 F 统计量来判定面板模型。如果选用变截距模型,则还应判断是固定效应模型还是随机效应模型,通常采用 Hausman 检验方法来判定。检验结果见表 10—31。

表 10—31   F 检验和 Hausman 检验

项目	结论	
低发电量	变截距	固定效应
中发电量	变截距	固定效应

项目	结论	
高发电量	变截距	固定效应
全国整体	变截距	固定效应

检验结果表明,全国整体和各个区域比较适合采用变截距固定效应模型,回归结果见表10—32。

表 10—32　　　　　　　　　多元面板回归结果

变量	低发电量地区		中发电量地区	高发电量地区	全国整体
C	6.596***	4.649***	−1.013***	−0.048***	0.076***
$\ln GC$	−0.327***	−0.390***	0.319***	−0.152**	−0.187***
$\ln GC^2$	0.033***	0.037***	−0.008***	0.009*	0.013***
$\ln P$	0.342***	0.460***	0.785***	0.899***	0.779***
$\ln T$	−0.864***	−0.864***	−0.769***	−0.937***	−0.866***
$\ln PGDP$	0.572***	0.834***	0.907***	1.169***	1.221***
$\ln PGDP^2$	0.014	—	−0.024***	−0.011***	−0.021***
$\ln CO_2(-1)$	0.148***	0.158***	0.216***	0.111***	0.182***
R^2	0.997	0.997	0.996	0.999	0.998
F	3 466.266	3 857.016	7 711.075	7 246.921	9 324.208
样本数	152	152	209	190	551

注:***、**、*分别代表1%、5%、10%显著性水平拒绝原假说。

表中的模型,分别是低发电量地区、中发电量地区、高发电量地区以及全国整体的回归结果。可以发现,回归结果的整体显著性都很好,表明模型很好地解释了二氧化碳排放问题。

(1)从回归结果可以发现,无论是低发电量地区、高发电量地区还是全国整体,发电量的一次项为负数和二次项为正数,这表明发电量与二氧化碳排放之间呈现正U型关系,拐点分别为5.27、8.44、7.19,即低发电量地区、高发电量地区、全国整体的发电量要分别达到194.42、4 648.97、

1 330.09亿千瓦时,从2013年的发电量可知,上述地区均已越过拐点,这说明对于低、高发电量地区以及全国整体而言,发电会增加二氧化碳的排放;而对于中发电量地区,发电量的一次项为正数和二次项为负数,这表明发电量与二氧化碳排放之间呈现倒U型关系,倒U型关系表明,当发电量低于拐点水平时,发电量的增加会促进二氧化碳排放,而越过拐点水平以后,发电量的增加则会抑制二氧化碳排放。而实证结果表明,中发电量地区拐点为19.94;也就是说,发电量要达到45 700万亿千瓦时才能越过其拐点,这是遥不可及的。因此,对于中国目前来说,发电会促进二氧化碳的排放。

(2)从人均GDP的回归结果来看,无论是中发电量地区、高发电量地区还是全国整体,发电量的一次项为正数和二次项为负数,这表明人均GDP与二氧化碳排放之间呈现倒U型关系,不过其拐点很低;也就是说,人均GDP的增长会促进二氧化碳的排放。对于低发电量地区,人均GDP的二次项未通过10%的显著性水平检验,对此我们剔除了二次项进行重新估计,结果所有变量均通过检验。因此,在低发电量地区,人均GDP与二氧化碳排放之间存在递增的线性关系,弹性系数为0.834,即人均GDP提高一个百分点,会促进二氧化碳排放提高0.834个百分点。

(3)关于人口与二氧化碳排放的关系,就全国整体而言,人口规模会促进二氧化碳排放,全国整体的弹性为0.779,表明在其他条件不变的情形下,每增长1个百分点的人口会提高0.779个百分点的碳排放。低、中、高发电量地区的人口规模对二氧化碳排放的弹性分别为0.460、0.785、0.899。能源利用效率(单位能源的产出水平)的提高会大大降低二氧化碳排放,在全国整体分析中其弹性为0.866,表明在其他条件不变的情形下,能源利用效率每提高1个百分点则二氧化碳排放降低0.866个百分点。低、中、高发电量地区的弹性分别为0.864、0.769和0.937,这些均证实了能源利用效率的提高会大大抑制二氧化碳排放。

(4)$\ln CO_2(-1)$的回归系数在四个模型中均为正,这表明我国二氧化碳排放存在明显的路径依赖。回归系数的大小不仅反映了路径依赖程度,也反映了当前的碳排放对未来气候环境的影响。根据估计结果可以发现,目前的碳排放将影响未来 10 年的空气质量,其中全国整体为 5.60 年(1/0.182),低发电量地区为 6.33 年(1/0.158),中发电量地区为 4.63 年(1/0.216),高发电量地区为 9.00 年(1/0.111)。

七、我国电力行业减排潜力与政策建议

(一)电力行业减排潜力整体分析

1. 电力碳排放测算与分解

由于电力碳排放主要产生于发电侧,所以基于发电量的电力碳排放分解图见图 10－25。

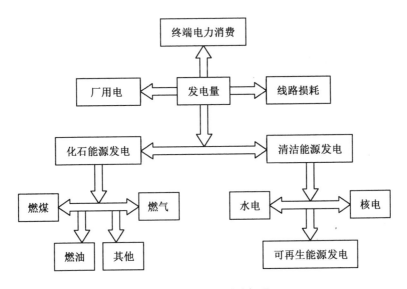

图 10－25　发电量分解图

从发电侧来看,发电量主要包括厂用电量、电力消费量和线路损耗;从电源结构来看,电力碳排放主要分为化石能源发电和非化石能源发电

(清洁能源发电),化石能源发电包括:燃煤、燃油和燃气发电等,清洁能源发电包括水电、核电和可再生能源发电。由于非化石能源不产生碳排放,因此电力碳排放的计算只需要计算化石能源的碳排放,即火电碳排放。综上所述,电力碳排放计算公式为:

$$EC = \sum_{i \in \Psi} EC_i = \sum_{i \in \Psi} \frac{PC}{1-\alpha-\beta} \times (1-\lambda) \times GM_i \times FC_i$$

$$(10-11)$$

式中:EC 为电力碳排放总量(t);EC_i 为第 i 种火力发电产生的碳排放;PC 为终端电力消费总量(kW·h);Ψ 为各种火力发电方式的集合;α 为火电厂平均厂用电率(%);β 为平均线损率(%);λ 为非化石能源发电占比(%);GM_i 为第 i 种火力发电方式占比(%);FC_i 为第 i 种火力发电的碳排放系数(g/kW·h)。

2. 情景设计

本节基于情景分析的方法设定我国的经济增长情景为:"十三五"期间 GDP 增长速度保持在 7%。同时为电力行业减排设置 3 种不同的情景,分别是弱减排情景、中减排情景和强减排情景。各个情景设置如下:

弱减排:假设 2010—2020 年每年终端电力消费以 10% 的速度增长,而不考虑其他减排措施的实施。

中减排:假设 2010—2020 年通过加强需求侧管理,使得终端电力消费量每年以 8% 的速度增长,同时考虑降低线损率和厂用电率,优化电源结构,加大非化石能源的比重。

强减排:假设 2010—2020 年进一步加强需求侧管理,使得终端电力消费以 7% 的速度增长,同时考虑降低线损率和厂用电率,进一步优化电源结构,加大非化石能源的比重。

各种情景代表我国电力行业节能减排的一种发展路径,具体的参数设置与计算结果见表 10—33。

表 10－33 　　　　　　　　　　　三种情景参数设计的计算

参数		弱减排			中减排			强减排		
		2010 年	2015 年	2020 年	2010 年	2015 年	2020 年	2010 年	2015 年	2020 年
$PC(TW \cdot h)$		3 936.6	6 339.9	10 210.5	3 936.6	5 784.1	8 498.8	3 936.6	5 521.3	7 743.9
$\alpha(\%)$		6.5	6.5	6.5	6.5	6.0	5.5	6.5	5.5	4.5
$\beta(\%)$		5.4	5.4	5.4	5.4	5.0	4.6	5.4	4.6	4.0
$\lambda(\%)$		20.8	20.8	20.8	20.8	25.0	28.0	20.8	28.0	35.0
GM_i (%)	燃煤	97.5	97.5	97.5	97.5	96.8	95.4	97.5	96.6	94.6
	燃油	0.4	0.4	0.4	0.4	0.2	0.1	0.4	0.1	0.0
	燃气	2.1	2.1	2.1	2.1	3.0	4.5	2.1	3.3	5.4
FC_i (g/kW·h)	燃煤	865.0	865.0	865.0	865.0	834.5	809.6	865.0	812.3	792.9
	燃油	1 043.7	1 043.7	1 043.7	1 043.7	837.0	837.0	1 043.7	837.0	837.0
	燃气	506.9	506.9	506.9	506.9	489.0	474.4	506.9	476.0	464.6
电力碳排放 (亿吨)		30.37	48.91	78.77	30.37	40.17	54.08	30.37	36.57	42.64

3. 减排潜力结果分析

将各种情景参数代入公式(10－11)，得出 2001—2020 年电力碳排放结果如图 10－26 所示，整体上看，三种情景下，电力碳排放都持续增长。在弱减排中，不采取任何应对气候变化的措施，电力碳排放增长速度最快，导致 2020 年电力碳排放达到 78.77 亿吨，是 2010 年的 2.5 倍。在中减排中考虑了加强用户需求侧管理、降低线损、厂用电以及优化电源结构，使得电力碳排放增长速度明显放缓，2020 年仅为 54.08 亿吨，比弱减排减少了 24.69 亿吨，减排效果显著。在中减排的情景下进一步加强用户需求侧管理、降低线损、厂用电以及优化电源结构，得到了强减排情景下 2020 年的电力碳排放，仅为 42.64 亿吨，比弱减排情景下减少了 36.13 亿吨，比中减排情景下减少了 11.44 亿吨，由此看来，电力行业减排潜力巨大。

(二)分类电源减排潜力分析

1. 火电机组节能减排潜力分析

煤炭是我国发电企业最主要的能源。图 10－27 描绘了我国近十年

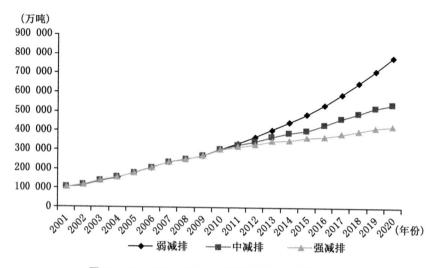

图 10-26 2001—2020 年不同情景电力碳排放预测

来火电机组煤耗情况,2010 年全国火电煤耗平均值为 329g/(kW·h),日本火电机组火电标准煤耗为 299g/(kW·h),韩国为 300g/(kW·h),意大利为 303g/(kW·h)。我国电力行业的供电煤耗较以上国际先进水平高 30g 左右,节能潜力巨大。

全国火电装机 2020 年达到 11 亿千瓦,2030 年达到 13.5 亿千瓦,若 2020 年发电煤耗下降到 320gce/kW·h,则可节约 0.49 亿吨标准煤,减少碳排放 1.37 亿吨。若 2030 年发电煤耗下降到 310gce/kW·h,则可节约 1.47 亿吨标准煤,减少碳排放 4.09 亿吨,火电机组设备年利用小时以 2013 年标准(5 012 小时)计算,具体测算结果见表 10-34。

表 10-34   **火电机组减排潜力**

年份	装机容量 (10^4 kW)	发电煤耗 (gce/kW·h)	节约标准煤 (10^8 t)	碳排放量 (10^8 t)
2020	110 000	320	0.49	1.37
2030	135 000	310	1.47	4.09

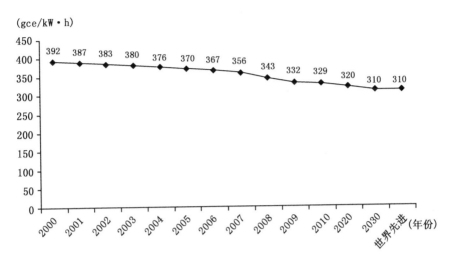

图 10—27　2000—2010 年我国火电机组煤耗

2. 水电减排潜力分析

中国电力企业联合会统计,2020 年全国常规水电装机容量达到 3.6 亿千瓦左右,开发程度高达 67%;2030 年达到 4.5 亿~5.0 亿千瓦左右。由于水电机组不产生碳排放,故发电量相当于换算成相应的标准煤使用量,水电机组设备年利用小时以 2013 年标准(3 318h)计算,具体结果见表 10—35。

表 10—35　　　　　　　　　　　水电机组减排潜力

年份	装机容量 (10^4 kW)	新增发电量 (TW·h)	节约标准煤 (10^8 t)	碳排放量 (10^8 t)
2020	10 394	344.87	0.42	1.18
2030	28 394	942.11	1.16	3.21

3. 核电减排潜力分析

中国电力企业联合会统计,2020 年核电装机容量达到 5 800 万千瓦左右,2030 年达到 2.0 亿千瓦。由于核电机组不产生碳排放,故发电量相当于换算成节约相应的标准煤使用量,核电机组设备年利用小时以 2013 年标准(7 893 小时)计算,具体结果见表 10—36。

表 10—36 核电机组减排潜力

年份	装机容量 (10^4 kW)	新增发电量 (TW·h)	节约标准煤 (10^8 t)	碳排放量 (10^8 t)
2020	7 000	55.25	0.57	1.59
2030	20 000	157.86	1.84	5.09

4. 新能源减排潜力分析

中国电力企业联合会统计,全国新能源发电装机规划 2020 年达到 2.8 亿千瓦,2030 年达到 6.7 亿千瓦,其中风电、太阳能减排潜力见表 10—37 和表 10—38,其中风电机组设备年利用小时以 2013 年标准(2 080 小时)计算,太阳能发电设备年利用小时以 2013 年标准(1 368 小时)计算。

表 10—37 风电机组减排潜力

年份	装机容量 (10^4 kW)	新增发电量 (TW·h)	节约标准煤 (10^8 t)	碳排放量 (10^8 t)
2020	10 000	13.57	0.17	0.46
2030	90 000	123.12	1.51	4.19

表 10—38 太阳能发电减排潜力

年份	装机容量 (10^4 kW)	新增发电量 (TW·h)	节约标准煤 (10^8 t)	碳排放量 (10^8 t)
2020	17 500	364.00	3.72	10.31
2030	27 900	580.32	6.38	17.69

(三)政策建议

电力行业作为我国碳排放最多的行业之一,减排工作刻不容缓。结合本章上述内容,我国需要在电源结构、能源效率、节能管理等方面开展工作。

第一,加快电源结构的调整,在确保电力系统稳定的前提下逐步减少火电,在做好生态保护和移民安置的前提下积极发展水电,在确保安全的基础上快速发展核电,同时鼓励发展分布式电源,提高非化石能源和清洁能源的并网能力,实现清洁环保的绿色发电。

第二,加快技术改造,提高能源利用效率。提高发电企业的自主创新能力,增加能源的利用效率,淘汰技术落后的小型火电企业。通过技术革新建设"清洁、安全、经济"的电源。面对能源日益紧张的现状,整个社会迫切需要在保障经济发展的同时,减少对能源的需求,从而减少对化石能源的依赖。发电企业需要通过技术革新,减小火电机组的煤耗量,提高发电效率,实现节能增效的低碳电力。

第三,强化电网能效管理措施,加强电力用户需求侧管理,提高用户节约用电的意识。落实电网的能效管理办法,完善现有的管理政策。随着收入水平的提高,消费者节电意识可能会提高。因此,我们要大力改善用户(特别是大用户)节约用电的意识,提倡低碳生活方式。通过鼓励用户积极使用节能技术产品,优化电力使用,提高电能效率。

气候变化是当今世界关注的焦点问题,而电力行业更是节能减排的重点领域,本章首先通过电力碳排放因素分解,建立了测算电力碳排放的基本模型。其次,基于情景分析的方法设定了三类情景,测算了不同情景下 2020 年的电力碳排放,发现我国电力行业具有巨大的减排潜力。最后,根据国家的电源规划,分析了火电、水电、核电、风电和太阳能发电的减排潜力,并提出了相应的政策建议。

八、研究结论

综合上述研究结果可以得出以下结论:

其一,我国电源结构主要以火电为主,其次是水电。近年来,火电装机容量增速有所下降,水电、核电和可再生能源发电装机容量增长速度较快,这说明我国电源结构在进一步优化。分区域来看,各区域发电量、火力发电量逐年增长,东部地区发电量、火力发电量比重较大,均超过50%,其次是中部和西部地区。

其二,全国累计碳排放总量总体上呈上升趋势,但增加幅度每年各不相同。各区域碳排放总量和人均碳排放均有上升趋势,而碳排放强度呈下降趋势。分区域来看,我国碳排放区域分布极不均衡,其中重度排放区的碳排放总量、人均碳排放量均为最高,远高于其他区域。重度排放区碳排放强度下降幅度较大,而中度和轻度排放区降幅较小。就区域差异而言,各区域碳排放总量和人均碳排放的区域差异显著,而碳排放强度的区域差异不太明显。

其三,发电量与二氧化碳排放量之间存在着长期稳定的均衡关系,且短期调整力度较大。同时格兰杰因果关系检验结果表明,发电量与二氧化碳排放量之间具有单向因果关系,即发电量是二氧化碳排放的格兰杰原因;各地区发电量与二氧化碳排放之间存在长期均衡关系,其中,高发电量地区的碳排放对发电量的弹性系数最低。短期中,全国整体和高发电量地区的碳排放与发电量之间互为因果关系,中发电量地区存在碳排放到发电量的单向因果关系,而低发电量地区只存在发电量到碳排放的单向因果关系。这说明短期碳排放与发电量的区域相关性存在显著差异,不同区域采取不同的节能减排政策才能做到能源与经济的协调发展。

其四,发电量对碳排放的影响在不同区域间存在着显著差异。中发电量地区,发电量与二氧化碳排放之间呈现倒 U 型关系,但其拐点很难达到。而在其他地区,发电量与二氧化碳排放之间呈现正 U 型关系,不过其拐点很低。所以对于中国目前而言,发电会促进二氧化碳排放。除低发电量地区的经济增长与二氧化碳排放之间存在递增的线性关系外,其他地区经济增长与二氧化碳排放之间呈现倒 U 型关系,不过其拐点很难达到,所以经济增长会增加二氧化碳的排放。此外,人口规模是促进二氧化碳排放的主要因素,而技术水平则是抑制二氧化碳排放的主要因素。

其五,我国电力行业具有巨大的减排潜力,可以从降低线损率、厂用电率、降低火电机组煤耗率、加强电力需求侧管理,同时发展可再生能源等几个方面实现减排。